교실속 직업놀이

교실 속 직업놀이

꿈과 자존감을 키우는
행복한 학급 운영

이수진 지음

지식프레임

Prologue
프롤로그

저는 지금까지 '교실 속 직업놀이'를 통해 수많은 아이들의 성장과 변화를 눈앞에서 직접 볼 수 있었습니다. 단점만 부각되던 아이가 장점이 넘치는 아이가 되었고, 관계에 상처를 입은 아이가 또래의 격려와 인정을 통해 상처를 회복해가며 리더가 되었습니다. 이런 아이들의 변화는 학교를 넘어 가정에서도 이어집니다.

"아이가 학교에 잘 적응하고 자존감을 회복할 수 있도록 이렇게 멋진 직업놀이 프로그램으로 아이들을 격려하고 지지해주셔서 감사합니다."

"단순한 학습에서 벗어나 아이가 여러 활동 속에서 즐거움을 느끼며 하고 싶은 것을 찾아가고, 무언가를 시도한 뒤 거기서 성취감을 느끼는 일련의 경험을 통해 자신감을 얻게 되는 것이 너무나 좋습니다."

"직업놀이 덕분에 아이와 학교생활에 대해 이야기 나누는 부분이 훨씬 수월해졌고, 스스로 뿌듯해하는 모습을 보면서 부모인 저도 행복합니다. 아이들에게 동기 부여를 확실히 해주시니 더욱 책임감을 갖고 매사에 임하는 것 같아 진심으로 감사한 마음 가득합니다."

"학기 초, 어려워도 눈만 깜빡이며 미소 짓던 아이가 직업놀이 활동을 통해 의욕에 차서 활동하며 반 친구들 한 명 한 명의 장점만 전해주더라고요. 글로 다 표현하기 어려울 정도로 영글어져 가는 아이를 보며 부모인 저도 많이 배운 시간이었습니다."

이 내용들은 학부모님들이 보내주신 수많은 피드백 중 일부입니다. 학부모님들이 마음을 담아 보내주신 모든 글이 저에게는 큰 위로와 격려가 되었습니다. 그중에서도 제 마음에 가장 큰 울림을 주었고, 교사로서 보람을 느끼게 했던 내용은 "우리 아이가 집에 오면 반 친구들 한 명 한 명의 장점을 전해줍니다."라는 이야기였습니다. 아이가 집에서 친구들의 장점을 이야기한다는 것은 얼핏 보면 별것 아닌 일처럼 느껴질 수 있습니다. 그러나 이것은 자기 자신과 친구들을 어떻게 바라보는지에 대한 아이의 생각과 마음이 담긴 의미 깊은 이야기입니다.

아이들은 가정에서 대화할 때 학교에서 있었던 많은 일 중에서 짜증 났던 일, 친구가 나에게 기분 나쁘게 한 일, 친구의 단점 등을 풀어놓는 경우가 많습니다. 그런데 이와 반대로 친구 한 명 한 명의 장점을 전해준다는 것은 나 자신과 친구를 긍정적인 시선으로 바라본다는 것이며, 스스로에 대한 믿음과 자존감을 키우는 중이라는 뜻이기도 합니다. 또한 친구의 장점을 바라보며 나도 친구처럼 저런 좋은 모습을 가져야겠다고 다짐하는, 나 자신과의 약속이기도 합니다.

이렇게 아이들이 서로의 장점을 바라보게 되면 교실은 어떤 모습이 될까요? 서로를 지적하고, 비난하고, 사소한 일이 큰 갈등으로 번지는 불안하고 위태로운 교실이 아닌 서로를 존중하고 배려하는 마음이 넘치는, 다툼이 사라진 화목하고 평화로운 교실이 됩니다. 때론 마음이 상하는 일이나 소소한 다툼이 생기더라도 친구에 대한 신뢰와 존중을 바탕으로 서로를 이해하고 너그럽게 대하려고 노력합니다. 그래서 작은 다툼은 자정적으로 해결되며, 시간이 흐를수록 아이들의 관계는 더욱 돈독해지고 끈끈해집니다.

우리 반이 다툼이 없는 평화로운 교실, 모두가 함께 어울리며 웃음이 넘치는 행복한 교실이 된다면 정말 좋겠지요. 그렇다면 어떻게 서로의 장점을 바라보는 아이들이 모인 따뜻함이 넘치는 교실을 만들 수 있을까요? 그 방법은 아주 간단합니다. 교실 안에 서로의 장점을 인정하고, 지지하며 격려해주는 다양한 기회를 만들어주면 됩니다. 저는 '교실 속 직업놀이'에서 그 구체적인 방법과 답을 찾을 수 있었습니다.

이 책은 각자의 기질과 특성을 고려하여 아이들의 '자존감을 높여주는 방법', 서로를 존중하며 진정한 친구가 되어 '함께 어울리는 방법', 그리고 모든 아이가 자신의 행복한 미래를 스스로 그려가도록 도와주는 '꿈과 끼를 찾는 방법' 등 진로 및 인성교육의 구체적인 교육 실천 방법에 관한 이야기를 담고 있습니다.

부디 이 책이 서로를 존중하고 배려하는 따뜻한 교실, 소외되는 아이 없이 모두가 행복한 교실을 꿈꾸는 교사와 교육에 관심을 갖고 고민하는 모든 분들에게 작은 도움이라도 드릴 수 있었으면 좋겠습니다. 그렇다면 저자로서 더없는 기쁨과 보람이 될 것입니다.

끝으로 부족한 저자를 위해 도움을 주신 많은 분께 감사의 인사를 드립니다. 늘 따뜻한 조언과 격려로 교육의 길잡이가 되어주시는 이투스교육(주) 최형순 사장님, 이 책의 집필 과정에 아낌없는 조언과 도움을 주신 순수교육 구근회 대표이사님, 초등 교육 현장의 발전을 위해 함께 고민하고 애써주시는 아이스크림미디어 이종진 부장님, 교사로서의 성장을 지지해주시고 아낌없이 지혜를 나눠주신 EBS원격교육연수원 오인진 과장님, 따뜻하고 예쁜 책 만들어주시느라 너무나 애써주신 박민진 에디터님과 지식프레임 윤을식 대표님께 감사의 인사를 전합니다. 마지막으로 격려와 사랑, 기도로 아낌없는 응원을 보내준 사랑하는 가족에게도 감사드립니다.

단 한 명의 아이도 소외되지 않는 모두가 행복한 교실,
아이의 꿈과 자존감이 자라는 따뜻한 교실을 꿈꾸는 교사 이수진

Contents

꿈과 자존감을 키우는
행복한 학급 운영

PART 1
교실로 들어온 직업놀이

'교실 속 직업놀이'는 아이 한 명 한 명의 장점을 만들어주어 아이들이 함께 어울리는 경험 속에서 서로에게 호감을 느껴 진정한 친구가 되도록 도와주는 협력 중심의 교육 활동입니다. 여기에는 아이들의 자존감을 세워주는 방법에 대한 교사의 치열한 고민이 담겨 있습니다. 학급에는 우리 반의 지영이처럼 다양한 이유로 교사의 도움이 필요한 아이들이 있고, 동규와 같이 자신감이 부족한 아이가 실패가 두려워 머뭇거리고 주변의 눈치를 살피기도 합니다. 호윤이처럼 자신이 가진 능력은 뛰어나지만 배려심이 부족해 친구들과 갈등을 겪는 아이도 있고, 민수와 같이 학교에서 부정적인 평판으로 소외되어 방황하는 아이들도 있습니다.

이런 아이들이 당당하게 자신의 목소리를 낼 수 있는 마음의 힘을 키우고, 친구들과 함께 어울릴 수 있는 법을 배우고, 자신이 좋아하는 것을 통해 주도적인 아이로 성장하는 데는 교사의 노력이 필요합니다. 그러나 당연히도 교사 혼자만의 분투로는 해결할 수 없습니다. 이 아이들에게 정말 필요한 것은 친구들의 따뜻한 응원과 격려니까요.

교실 속 직업놀이는 아이 한 명 한 명의 기질과 특성을 고려하여 교실 속에 아이 맞춤형 직업을 만들어줌으로써 자존감을 높여주는 진로 및 인성 중심의 교육 활동이기도 합니다. 아이들의 기질과 특성은 모두 다르고, 아이들이 좋아하는 것과 하고 싶은 것 또한 다양합니다. 그래서 우리 반에는 모두를 만족시킬 60가지의 직업이 있습니다. '역할'이 아닌 '직업'인 이유는 학급에서 '필요한 역할'을 맡기기 위해서가 아니라 우리 반 아이들에게 꼭 맞는 '나만의 자리'를 만들어주기 위해서입니다.

교실 속 직업놀이에서는 단 한 명의 아이도 소외됨 없이, 모든 아이가 가슴에 용기를 품고 도전하는 사람으로 성장하게 됩니다. 소속감과 자긍심은 물론 서로를 돕는 즐거움과 기쁨, 보람을 느낄 수 있도록 도와주는 직업놀이를 경험하면서 아이들은 서로에 대한 존중과 배려를 자연스럽게 배울 수 있습니다.

1
직업놀이,
아이들을 성장시키다

마음이 열리니 말문이 트이다

—

　태어날 때부터 선천적 소이(小耳)증 진단을 받고, 한쪽 귀가 안 들려 보청기를 착용하고 생활하던 지영이는 몇 년 전부터는 학교에서 말을 하지 못하는 '선택적 함구증'을 앓게 되었습니다. 집에서는 가족들과 재잘재잘 말을 잘하는 아이였지만 학교에서는 선생님이나 친구들과 말을 한마디도 하지 않았습니다. 지영이는 쉬는 시간에도 자리에 앉은 채 움직이지 않았습니다. 그런데 주위를 자주 두리번거렸지요. 주위를 살핀다는 건, 적어도 친구들에게 관심이 있다는 긍정적인 신호였습니다. 친구들이 먼저 말을 건네도 대답을 안 하던 지영이는 어느 날 친구가 "나, 이거 지우개 빌려 써도 돼?"라고 물어보았을 때 간단한 고갯짓으로 끄덕이며 자신의 의사를 표현했습니다.

　그 모습을 보고 지영이가 아예 말을 못하는 것은 아니니 학교에서의 함구증도 해결될 수 있을 것이란 희망이 생겼습니다. 지영이가 먼저 친구에게 다가가지 못한다면 친구가 다가오게 하고, 말이 어렵다면 고갯짓으로 대화하면 될 일이었지요. 우리 반은 아이들이 자신이 희망하는 직업을 가지고 활동하는 '교실 속 직업놀이'를 진행하고 있습니다. 아이들은 먹을거리 주변에 자연스럽게 모이게 되니 지영이가 아이들에게 맛있는 간식을 나눠주는 직업을 가진다면 좋을 것 같았습니다. 그런데 단순히 과자나 사탕 같은 가공식품을 나눠주는 것은 친구들이 다가오도록 도와줄 수는 있지만 간식을 가져가는 데서 그칠 뿐 지영이에게 고마운 마음을 갖고 친절하게 대하도록 하기에는 어려워 보였습니다.

지영이에게 어떤 직업이 좋을까 고민을 하다가 흰 우유를 먹기 싫어하는 아이들의 우유에 맛있는 미숫가루, 초콜릿 가루를 타주는 '바리스타'를 직업으로 갖게 하면 어떨까라는 생각이 들었습니다. 그렇게 되면 아이들은 우유를 맛있게 먹을 수 있을 테고, 음료를 새롭게 만들어주는 활동은 지영이가 수고하고 노력하는 것이니까 지영이에게 고마운 마음도 느낄 수 있을 것 같았습니다. 그리고 당장 말을 하지 않고 고갯짓만으로도 의사 표현을 할 수 있는 장치를 마련해준다면 지영이가 더 편하게 활동할 수 있을 것 같았지요.

곧바로 우리 반 '디자이너' 친구들과 함께 음료를 주문할 수 있는 주문서와 메뉴판을 만들었습니다. 주문서에 메뉴를 써서 주문하는 것은 소리 듣는 것이 어려운 지영이를 배려하는 방법이었습니다. 처음에는 교사인 제가 시범을 보이면서 아이들에게 초코 우유를 만들어주기 시작했습니다. 그러자 아이들이 너도나도 초코 우유, 딸기 우유를 먹는다며 주문하기 시작했지요. 저는 몰려드는 주문에 바쁜 척 지영이에게 슬며시 도움을 요청했습니다. "지영아, 선생님이 혼자 바리스타 하려니 너무 바빠서 말이야. 선생님 좀 도와줄 수 있을까?" '좋아요'라는 말 대신 고개를 끄덕이는 지영이와 그렇게 바리스타 직업놀이를 함께 시작하게 되었습니다.

쉬는 시간이면 아이들은 너도나도 맛있는 음료를 마시겠다고 줄을 서서 주문서를 작성했고, 음료를 찾으며 "고마워, 지영아."라고 얘기했습니다. 그렇게 반 아이들은 자연스럽게 지영이에게 다가와 하루에 열 번, 스무 번씩 지영이의 이름을 따뜻하게 불러주었습니다. 친구들이 자신의 이름을 불러줄 때면 지영이의 얼굴에 조금씩 미소가 보이기 시작했지요. 우리 반의 바리스타가 된 지영이는 쉬는 시간이면 친구들에게 음료를 타주었고, 말없이 고개를 끄덕이는 것만으로 친구들과 소통하게 되었습니다.

어느 날 지영이 어머니께서 한 통의 편지를 보내주셨습니다. "선생님, 우리 아이에게 조금씩 변화가 보이기 시작하고 있어요." 오늘 어떤 친구가 미숫가루를 주문했는데 가루가 잘 녹지 않아서 힘들었다며 지영이가 집에서 학교 이야기를 하기 시작했다는 것입니다.

그렇게 시간이 흘러 지영이가 바리스타 활동을 시작한 지 한 달가량 지났을 무렵, 체육 시간이 끝나고 땀을 뻘뻘 흘린 아이들이 맛있는 음료를 먹겠다고 바리스타에게 음료를 주문하는 중에 갑자기 낯선 여자아이의 목소리가 들렸습니다. "큰 얼음 줄까, 작은 얼음 줄까?" 바로 우리 반 지영이의 목소리였습니다.

그날 지영이는 친구들에게 체육 시간이 끝나고 시원한 음료수를 만들어주고 싶어서 스스로 집에서 얼음을 챙겨왔습니다. 큰 얼음과 작은 얼음을 두 개의 보온병에 나눠 담아왔는데, 얼음을 보고 흥분한 아이들이 서로 얼음을 넣어달라고 이야기하니 무슨 얼음을 달라는 건지 확인하기 위해 되물었던 것이지요. 몇 년 만에 학교에서 목소리를 낸 감격스러운 순간이었습니다. 그 순간 갑자기 눈물이 핑 돌며 용기를 내준 지영이에게 정말 고마웠습니다. 그리고 지영이의 이름을 매일 불러주고, 지영이 곁을 에워싸고 함께 있어준 우리 반 아이들이 정말 자랑스러웠습니다. '지영이 마음에 용기를 준 일, 바로 너희들이 해낸 거야! 고마워, 얘들아!'

그렇게 첫 말을 튼 지영이는 편안하게 대화하기 시작했고, 친구들과 함께 어울리며 밝고 씩씩하게 지냈습니다. 그 뒤로 지영이는 움츠린 아이, 소심한 아이, 친구들이 다가오기를 기다리는 아이가 아니라 친구에게 먼저 다가가는 아이가 되었습니다. 당연히 선택적 함구증도 완치되었지요. 그 뒤로 저는 지영이 외에 선택적 함구증 증세를 보이는 아이를 3명 더 만났지만, 놀랍게도 그 아이들 모두 직업놀이를 시작하고 한 달 남짓의 시간이 지나고 나면 말을 하기 시작했습니다. 또한 교우 관계도 개선되어 편안한 학교생활을 하는 것을 확인할 수 있었습니다.

장점은 찾는 것이 아니라 만들어주는 것

—

교실의 아이들을 바라보면 수학을 잘하는 아이, 그림을 잘 그리는 아이, 운동을 잘하는 아이 등 저마다 잘하는 부분이 보입니다. 그런데 학교 활동과 관련하여 잘하는 것을 찾기 어려운 아이가 있습니다. 바로 동규처럼 자신감이 없는 아이예요. 이 아이들은 스스로를 부정적으로 생각하고, 친구들의 눈치를 보며 항상 긴장한 채 있습니다. 어려운 일은 해보기도 전에 '내가 못하면 우리 팀한테 괜히 피해만 주고, 아이들이 뭐라고 할 테니까 난 그냥 빠져야지.'라며 포기하고 뒤로 숨어버리지요. 친구들도 딱히 잘하는 것도 없고, 자신의 의견을 뚜렷하게 말하지도 않은 채 빠지기 일쑤인 동규를 이해하기보다는 무시해도 되는 아이로 치부합니다. 더 나아가 자신이 동규와 친하면 함께 무시당할까 두려워 더 외면하기도 하지요.

이렇게 매사에 자신감이 없는 아이에게는 그 아이만의 장점을 찾아주어 친구들의 인정을 받게 하는 과정이 필요합니다. 타인에게 인정을 받을 때 자신의 의견을 말할 수 있는 자신감과 용기가 생기기 때문입니다. 그런데 오랜 시간 학습적인 모습에서 자신감을 잃었던 아이에게 공부를 잘하고, 그림을 잘 그리고, 운동을 잘하는 것을 장점으로 만들어주면 역효과가 나타날 게 뻔합니다. 학습의 결과적인 측면을 교사가 칭찬해주면 아이들은 바로 "쟤가 더 잘해요."라며 수긍하기 어렵다는 태도를 보이기 때문입니다. 그래서 이런 친구들에게는 눈에 보이는 능력의 장점보다 태도와 성품 등 내면의 장점을 찾아주는 것이 좋습니다.

　평소 동규는 다른 아이들보다 학교에 일찍 오는 편이었습니다. 동규가 교실에 도착하기 전, 저는 교실 청소를 하고 있었습니다. 선생님 혼자 분주히 청소하는 모습에 마음이 쓰였는지 동규가 제 주변을 서성이고 있을 때 "동규야, 선생님 좀 도와줄래?"라고 도움을 요청했지요. 흔쾌히 도와준 동규와 함께 청소하면서 이런저런 이야기를 나누고, 청소를 마친 후에 동규에게 고마운 마음을 표현했습니다. "동규야, 오늘은 네가 도와줘서 정말 빨리 청소를 끝냈는데 교실이 너무 깨끗하다. 아이들이 오면 교실이 깨끗해서 깜짝 놀랄 것 같은데? 오늘 선생님 도와줘서 정말 고마워!" 동규는 머쓱한 표정으로 웃었고, 다음 날에는 평소보다 학교에 더 일찍 왔습니다. 그날도 혼자 청소를 하고 있던 제게 이번에는 동규가 먼저 다가와서 말을 건넸습니다. "선생님! 제가 도와드릴까요?"

　그렇게 일주일 동안 함께 아침 청소를 하면서 동규와 조금씩 가까워졌어요. 수업 중 저와 눈이 마주치면 시선을 피하기 바빴던 동규는 이제 눈을 마주치면 입가에 옅은 미소를 띠기 시작했습니다. 그리고 일주일이 지난 후 반 전체 아이들에게 '환경 지킴이' 직업놀이에 참여하고 싶은 사람이 있는지 신청을 받기 위해 안내를 했습니다. "선생님과 함께 아침에 교실 청소할 사람은 환경 지킴이로 신청해주세요." 이때 동규가 "선생님, 제가 할게요!"라고 두 손을 번

쩍 들었습니다.

"동규야, 고마워! 얘들아. 사실은 지난 일주일 동안 동규가 혼자 일찍 와서 선생님과 같이 청소를 했어. 아침 일찍 오는 게 힘든 일인 거 알지? 동규는 비가 오는 날도 먼저 와서 선생님을 기다리더라고." 아이들의 눈이 휘둥그레졌어요. "우와~ 동규 최고다!"

그날 이후 동규는 우리 반의 환경 지킴이로 활동하기 시작했습니다. 매일 아침 8시 30분도 되기 전에 교실에 와서 걸레를 빨고 청소를 하는 동규는 매주 금요일마다 발표하는 우리 반 '교실왕'에 늘 이름을 올렸습니다. 매일매일 제일 먼저 학교에 와서 '성실왕', 우리 반을 위해 교실을 청소하는 '봉사왕', 반짝반짝 깨끗한 교실을 만들어주어 친구들이 깨끗한 환경에서 공부할 수 있게 해주는 '배려왕'까지 섭렵했지요.

동규의 태도와 성품에서 찾은 장점을 아이들 앞에서 하나씩 세워줄 때마다 아이들은 동규를 멋진 아이로 인정하기 시작했고, 동규의 자신감은 날로 커졌습니다. 아이들은 함께하는 놀이에서 동규의 의견을 물어봤으며, 자신을 무시하는 친구들에게 화를 참지 못하던 동규는 언제부터인지 이해심이 높아졌고, 타인을 배려하는 모습을 보이기 시작했습니다. 그렇게 동규는 1학기 모범 어린이 투표에서 가장 많은 표를 받았고 2학기에는 회장이 되었습니다.

동규는 환경 지킴이에서 시작해 안전 보안관, 학급 공무원, 학급 변리사, 반의원 등 20가지 이상의 많은 직업놀이에 즐겁게 참여했습니다. 멋져 보이는 수많은 직업 가운데서도 동규가 졸업할 때까지 가장 열심히 하던 직업놀이는 바로 '환경 지킴이'였습니다. 졸업식을 앞둔 날에도 평소와 같이 8시 30분에 등교해서 차가운 물에 손을 넣고 입김을 불어가며 걸레를 빨아 청소한 동규. 어떤 아이들에게 환경 지킴이라는 직업은 힘들고 하기 싫은 일이겠지만 동규에게는 자신이 인정받도록 도와준, 자신의 내면의 장점을 만들어준 소중한 자리였으니까요.

아이들의 장점은 교사가 발견해서 꺼내주는 것이기도 하지만, 이처럼 새롭게 만들어줄 수도 있습니다. 교사는 친구들과 하루에도 여러 번 다투는 아이, 수업 시간에 집중하지 못하는 아이, 자신감 없는 모습으로 위축된 아이를 성실하고 끈기 있는 아이로 바꿀 수 있습니다. 그러나 아무리 교사라고 해도 타당한 이유와 근거도 없이 갑자기 아이의 봉사하는 모습을 장점으로 만들어주기는 어렵습니다. 이렇듯 장점을 찾기 어려운 아이가 있다면 그 아이를 위한 맞춤 직업놀이를 통해 장점을 만들어주면 됩니다. 직업놀이 속에서 인정과 지지를 담은 교사의 한마디가 아이의 숨겨진 장점을 싹 틔우고, 다른 친구들이 그 아이를 바라보는 눈을 새롭게 변화시킵니다. 교사의 시선이 곧 아이들의 시선이 되기 때문입니다.

스스로 배려하는 법을 깨닫게 하다

—

호윤이에게 교실은 아주 편안한 곳입니다. 공부 잘하고, 발표 잘하고, 운동도 잘하고, 정해진 규칙도 잘 지키니 불편할 일이 거의 없습니다. 똑똑한 호윤이는 승부가 있는 게임을 할 때면 모둠 친구들을 주도해서 팀을 이끌어갑니다. 그러던 어느 날, 수학 시간에 모둠으로 게임을 하던 중 어디선가 "탁" 소리가 들렸습니다. "야, 넌 느리니까 좀 이따 해!" 호윤이가 같은 모둠인 친구의 동작이 느려서 답답하다고, 친구 순서를 가로채기 위해 그 친구의 손을 치던 소리였습니다. 호윤이는 "선생님, 우리 팀이 빨리 게임에서 이겨야 하는데 얘가 너무 느리잖아요. 답답해서 얘랑 같이 못 하겠어요."라고 변명하듯 말했습니다. 이처럼 협동해서 하는 활동에서 호연이가 자기 맘대로 하더라도 팀이 게임에서 이기게 되면 친구들은 크게 불만을 표시하지 않습니다. '그래도 호윤이가 잘해서 우리 팀이 이겼으니까 됐지 뭐.'

　교사의 눈에 이기적인 행동이 발견되지 않는 이상, 호윤이에게 교실은 내 맘대로 해도 좋은 곳, 팀 협력 활동에서 배려하지 않아도 손해 볼 게 없는 곳입니다. '난 똑똑하고 뭐든 잘하니까 나 때문에 우리 팀이 이기면 그만이지.' 호윤이는 내가 쟤보다 더 잘하는데 왜 배려와 양보를 해야 하는지 도무지 이해되지 않습니다. 수업 시간에 '배려'의 가치를 가르치기 위해 교사가 아무리 말로 설명해도, 아이는 자기가 불편한 게 없으니 배려를 왜 해야 하는지 모릅니다.

　목요일 4교시, '종이접기 선생님'이 직업인 아이들이 모여서 종이접기 미니 클래스를 열기로 한 날이었습니다. 종이접기 선생님들이 너도나도 자신이 만들어온 샘플 작품을 보여주며, 자신의 클래스에 오라고 한창 홍보를 하고 있었습니다. 종이접기 실력이 뛰어난 호윤이는 그중 가장 어려운 반인 최상급반의 선생님이 되어 오늘 처음으로 클래스를 열기로 했지요.

　아이들이 아무도 못 접을 것 같은 드래곤 접기를 연습해서 멋진 드래곤을 접어온 호윤이는 잠시 후 종이접기 미니 클래스를 시작했습니다. 다른 친구들이 초급반의 공 접기, 중급반의 배 접기, 고급반의 장미 접기에서 열심히 배우고 있는데, 시무룩해진 호윤이가 저에게 다가왔습니다.

　"선생님, 애들이 다 시시한 거 접으러 가고 제 반에는 안 와요. 드래곤 접기가 제일 어려운 건데. 저런 시시한 건 아무나 접을 수 있는 건데 다 저기에 가 있어요." 호윤이는 잔뜩 화가 나 있었습니다. 잠시 후 최상급반을 찾은 친구에게 한참 동안 드래곤 접기를 가르쳐주던 호윤이는 뭔가 뜻대로 잘 안 되는지 짜증을 냈고, 결국 5분이 채 되지도 않아서 배우러 왔던 아이는 가버렸습니다. "선생님, 제가 이렇게 접으라고 했는데 제대로 못 접어서 그것도 못 접냐고 했더니 그냥 가버렸어요. 전 2번이나 설명해줬어요. 친절하게 가르쳐줬다고요."
종이접기 클래스 시간이 끝난 후 호윤이는 자리에 앉아서 친구들에게 자랑하려고 접어온 드래곤을 한참 물끄러미 쳐다보다가 가방 속에 넣어서 집에 가져갔습니다.

그렇게 호윤이의 최상급반에 아무도 오지 않는 일이 여러 번 있고 난 후 호윤이가 종이접기 미니 클래스 시간에 심각하게 누군가를 뚫어지게 바라보고 있는 것을 목격했습니다. 바로 친구들에게 가장 인기 있는 종이접기 클래스를 담당하는 민재였지요. 민재가 클래스를 열면 항상 아이들이 줄을 서서 기다리고 있고, 친구들의 웃음소리가 끊이질 않았어요. 민재는 하나씩 친절하게 가르쳐주며 친구들에게 "우와, 되게 잘 접었다."라고 칭찬을 해주기도 했습니다. 민재를 가만히 보고 있던 호윤이는 많은 생각에 잠긴 듯했어요.

다음 종이접기 미니 클래스 시간이 되자, 호윤이는 분주하게 움직이며 멋진 작품을 전시했습니다. 그리고 "드래곤 접기, 기초부터 차근차근 알려드려요. 절대 못 한다고 뭐라 하지 않아요. 제가 접은 드래곤까지 선물로 드립니다!"라고 목청 터지게 외치며 홍보했지요. 두 명의 친구가 다가오자 호윤이는 평소와 달리 "잘 왔어. 드래곤은 처음 접어보지? 나도 처음 접을 때는 못 접었거든. 그러니까 걱정하지 않아도 돼. 내가 친절하게 가르쳐줄게." 하고 친절이 뚝뚝 떨어지는 말투와 표정으로 얘기했어요. 그리고 친구들이 어려워할 때는 기초 접기부터 알려주면서 오직 2명의 친구에게 40분 동안 정성껏 가르쳐주었습니다.

그리고 수업을 마칠 때 자신이 집에서 소중하게 접어온 드래곤을 선물로 주면서 "오늘 내 수업에 와줘서 고마워. 다음에도 오면 내가 더 멋진 드래곤 접기 알려줄게."라며 인사까지 건넸지요. 그다음 종이접기 클래스 시간이 되자 지난번에 호윤이 클래스에 갔던 두 친구와 다른 친구들이 3명 더 찾아왔습니다. 호윤이는 5명의 친구를 한 명씩 도와주며 종이접기를 가르쳐주었고, 완성하지 못한 아이들에게는 틈틈이 쉬는 시간에도 찾아가 알려주면서 끝까지 완성하도록 도와주었습니다. 그다음 클래스에는 8명의 아이가 드래곤 접기 반에 몰려왔습니다.

이렇듯 호윤이는 왜 친구들이 자신에게 오지 않았는지를 고민하면서 자기 자신을 돌아볼 줄 아는 똑똑한 아이였습니다. 화려한 드래곤보다 친구들을 대하는 태도가 더 중요하다는 것을 스스로 깨달은 것입니다. 친구들에게 종이접기를 알려주면서 조금씩 자신을 돌아보기 시작한 호윤이는 수업 시간에도 달라졌습니다. 느린 친구가 있으면 기다려주고, 다른 친구에게 양보도 하기 시작한 것이지요.

호윤이는 그 뒤로 아픈 친구들의 마음을 헤아려주는 '마음 의사' 직업놀이에도 참여하며 꾀병인 친구에게도 따뜻하게 위로의 말을 건네주었습니다. 누구보다 친구들을 좋아하고, 무엇이든 최선을 다해 열심히 노력하는 호윤이의 모습을 보며 아이들은 호윤이의 진짜 매력을 느끼게 되었습니다. 그리고 스스로의 문제를 돌아보고 변하기 위해 노력했던 똑똑한 호윤이는 어느새 내 입장만 생각하는 아이가 아닌, 친구들의 마음을 먼저 헤아리며 양보하고 배려하는 너그럽고 따뜻한 아이가 되었습니다.

아이의 부정적인 평판을 바꾸는 방법

—

새 학년 3월, 민수는 아무런 의욕도 없이 혼자 우두커니 자리에 앉아 책상에 엎드려 있었습니다. 학부모 상담 기간에 민수 어머니는 지난 학년에서 아이가 친구들과 다툼이 잦아 이집 저집 다니며 죄송하다, 미안하다는 이야기를 수도 없이 하셨다며 눈물을 흘리셨습니다. "선생님, 민수가 표현하는 게 서툴고 에너지가 넘치다 보니 친구들을 못살게 군다고 하는데, 얘가 진짜 친구들을 괴롭히려고 그러는 건 아니거든요."

제가 본 민수도 그저 친구를 좋아하는 아이였습니다. 그런데 친구들 사이에 같이 끼고 싶어 민수가 "무슨 이야기 하는데?"라고 용기 내어 말을 건네면, 친구들은 "넌 몰라도 돼. 별 이야기 아니야."라며 피하거나 무시하기 일쑤였죠. 민수가 친구 필통을 만지며 "이 필통 어디서 샀어? 나도 이런 거 있는데."라고 말을 건네면 "내 거 허락 없이 만지지 마."라고 쌀쌀맞게 말하고, 쉬는 시간에 놀면서 민수와 몸이라도 살짝 부딪히면 "선생님, 민수가 저 때리고 지나갔어요."라고 부풀려 말하기도 했어요. 이처럼 민수를 바라보는 아이들의 시선은 차갑고 냉랭했습니다.

이런 상황에서 가장 급선무는 민수를 바라보는 아이들의 부정적인 시선을 바꿔주는 것이었습니다. 지난 학년까지 아이에게 꼬리표처럼 달린 '친구 괴롭히는 아이, 때리는 아이'라는 타이틀을 떼고, 이 아이의 장점을 살려 그동안 부정적인 평판으로 낮아진 아이의 자존감을 높여야 했죠. 그러기 위해서는 민수가 무엇을 좋아하는지 찾아내야 했습니다. 지켜보니 민수는 몸 쓰는 활동을 잘하고, 팽이를 정말 좋아하는 아이였어요. 교육 과정 안에 팽이를 이용한 수업은 없지만 민수에게 기회를 만들어주기 위해 고민한 끝에 창의적 체험활동 시간에 자신이 좋아하는 것을 소개하는 시간을 갖기로 했습니다.

"자, 오늘은 민수가 좋아하는 팽이에 관해 소개하는 시간입니다. 팽이에 대해 궁금한 것이 있다면 무엇이든 민수에게 물어보세요."

민수는 친구들에게 팽이에 대해 설명해주고 싶어 집에서 아끼는 여러 종류의 팽이를 양손 가득 가져왔습니다. 그리고 친구들에게 팽이 돌리는 방법과 팽이 기술을 하나씩 알려주기 시작했어요. 평소 팽이에 대해 잘 몰랐던 아이들은 민수에게 팽이 돌리는 방법을 배우고, 팽이 시합을 하며 시간을 보냈습니다. 친구들이 즐거워하며 자신에게 팽이에 대해 물어보자, 신이 나서 반짝이는 눈빛으로 친절하게 설명해주는 민수. 이때가 기회다 싶어 아이들에게 민수의 장점을 이야기해주었습니다.

"얘들아, 민수가 팽이에 대해 아는 게 정말 많지? 친구들에게 가르쳐주고 싶어서 집에서 아끼는 팽이를 다 챙겨왔대."

"선생님, 민수 덕분에 팽이 돌리는 법 배웠어요. 재밌었어요."

"저도요. 민수가 신기한 기술도 많이 알려줬어요."

"민수야, 고마워!"

처음으로 반 친구들에게 따뜻한 인사를 받아본 민수는 아무 말없이 빙그레 웃고 있었습니다. 그리고 머쓱한 듯이 작은 목소리로 "선생님, 친구들에게 다른 팽이도 소개해주고 방법도 알려주고 싶은데 또 해도 돼요?"라고 물었지요. "그럼. 또 해도 되지. 선생님이 오늘 민수를 위해 새로운 직업을 하나 생각해봤는데, 우리 반의 팽이 박사님이 되어볼래? 매일 팽이에 대해 친구들에게 자세히 알려주는 거야. 어때?", "좋아요. 저 팽이 박사님 할래요."

민수가 '팽이 박사'가 된 이후, 아이들은 쉬는 시간이면 민수와 함께 팽이 놀이를 하기 위해 삼삼오오 모여서 자연스럽게 어울리기 시작했습니다. 민수는 친구들의 인정을 받으며 무기력한 모습에서 의욕에 차서 뭐든 열심히 해보려는 모습으로 변했고, 점점 자신감을 찾기 시작했습니다.

그렇게 시간이 지나면서 민수처럼 팽이 박사를 하고 싶다는 아이들이 여러 명 생겼습니다. 팽이 박사가 6명이 되면서 같은 직업끼리 소그룹으로 모여서 '팽이 대회'에 관한 회의를 하기 시작했지요. "다음 주 놀이 시간에 팽이 대회를 열자. 그때 우리가 각자 팽이를 4개씩 챙겨오면 우리 반 모든 친구들이 다 팽이 놀이를 해볼 수 있으니까 좋을 것 같아. 이벤트로 내가 친구들에게 나눠주고 싶은 팽이 2개 가져올게." 민수는 팽이 박사 팀의 팀장이 되어 친구들을 이끌었고, 팀원 모두가 기대하는 마음으로 최선을 다해 팽이 대회를 준비했습니다.

이렇게 열심히 준비한 팽이 대회 당일, 민수가 40도 가까운 고열로 학교에 못 오게 되었습니다. 팽이 대회를 열겠다고 양손 가득 팽이를 가져온 아이들이 아침부터 민수를 찾기 시작했지요. "선생님, 민수 언제 와요?", "얘들아. 오늘은 민수가 많이 아파서 학교에 못 올 것 같아. 팽이 대회는 다른 날에 다시 열어야겠어." 팽이 대회를 열지 못한다고 아이들이 짜증을 낼 것 같아 내심 걱정했는데, 놀랍게도 아이들의 첫 마디는 "선생님, 민수 많이 아프대요?"라는 민수에 대한 걱정이었습니다.

그런데 잠시 후 복도를 보니 아픈 민수가 엄마와 함께 팽이를 양손 가득 들고 온 것이었어요. 그 모습을 본 아이들이 "밖에 민수가 왔어!"라고 외치며 교실 밖으로 뛰쳐나와 몸은 괜찮냐고 물으며 민수를 반갑게 맞이했습니다. 민수는 "얘들아. 나 왔어!"라고 환하게 웃으며 둘러싸인 친구들 속으로 들어갔어요. 그 모습을 본 저와 민수 어머니는 서로 말없이 바라보며 미소를 지었지요.

친구들과 팽이 대회를 열기로 한 약속을 지키기 위해, 자신을 기다리는 친구들이 눈에 밟혀 아픈 몸을 이끌고 학교에 온 민수는 팽이 대회 학급 행사가 끝날 때까지 아픈 줄도 모르고 친구들과 즐겁게 활동을 마치고 난 뒤 다리의 힘이 풀렸는지 털썩 주저앉았습니다. 민수에게는 친구들과의 약속, 친구들과 함께하는 그 시간이 너무나 소중했던 것이지요.

민수는 그 뒤로 다양한 친구들과 함께 어울리며 '친구 박람회', '경매 파티'와 같은 학급 행사를 위한 프로젝트팀을 이끌면서 우리 반의 '파티 플래너'로 활동하기 시작했고, 그 과정에서 아이들은 창의적이고 친구들에 대한 배려심이 깊은 민수에게 깊은 호감을 갖게 되었습니다. 학년이 끝나갈 무렵, 민수는 더이상 지난 학년의 부정적인 낙인으로 외롭게 지내는 외톨이가 아닌 친구들의 행복과 즐거움을 위해 고민하는 우리 반의 리더이자, 친구들에 둘러싸인 인기 스타가 되었습니다.

학부모님이 보내주신 편지

2
왜
직업놀이인가?

교실 속 직업놀이의 교육적 가치

—

　전통적인 교실 환경에서의 아이들은 학업에 충실하고, 학교 규칙을 잘 따르는 아이들과 그렇지 못한 아이들로 구분되어 평가받아 왔습니다. 학업 능력이 부족한 아이들은 학교 안에서 인정과 지지를 받은 경험이 적고, 또래 집단에서 소외되거나 무시당하기 쉽습니다. 이는 아이들 사이에서의 서열화를 심화시키고, 학업의 결과만을 중시하는 풍토로 이어집니다.

　학업 능력과 상관없이 모든 아이는 자신만의 가능성과 잠재력을 가지고 있습니다. 교실 속 직업놀이는 모든 아이의 장점을 돋보이게 해주고, 자신감을 키울 수 있도록 도와줍니다. 아이들은 자신이 좋아하는 일을 경험하며, 자신의 장점을 친구들에게 인정받을 때 자존감이 높아집니다. 자존감은 나 혼자 노력한다고 커지는 것이 아니라 다른 사람과의 관계 속에서 상호작용을 통해 커지는 감정이기 때문입니다.

　아이들은 다양한 직업놀이에 참여하여 서로 도움을 주고받으며 친구의 소중함과 함께 어울려 지내는 것의 가치를 깨닫게 됩니다. 그리고 그 과정에서 친구의 새로운 장점을 발견하며, 서로가 서로를 존중하는 관계를 만들어갑니다.

아이에게 딱 맞는 맞춤형 교육

아이들은 기질과 특성이 모두 다르기에 다양한 종류의 씨앗으로 비유할 수 있습니다. 모든 아이가 꽃피우는 교실을 만드는 것은 다양한 종류의 씨앗이 토양에 뿌리를 잘 내리도록 돕는 것에서부터 시작됩니다. 그러나 씨앗에 대한 고려 없이 모두 똑같은 토양에 씨앗을 뿌린다면, 토양과 잘 맞는 씨앗은 잘 성장할 수 있겠지만 그렇지 않은 씨앗은 뿌리를 내리지 못할 것입니다. 따라서 교사는 아이들 각자가 뿌리를 잘 내릴 수 있는 맞춤형 토양을 먼저 준비해야 합니다.

예를 들면 산만하고 집중력이 떨어지는 아이에게 매일 정해진 시간에 앉아서 자료를 정리하는 역할을 준다면 아이는 금방 지루해할 것입니다. 그러므로 아이의 성향에 맞고, 아이가 즐겁게 할 수 있는 역할에 참여하도록 독려하는 것이 좋습니다. 하지만 자존감이 낮고 소심한 아이에게 "네가 좋아하는 일을 선택해!"라고 하는 것은 자신에게 어떠한 옷이 어울리는지 모르는 아이에게 무작정 "입고 싶은 옷을 선택해보렴!"이라고 하는 것과 같습니다.

저는 이 아이에게 어떤 옷이 어울릴지 고민해보고, 아이에게 어울리는 옷을 몇 가지 골라서 선택을 도와줄 수 있는 사람이 교사라고 생각합니다. 교사는 가장 먼저 그 아이가 무엇을 좋아하는지, 장점은 무엇인지를 찾기 위해 사랑과 관심의 안테나를 세우고 세심하게 아이를 살펴봐야 합니다. 이러한 관심만 있다면 교사는 누구나 학급의 모든 아이에게 꼭 맞는, 그 아이만을 위한 특별한 자리를 만들어줄 수 있습니다.

아이의 자존감, 협력, 자기 주도성을 키우는 3단계 교육

자존감의 크기가 다른 아이들이 협력을 하게 되면 어떤 일이 벌어질까요? 학급에서 자존감이 높고 주도적인 아이들과, 아직 단단해지지 않은 자존감을 가진 아이들이 함께 활동하게 되면 자존감이 낮은 아이들이 마음의 상처를 입을 수 있습니다. 그래서 함께 협력하는 활동을 진행하기 전 자존감이 낮은 아이들이 함께 어울리며 부대껴도 쉽게 부서지지 않는 단단한 마음의 힘인 자존감을 키울 수 있도록 충분한 격려의 시간을 가질 필요가 있습니다.

이를 위해 교실 속 직업놀이는 총 3단계로 이루어집니다. 1단계인 '자존감을 세워주는, 성장하는 직업놀이'는 아이들 한 명 한 명이 자신을 바로 세우는 단계이며, 자신감과 자존감을 회복하여 내면이 단단해지는 과정입니다. 이렇게 내면의 힘을 키운 아이들이 서로 같은 직업을 가진 친구들과 함께 어울리는 방법을 배우는 단계가 2단계인 '소통과 배려를 배우는, 협력하는 직업놀이'입니다. 그리고 소그룹 활동을 통해 협력하는 법을 배운 아이들이 다양한 직업군의 친구들과 함께 새로운 목표를 향해 나아가는 단계가 3단계인 '도전과 용기를 배우는, 성취하는 직업놀이'입니다. 3단계에서는 다양한 직업의 아이들이 하나의 거대한 프로젝트팀이 되어 학급의 큰 행사를 스스로 만들어갑니다. 이렇게 3단계의 직업놀이를 통해 아이들은 스스로 해내는 자율의 힘과 자기 주도성을 키우게 됩니다.

매일매일, 온종일 교육

직업놀이는 한 번의 수업, 한 달의 프로젝트로 끝나는 활동이 아닙니다. 단기간의 교육 활동으로는 교육으로 인한 아이들의 성장과 변화가 이루어지기 어렵습니다. 직업놀이는 특정 과목과 특정 시간이 아닌 등교부터 하교까지 온종일 이루어지는 교육 활동으로, 1년 동안 학교 교육 과정 전반에 걸쳐 운영됩니다. 아이들이 생활 속에서 매일 경험하는 교육의 힘은 놀라울 정도로 큽니다.

이렇게 매일매일 직업놀이를 운영하는 이유는 모든 아이의 숨겨진 잠재력과 가능성을 발휘할 수 있는 기회를 열어주고, 아이들을 격려하고 세워주기 위해서입니다. 자신이 좋아하는 것과 하고 싶은 것을 교실 속에서 찾은 아이들은 학급의 모든 일에 적극적으로 참여하기 시작합니다. 아이들이 무엇이든 하고 싶다는 마음을 가지고 참여하기 시작하면 믿기 힘든 놀라운 성장과 변화가 일어납니다. 이렇듯 단기적인 교육으로 아이들의 변화를 일시에 이끌어내려 하기보다는 아이들 스스로 변화의 욕구, 성장의 욕구를 인지하며 자신의 성장 속도에 맞춰서 천천히 발전해나갈 수 있도록 믿고 기다려주는 것이 중요합니다. 이것이 제가 1년 동안 직업놀이를 매일매일, 온종일 운영하는 이유입니다.

일인일역과 교실 속 직업놀이의 차이점

—

일인일역과 직업놀이에서의 역할의 의미

지금까지 학급에서의 '역할'은 '학급에 필요한 일'이었습니다. 학급에 '일인일역(一人一役)' 같은 역할이 필요했던 이유는 학급에 대한 소속감과 책임감을 키워주는 중요한 일이기도 하지만, 교사가 학급이라는 공동체를 운영하고 관리하는 데 도움이 되기 때문이었죠. 각자 맡은 역할을 잘 해내야 교실이 깨끗하게 유지, 관리되기 때문에 당연히 아이들이 맡은 역할을 모두 잘 수행하는지가 중요했습니다.

그러나 교실 속 직업놀이의 역할은 학급에서부터 출발한 것이 아닙니다. 우리 반 아이 '한 명'에게 어떤 장점을 만들어주고, 어떻게 이 아이의 자존감을 세워줄 수 있을까에 대한 고민에서부터 시작된 것입니다. 그래서 저는 이 역할을 '세워주는 역할'이라고 부릅니다. 이렇듯 기존의 일인일역과 교실 속 직업놀이가 다른 이유는 바로 역할에 대한 관점이 다르기 때문입니다.

	일인일역	교실 속 직업놀이
역할의 정의	학급에서 필요한 일을 기준으로 하는 '학급' 중심의 역할	아이 한 명의 기질과 특성을 고려하여 아이의 자존감을 높이기 위한 '학생' 중심의 세워주는 역할
운영의 기본 원칙	- 모두가 반드시 참여한다. - 주기적으로 돌아가며 모든 역할에 골고루 참여한다. - 역할에 따라 필요한 인원수만큼 선발하여 운영한다.	- 하고 싶은 사람은 누구나 할 수 있다. - 하기 싫으면 안 해도 된다. - 내가 하고 싶은 대로 할 수 있다.

일인일역과 직업놀이의 운영 방법

3월이 되면 일반적으로 교사들은 학급에 필요한 역할을 정리하고, 아이들이 다양한 역할을 경험하며 책임감을 키울 수 있도록 일인일역을 시작합니다.

시작에 앞서 아이들과 함께 학급에 필요한 역할을 생각해본 뒤 칠판에 적어봅니다. 그리고 자기가 하고 싶은 역할에 손을 들어서 지원하는 사람이 그 역할을 맡게 합니다. 인기가 많은 역할이라 경쟁이 치열하면 가위바위보 등의 방법을 통해서 필요한 인원만큼 선발합니다. 한 달이나 두 달을 주기로 한 번씩 돌아가면서 역할을 맡을 수 있도록 운영하고, 모든 아이가 일인일역에 골고루 참여하도록 독려합니다.

이렇듯 주기적으로 역할을 바꾸어가면서 진행하는 일인일역을 아이들은 마지못해 따르는 경우가 많습니다. 그래서 교사가 보지 않는 곳에서는 하는 척 눈속임을 하거나, 하지 않았어도 했다고 거짓말을 하는 일이 빈번하게 일어납니다. 아이들은 서로 체크하고 감시하면서 불성실한 아이들을 선생님에게 고자질하고, 청소처럼 누구도 하기 싫어하는 일을 담당하는 아이들은 시간이 빨리 지나서 자신이 맡은 역할이 바뀌기만을 바랍니다. 1학기가 끝날 즈음에는 그마저도 잘 운영되지 않아서 흐지부지되는 일이 다반사지요. 교사는 일인일역을 제대로 운영하기 위해 학급 회의의 안건으로 제안하기도 하고, 직접 관리 감독하며 잔소리를 하기도 하지만 1년 동안 일인일역을 잘 운영한다는 것은 현실적으로 매우 어려운 일입니다.

그러나 교실 속 직업놀이는 학급의 필요를 고민하는 것보다 아이들의 특성에 맞는 다양한 직업을 고안하는 것으로 시작합니다. 아이들은 자발적으로 자신이 좋아하고 관심 있는 직업에 지원하면서 한 사람이 여러 개의 직업놀이에 참여하게 됩니다. 즉 일인다역(一人多役)의 직업놀이가 시작되는 것이지요.

5월이 되면 20개 이상의 직업놀이에 동시에 참여하는 아이가 생기기도 합니다. 깨끗한 교실을 만들기 위해 청소를 즐겁게 하는 '환경 지킴이' 친구들은 자발적으로 매일 아침 8시 반에 와서 걸레를 빨고, 복도부터 교실까지 구석구석 닦으며 청소합니다. 쉬는 시간에도 빗자루와 쓰레받기를 들고 청소하고, 재

활용을 버리는 금요일 아침이면 평소보다 일찍 학교에 와서 쓰레기봉투를 묶고 재활용 박스를 비워둡니다. 이렇듯 아이들은 누가 시키지 않아도 스스로 알아서 자신이 맡은 직업놀이를 척척 해냅니다. 도움을 주고받으며 서로를 존중하는 태도를 배우는 아이들이 대견하게 느껴질 정도입니다.

이렇듯 서로가 서로를 존중하고 따뜻한 온기가 넘치는 행복한 교실, 교사와 아이들이 함께 행복한 교실을 만들고 싶다면 학급에서의 '역할'을 학급을 잘 운영하고 관리하기 위해 필요한 '일'이 아닌, 아이들의 특성에 맞는 그 아이만을 위한 '자리'로 만들어보세요. 그리고 아이들의 장점을 찾아주고, 만들어주는 '세워주는 역할'을 통해 아이들을 격려해주세요. 바로 눈앞에서 아이들의 믿기 어려운 놀라운 변화를 보게 되고, 아이의 성장과 변화를 보고 감동하는 학부모님의 이야기를 통해 교육의 힘, 교사의 힘, 그 위대함을 느끼게 될 거라 확신합니다.

직업놀이를 통해 달라진 교실의 모습

—

직업놀이를 통해 달라진 학급 회의 시간

일반적으로 일주일에 한 시간으로 정해진 학급 회의를 시작하면 학급 임원이 회의를 진행하고, 다른 아이들은 자신의 의견을 발표합니다. "수업 시간에 떠드는 행동에 대해서 의견을 발표해주시기 바랍니다.", "저는 수업 시간에 떠드는 아이들에게는 교과서 내용을 3번씩 쓰도록 하는 것이 좋다고 생각합니다. 왜냐하면 공부를 방해하는 행동은 나쁜 행동이고, 떠드는 애들은 계속 떠들기 때문입니다." 이렇듯 매번 손을 들고 의견을 말하는 4~5명의 아이가 학급 회의를 주도하게 되지요.

이 아이들은 평소 수업 태도도 좋은 편이고, 늘 교사의 관심과 인정을 받아왔기에 당당하게 자신의 의견을 발표하지만 다른 아이들은 서로 눈치를 살피고 딴짓을 하며 회의가 빨리 끝나기를 바라고 있습니다. "다른 의견 없으면 다수결로 정하겠습니다." 결국 다수결에 의해 교과서를 3번 쓰는 것으로 규칙이 정해졌지만, 평소 수업 시간에 집중을 못 하고 떠드는 아이들은 마음속으로 잔뜩 화가 나 있습니다. '자기들은 안 떠든다고 저런 벌을 정하냐? 에이, 그냥 혼나고 말지 뭐!'

이렇듯 학급 회의라는 절차상 공동의 합의 과정을 거친 학급 규칙이지만, 어떤 아이들은 이 규칙을 따르고 싶어 하지 않습니다. 왜냐하면 이 규칙은 우리 반의 주도적인 소수의 아이들이 만든 규칙이니까요. 이런 형식적인 학급 회의는 학급의 문제를 근본적으로 해결해주지 못합니다.

직업놀이가 운영되는 반은 학급에 논의할 문제가 생기면 일주일에 한 번으로 정해진 학급 회의 시간을 기다리지 않습니다. 문제가 발생한 즉시 '반 의원'이 직업인 아이들이 모여 미니 회의를 엽니다. "오늘은 수업 시간과 관련하여 작은 안건이 있어서 미니 회의를 열겠습니다. 오늘 영어 시간에 원어민 선생님과 게임을 하는 중에 수업을 방해하는 행동이 많이 보였어요. 그래서 이 문제에 대해서 반 의원 회의를 진행해주세요.", "네! 알겠습니다." 반 의원 7명은 쉬는 시간에 틈틈이 모여서 열띤 토론을 펼치며 회의를 진행합니다.

회의를 통해 결과가 나오면 학급 전체를 대상으로 1차 회의 내용을 발표하고 친구들의 질문을 받습니다. "교과 시간에 수업을 방해하는 행동을 하는 일에 대한 1차 반 의원 회의의 결과를 발표하겠습니다. 수업을 방해하는 것은 집중력이 떨어질 때 생기는 문제이므로, 수업에 집중을 잘 할 수 있도록 자신의 자리에서 일어서서 수업을 듣는 것으로 정하였습니다. 이것에 대한 반대 의견이나 보충할 의견, 질문이 있으면 말씀해주세요." 그렇게 반 전체 의견을 수렴하여 2차 반 의원 회의를 진행하고, 학급 전체의 동의 과정을 거쳐서 최종적인 학급 규칙을 결정합니다.

반 의원의 회의 결과는 벌을 주는 것보다 문제를 해결하는 것에 초점을 맞춥니다. 또한 반 의원은 학급의 임원이 아닌 다양한 아이들로 구성되어 있기 때문에 자신의 처지에서 여러 의견을 자유롭게 제안할 수 있습니다. 아이들은 반 의원 회의와 학급 전체의 동의를 거쳐서 정해진 학급 규칙을 잘 따르기 위해 노력합니다. 우리 반을 주도하는 소수의 아이들이 만든 규칙이 아니라 우리 모두의 합의를 바탕으로 만들어진 규칙이라고 생각하기 때문이지요.

이렇게 모든 아이의 목소리를 담아내는 학급 회의를 운영하게 되면 아이들이 주인이 되는 교실을 만들어갈 수 있게 됩니다. 학급의 문제를 스스로 해결하는 과정을 통해 아이들은 우리 반이 굉장히 민주적이고 공평하며, 합리적이라고 생각하게 되고, 내가 이 교실의 주인이라고 느끼기 시작합니다. 또한 시간이 흐를수록 아이들의 사이가 점점 더 돈독해지며, 학급 분위기도 좋아지는 것을 볼 수 있습니다.

직업놀이를 통해 달라진 교과 수업 시간

교사는 칠판에 수학 교과서 내용을 적으면서 열심히 가르칩니다. 아이들은 잘 듣고 있는 듯 보이지만 머릿속으로는 다른 생각을 하면서 쉬는 시간만을 기다립니다. 쉬는 시간 종이 울리면 교과서를 덮고 부리나케 일어나 "야! 아까 나랑 하던 공기 다시 붙어!"라고 말하며 기다렸다는 듯이 놀이 활동에 전념하지요. 교사는 마음속으로 '아이들이 수학 공부가 어려웠나. 하긴 분수의 나눗셈은 재미가 없겠지.'라고 생각하며 다음 시간에는 재미있는 말판 놀이 학습지라도 준비해서 수학 시간을 즐겁게 해주어야겠다고 다짐합니다. 그리고는 교사 커뮤니티에서 수학 시간에 이용할 수 있는 말판 놀이 자료를 찾아 헤매기 시작하지요.

직업놀이가 운영되는 반은 수학 시간 종이 울리기도 전에 아이들이 수학 공부를 준비하고 자리에 앉아서 기다립니다. 오늘의 '수학 박사'는 자신이 담당한 문제를 친구들 앞에서 설명하기 위해서 며칠 동안 연습하고 또 연습했습니다. 종이 울리고 수학 시간이 시작되자 아이들의 눈빛이 반짝입니다. "자, 오늘의 수학 박사님 윤진서가 나와서 1번 문제를 풀어보겠습니다. 설명이 끝나면 질문 받는 시간을 갖겠습니다. 윤박사님, 앞으로 나와주세요.", "제가 1번 문제를 설명하겠습니다. 분수의 나눗셈은…. 이상으로 설명을 마치겠습니다. 질문 받겠습니다." 아이들은 윤박사에게 여러 가지 질문을 하면서 수학 문제에 관해 함께 토의합니다.

교사의 설명은 틀릴 리 없기 때문에 아이들은 수동적인 자세로 수업을 듣게 됩니다. 그러나 친구들은 실수도 하고, 때로는 틀리기도 하기 때문에 '쟤는 왜 저렇게 풀지? 저게 맞나?'라고 생각하면서 능동적으로 사고하기 시작합니다. 또한 수학 박사인 친구가 자신이 잘 몰랐던 수학 개념을 하나씩 짚으면서 설명해줄 때는 '아, 나도 저렇게 풀었는데.' 하며 원리를 터득하기도 합니다. 질문하며 토의하는 과정에서 대답이 어려울 때는 '생각 바톤 이어달리기' 활동을 통해 다른 수학 박사인 친구가 나와서 수학 설명을 이어갑니다. 이어지는 교사의 보충 설명 시간에는 아이들이 자주 실수하는 문제를 짚어주고, 개념을 정리해줍니다. 정리 시간에는 다양한 수준의 퀴즈를 풀고, 수학에 자신이 없던 아이들도 아르바이트 제도를 통해 수학 박사 직업놀이에 참여합니다.

수학 공부가 끝나면 모두가 기다리는 수학 익힘책 풀이 시간이 시작됩니다. 이 시간이 되면 5명의 수학 박사는 긴장하게 되지요. 수학 익힘챔을 다 푼 아이들은 수학 박사 5명 중에서 한 명을 골라 채점을 받으러 갑니다. "오늘은 윤박사에게 갈까, 김박사에게 갈까?" 고민하는 아이들에게 수학 박사들은 말합니다. "윤박사에게 채점 받으러 오세요. 친절하게 풀이까지 설명해드립니다!", "김박사에게 오세요. 정말 정말 친절하게 채점해드려요. 동그라미도 예쁘게 그려줍니다." 아이들은 수학 익힘책 채점 받는 시간을 손꼽아 기다립니다. 쉬는 시간 종이 친 줄도 모르고 수학 박사에게 익힘책 채점을 받으면서 풀이를 듣는 아이들은 이렇게 말합니다. "선생님, 다음 시간에도 수학 공부 계속하면 안돼요?"

직업놀이를 통해 달라진 학급 행사 시간

교사는 어린이날을 맞이하여 아이들을 위한 학급 행사를 계획했습니다. 팀 대항 미니 올림픽을 준비하기 위해서 미니 올림픽에 필요한 경기용품과 메달을 준비하고, 활동지 및 PPT 자료를 만들었지요. 어린이날 당일, 교사는 열심히 준비한 미니 올림픽 게임을 진행하면서 경기용품을 세팅하고, 사회를 보면서 음악을 틀어주기도 하는 등 몸이 열 개라도 부족할 만큼 정신없이 어린이날 학급 행사를 운영했습니다. 우리 반 아이들이 즐거워한다면 오늘 하루쯤은 몸이 부서지도록 힘들어도 괜찮다는 마음으로 말이죠.

처음 게임을 시작할 때는 아이들 모두 즐겁게 참여하였으나 시간이 갈수록 짜증을 내는 아이, 다투는 아이, 하기 싫다는 아이들이 하나둘 생기기 시작하면서 교사의 사기 또한 바닥으로 떨어졌습니다. 고생해서 어린이날 행사를 준비했는데 아이들이 게임 도중에 싸우고, 재미없다며 불평불만을 늘어놓는 모습을 보자니 속상해집니다. 교사는 괜히 이런 행사를 준비해서 아이들끼리 다투게 된 것은 아닌가 하는 생각에, 이렇게 아이들끼리 싸우고 다툴 바에야 이런 행사를 하지 않는 것이 더 낫겠다는 생각까지 하게 됩니다.

　직업놀이가 운영되는 반에서는 어린이날을 맞이하여 학급 행사 프로젝트 팀을 모집했습니다. '친구 박람회'라는 아이디어를 제안한 영준이가 프로젝트 팀의 팀장이 되었습니다. 영준이는 세계 최초로 진행되는 '친구 박람회'가 서로의 감성과 취향을 공유하며 친구에 대해 깊이 알아가고, 특별한 추억을 만드는 학급 행사라고 친구들 앞에서 행사의 취지를 설명했지요. 친구 박람회 프로젝트를 진행하기 위해서 영준이는 프로젝트 계획서를 작성하고, 프로젝트에 필요한 직업을 선정했습니다. 이후 프로젝트에 참여하고 싶은 친구들을 모집하여 어린이날 프로젝트팀을 구성하고, 본격적인 프로젝트 준비에 들어 갔습니다. 2주 동안 쉬는 시간이면 틈틈이 모여서 친구 박람회의 프로그램을 기획하고 준비했지요.

　어린이날 당일, 아이들이 등교하기 전에 모든 준비를 끝마치기 위해서 이른 아침 7시 30분에 교실에 도착한 프로젝트팀은 교사의 도움 없이도 일사분란 하게 학급 행사를 위한 준비를 시작했습니다. 9시가 되자 친구 박람회 입장권을 구입한 아이들이 한 명씩 교실에 입장하면서 프로젝트팀이 준비한 특별한 교실 풍경을 보며 "와~! 멋지다~! 오늘 재미있겠다!"라는 감탄을 쏟아냈지요. 아이들은 프로젝트팀이 준비한 다양한 프로그램을 통해 친구와 추억을 쌓아 가며 시간 가는 줄 모르고 3시간 동안 행사에 참여했습니다.

　학급 행사가 모두 끝난 후에 아이들은 2학기에 다시 친구 박람회를 열어주면 좋겠다며, 준비하느라 고생한 아이들에게 고마운 마음을 담아서 큰 박수로 화답했습니다. 친구 박람회를 준비했던 아이들은 친구들을 위해 기획하고 준비한 학급 행사를 무사히 끝마칠 수 있어서 행복했고, 친구들과 더욱 끈끈해 진 것 같아 다시 또 프로젝트팀으로 참여하고 싶다는 소감을 밝혔습니다.

3
직업놀이의
세 가지 원칙

하고 싶으면 누구나 할 수 있다

―

기존의 역할 활동에는 각 역할마다 정해진 인원이 있습니다. 우유 당번 역할에 2명이 필요한데 10명이 지원한다면, 10명 중에서 2명을 선정합니다. 그일을 담당할 사람이 2명만 필요하기 때문이지요. 그런데 직업놀이에서는 지원한 10명이 모두 그 일을 할 수 있도록 합니다. 왜냐하면 직업놀이는 일을 할사람을 뽑는 것이 아니라 아이들의 장점을 그 직업 안에서 세워주는 활동이기때문입니다. 비효율적으로 보이지만 직업놀이를 이렇게 운영하는 이유는 다양한 경험의 기회를 만들어주고, 아이들 사이의 관계 장벽을 허물어주며, 모두를 공평하게 격려하기 위함입니다.

다양한 경험의 기회 만들어주기

아이들은 경험을 통해 많은 것을 배웁니다. 그런데 교실 안에서 누릴 수 있는 다양한 경험이 무엇일까를 생각해보면 쉬는 시간에 보드게임하고 놀기, 친한 친구랑 이야기 나누기, 점심시간에 뛰어놀기 말고는 딱히 떠오르는 것이 없습니다. 아이들에게 학교 안에서의 다양한 경험을 제공해주고, 이를 모든 아이가 누릴 수 있도록 하는 방법이 없을까를 고민한 결과가 바로 직업놀이의 대원칙 중 하나인 '하고 싶으면 누구나 할 수 있다'입니다.

앞서 말한 것처럼 우유를 나눠주는 역할에 2명이 필요한데 10명이 지원했다면, 일인일역에서는 2명을 선발합니다. 그렇지만 교실 속 직업놀이에서는 10명이 다 참여할 수 있습니다. 2명씩 짝을 지어 월요일부터 금요일까지 요일을 나누어주는 방법으로 운영하는 것이지요. 이런 식으로 다양한 경험의 기회를 열어주면 아이 한 명이 하나의 역할만 맡는 게 아니라 한 명이 20개의 역할도 담당할 수 있습니다. 그래서 일인일역이 아닌 일인다역이 되는 것이고, 자신이 원하는 다양한 경험들을 마음껏 누릴 수 있게 되는 것입니다.

초등학교 진로 교육에서 가장 중요한 것은 아이들이 다양한 경험을 통해 함께 어울리는 방법을 배우는 것입니다. 교실이라는 작은 사회 안에서 직업놀이를 통해 작지만 다양한 경험을 하면서 아이는 생각의 폭이 넓어지고, 다른 사람과 대화하고 소통하며 어울리는 방법들을 배우게 됩니다. 또한 아이들 스스로 자신이 좋아하는 것을 탐색해 볼 수 있는 좋은 기회가 됩니다.

관계의 장벽 허물기

직업놀이는 아이들이 자신이 하고 싶은 직업을 스스로 선택해 참여할 수 있습니다. 자존감이 높은 아이들은 곧바로 자신이 관심 있고 잘 할 수 있는 직업놀이를 선택합니다. 친구들과 활발한 대화를 나누며 교류하는 '학급 변리사', '학급 외교관' 등의 활동이 대표적이죠.

만약 교실에서 조용히 혼자 앉아 있는 소심한 아이가 적극적인 친구들의 무리 속에 바로 들어간다면 어떤 일이 생길까요? 주도적인 아이들의 의견이 강하기 때문에 자기 생각을 자신있게 표현하기는 어렵겠지요. 때로는 싫어도 싫다는 표현을 못한 채 그 안에서 힘겨워하게 됩니다. 그래서 직업놀이를 시작할 때 불안이 높고 새로운 활동과 관계에 대한 두려움이 큰 아이의 경우에는 혼자 하는 활동부터 시작할 수 있도록 도와줍니다. 예를 들어 '칠판 관리사(칠판 닦기)', '성장 지킴이(우유 나눠주기)', '에너지 지킴이(교실 불 끄기)'같은 활동이지요.

교사는 혼자 활동을 시작하는 아이의 장점을 찾아서 격려해주면서 친구들에게 인정을 받을 수 있도록 도와줍니다. 그렇게 새 교실, 새 친구들에게 적응을 해나가면서 아이는 조금씩 자기 생각을 표현하기 시작하고, 자신감을 키우게 됩니다. 이 아이들에게는 적응하기 위한 시간이 필요한 거죠.

이 친구들이 학급에 적응을 끝내면 "선생님, 저도 외교관 하고 싶어요."라고 말을 하는 순간이 옵니다. 움츠려 있던 아이가 자신이 하고 싶은 것을 표현하는 순간을 마주하는 것은 교사로서 매우 감격적인 일이지요. 그래서 아이에게 "그래. 그럼 내일부터 학급 외교관 활동을 시작해보렴." 하며 기회를 열어줍니다. 그런데 다음 날, 외교관을 시작한다고 들떠 있던 아이가 시무룩한 표정으로 다가와 이렇게 말하는 거예요. "선생님, 원래 외교관 하고 있던 애들이 안 끼워줘요. 자기들끼리 할 일을 다 정했다고요."

소심한 아이가 용기를 내서 학급 외교관이 되고 싶다고 말했는데 무리에서 거절당한다면 마음이 어떨까요? 정말 용기 내서 말했는데 친구들이 자신을 거부한다는 생각에 '난 인기가 없어. 친구들이 날 싫어 하나 봐. 역시 못할 줄 알았어.'처럼 우울한 감정과 좌절감을 느끼며 이전보다 더 움츠러들고 자존감도 더 낮아지게 되겠죠.

이 아이가 다시 새로운 활동에 참여하고 싶다고 말을 할까요? 아마 아닐 겁니다. 자존감이 높은 아이라면 다른 아이들이 거절했다고 해도 "나도 같은 외교관이니까 역할을 다시 나누자."라고 당당하게 자기 의사를 표현하겠지만, 자신감이 없는 아이들은 거절을 당하는 것에 대한 두려움이 큽니다. 그래서 큰마음 먹고 용기를 냈는데 거절을 당하면 마음에 상처를 입고 동굴 속으로 숨어버립니다.

그럼 이 아이가 이미 활동하고 있는 친구들 그룹에 편안하게 들어가게 해주려면 어떻게 해야 할까요? 누구에게나 기회가 열려있다는 원칙을 세워주면 됩니다. 하고 싶은 사람은 누구나, 언제나 할 수 있게 해주는 겁니다. 만약 5명을 뽑는 직업에 10명이 신청을 하면 뽑힌 5명만 자격을 갖게 됩니다. 소심한 아이가 용기를 내서 같이 해보고 싶다고 하면 기존에 활동하던 5명이 "우리 5명이 딱 역할 정했는데?", "우리가 이미 하고 있는데 갑자기 넌 왜 끼어들어?"라고 하며 다른 아이가 들어오지 못하게 선을 긋습니다. 자기들만의 관계의 장벽을 세우는 거죠.

그런데 누구나 언제든 할 수 있도록 원칙을 바꾸면 새로운 친구가 들어오는 것은 언제든 있을 수 있는 일이 됩니다. 이 아이가 학급 외교관에 새로 들어온 것처럼 나도 언제든 새로운 직업놀이에 참여할 수 있으니까요. 그래서 직업놀이에서는 누구나 하고 싶으면 할 수 있도록 참여의 기회를 완전히 열어놓습니다. 그래야 자존감이 낮거나 관계에 대한 두려움이 있는 아이들이 친구들 속으로 들어갈 마음의 준비가 되면, 언제든 새로운 직업놀이에 편안하게 참여할 수 있으니까요. 이런 원칙이 있다면 이미 참여하고 있던 친구들도 새 친구들을 언제든 반갑게 환영해줄 수 있습니다.

공평하게 격려하기

직업놀이에서 '격려'는 매우 중요한 부분입니다. 교사가 아이의 장점을 찾아 격려해주면 친구들로부터 인정받고 자존감도 높아집니다. 그런데 이런 교사의 칭찬과 격려가 불만으로 이어질 때가 있습니다. 바로 공평하지 않다고 느껴질 때입니다. 그럼 아이들은 언제 공평하지 않다고 느낄까요? 급식 당번을 선정하는 방법을 예로 들어볼게요.

기존의 역할 활동에서 5명을 뽑는 급식 당번에 10명이 신청을 했습니다. 그래서 5명을 공평하게 선정하기 위해서 10명이 모여서 가위바위보를 했습니다. 가위바위보는 실력과 상관없고 결과가 오직 운에 달려 있기 때문에 아이들이 가장 공평하다고 생각하는 방법이죠. 그래서 이긴 5명이 급식 당번으로 선정되었습니다. 그중에 자신감 없고 늘 움츠려 있는 영찬이라는 아이가 있었는데, 매일 성실하게 노력하고 있어서 교사가 봉사하는 모습을 격려해주었습니다. 이때 가위바위보에 져서 그 역할을 하지 못한 나머지 5명의 마음은 어떨까요? '쳇, 내가 했으면 영찬이보다 더 열심히 봉사하고 잘할 수도 있었는데. 가위바위보만 이겼어도!', '나에게는 기회가 없었기 때문에 칭찬을 못 받은 거야.'라는 억울한 마음과 생각이 드는 거죠.

직업놀이에서는 직업놀이의 원칙대로 신청한 10명 모두에게 참여할 수 있는 기회를 주었습니다. 5명씩 두 팀으로 나뉘어 10명 모두 급식 당번 활동을 시작했습니다. 급식 당번 모두 배식은 열심히 했지만 급식을 정리할 때는 영찬이를 제외하고 다들 운동장에 놀러나갔습니다. 혼자 남은 영찬이는 매일 성실하게 급식을 정리했습니다. 그래서 교사가 봉사를 열심히 했다고 영찬이를 격려해주었다면 다른 9명의 마음은 어떨까요? 억울한 기분이 들까요? 아니겠죠. 분명 똑같이 노력할 기회를 주었는데 자신은 노력을 안 했고, 영찬이는 노력을 했잖아요. 그래서 교사가 영찬이에게 수고했다고 하는 격려에 대해 불만이 없습니다. 영찬이가 선생님께 칭찬을 받는 것은 공평하다고 생각하기 때문이죠. 왜냐하면 하고 싶다고 말한 10명 모두에게 노력할 수 있는 기회를 똑같이 주었으니까요.

하기 싫으면 안 해도 된다

역할 활동을 운영하면 아이들에게 가장 많이 듣는 말 중에 하나가 "선생님! 영준이가 청소 안 하고 도망갔어요!"입니다. 아이들이 이런 말을 하는 건 어찌 보면 당연한 거예요. 청소는 일이니까요. 일을 나눠서 같이 하기로 정했고, 반드시 해야 하는 일인데 안 했으니 그 애가 해야 하는 부분까지 내가 떠맡게 되겠죠. 그러니 도망간 아이가 선생님께 혼나야지 고생한 내가 덜 억울해집니다. 그래서 아이들은 서로를 감시하고 지적하는 행동을 할 수밖에 없습니다. 물론 이건 도망간 아이가 자초한 일이죠.

그러나 직업놀이는 자기가 하기 싫으면 언제든 그만둘 수 있습니다. 그럼 어떤 일이 생길까요? 지적과 비난이 사라집니다. 하기 싫으면 안 해도 되는 거니까 안 하는 아이를 지적할 이유가 없죠. 그럼 청소 같은 힘든 역할은 전부 안 한다고 할 텐데 역할 활동이 제대로 운영이 될까요? 2학기 상담 때 한 학부모님께서 제게 이런 이야기를 전해주셨습니다.

"선생님, 저희 아이가 자기가 환경 지킴이라고 분리수거 해야 하는 날이면 그 전날 일찍 자요. 그리고 깨우지도 않았는데 아침에 일찍 일어나서 8시면 혼자 가방 챙겨서 학교에 가네요. 힘을 써야 한다고 아침밥도 안 먹던 애가 밥도 먹고 가요. 참 신기해요."

아이들이 역할 활동을 쉽게 그만둘 수 있도록 하면 교실이 엉망이 될 것

같다는 생각이 먼저 듭니다. 기존에 잘 운영되던 역할 활동조차도 뒤죽박죽되어 학급의 모든 일을 교사가 해야 되는 상황이 벌어지는 것은 아닌지 우려될 수도 있습니다. 그러나 하기 싫으면 안 해도 된다는 원칙은 아이들이 자신에게 맞는 자리를 찾아가도록 도와주는 과정입니다. 아이들은 이런 과정을 겪으며 자신이 원해서 선택한 직업놀이에 더욱 애착을 갖고 성실하게 참여하게 됩니다.

아이들에게 역할이 일이 아니라 소중한 '나만의 자리'가 되면, 안 하고 싶으면 안 한다는 원칙은 직업놀이에 푹 빠진 아이들에게는 중요하지 않습니다. 이러한 원칙을 세운 가장 중요한 이유는 학교 시스템 안에서 책임감을 갖고 꾸준히 하는 것이 어려운 아이들, 예를 들어 참을성이 부족하고, 쉽게 짜증을 내는 아이들이 언제든 쉬고 싶을 때 쉴 수 있도록 해주기 위해서입니다.

산만한 아이들이 기존의 일인일역 활동에서 점점 방관자로 변하는 이유 중 하나는 자신에게 맞지 않는 역할을 억지로 맡아서 책임감을 강요받기 때문입니다. 그러나 직업놀이는 말 그대로 일이 아닌 놀이입니다. 직업놀이가 모든 아이에게 즐거운 놀이가 되기 위해서는 책임감의 강요가 아닌, 자발적인 참여를 바탕으로 스스로 책임감을 키울 수 있는 기회를 열어주는 것이 필요합니다. 책임감이란 아이들의 어깨에 '반드시 이것을 해야만 해.'라는 의무감을 얹어줄 때 생기는 것이 아니라 자율성을 존중해주고, 아이들을 온전히 믿어줄 때 비로소 커지는 마음이니까요.

새로운 일에 도전하는 마음 갖기

태민이는 몸 움직이기를 좋아하고 의자에 가만히 앉아 있는 것이 제일 괴로운 아이입니다. 하기 싫은 것을 억지로 시키면 짜증이 밀려와 순간 욱할 때도 있습니다. 그런 태민이가 '학급 군인' 직업놀이를 시작하고, 재미있게 직업놀이를 하고 있습니다. 왜냐하면 군인은 자기 하고 싶을 때만 하면 되고, 몸을 움직이는 활동이므로 부담 없이 즐겁게 참여할 수 있기 때문이죠. 그런데 다른 친구들이 '학급 은행원' 활동을 하는 걸 보니 친구들에게 월급도 주고, 왠지 재밌어 보입니다. 할까 말까 마음속으로 고민을 하다 '한번 해보지 뭐.' 하고 "선생님, 저도 은행원 할래요."라고 말을 했습니다. 다음 날부터 태민이는 학급 은행원 직업놀이를 시작했습니다. 그런데 쉬는 시간에 친구들하고 보드게임하고 놀아야 하는데 은행원이라고 자꾸 부르고, 매일 월급 주는 것도 힘들고, 쉬는 시간마다 의자에 앉아 있는 것도 스트레스를 받습니다.

만약 이런 상황에서 기존의 역할 활동처럼 의무적으로 해야 한다면 태민이는 어떤 행동을 할까요? 쉬는 시간에 보드게임을 하러 가겠죠. 그리고 다른 아이들은 "선생님! 태민이 은행원 안 하고 보드게임하고 놀아요."라고 지적할 거예요. 그러면 교사는 태민이를 불러서 "맡은 역할은 성실하게 해야지. 자리에 가서 친구들 월급 주세요."라고 합니다. 태민이는 듣는 둥 마는 둥 "네…." 하고 대답한 뒤 은행원 자리로 가지만, 하기 싫어서 대충 주고 맙니다. 그리고 다음 날, 태민이는 다시 보드게임을 하고 놀겠죠. 이런 상황이 반복되면 태민이는 '에이, 나 안 해! 쟤네들은 나를 이르기만 하고. 그냥 혼나고 말지 뭐.'라고 생각하며 역할 활동에서 튕겨 나오게 됩니다. 그 뒤로 태민이가 다른 활동에 즐겁게 참여할까요? 아니겠지요. 한두 번 이런 일을 겪고 나면 무엇이든 귀찮고 하기 싫어지는 것이 당연합니다.

하기 싫으면 안 해도 된다는 직업놀이의 원칙이 있다면 태민이는 은행원을 더이상 안 하겠다고 말할 겁니다. 그리고 다른 아이들도 태민이가 은행원을 안 하는 것에 대해 지적하거나, 책임감이 없다는 등 부정적으로 생각하지 않을 것입니다. 태민이는 은행원을 해본 경험으로 아직 자신에게는 매일 자리에 앉아서 성실하게 해야 하는 활동은 부담이 된다는 것을 깨달았습니다. 그럼 다음에 그런 비슷한 활동보다는 자신이 좀 더 즐겁게 할 수 있는 활동을 찾아보겠지요. '스포츠 선생님은 체육 시간에만 하면 되고, 내가 좋아하는 공도 만질 수 있으니까 한번 해볼까?' 그렇게 새로운 활동에 참여를 해보면서 조금씩 자신이 할 수 있는 활동의 폭을 넓혀갑니다.

아마 시간이 지나면 태민이는 은행원도 아주 잘 해낼 것입니다. 아이들은 보이지 않아도 조금씩 스스로 성장하고 있으니까요. 아이들만의 시간을 충분히 기다려주세요. 그러기 위해서는 언제든 자신에게 맞는 일을 찾아갈 수 있도록 새로운 일에 두려움 없이 도전할 수 있는 기회를 열어주어야 합니다. 이것이 직업놀이의 세 가지 원칙을 세운 중요한 이유입니다.

내가 하고 싶은 대로 할 수 있다

교실의 주인은 아이들입니다. 그러나 교실 안에는 아이들 마음대로 할 수 있는 것이 거의 없습니다. 내 사물함 문을 열 때도, 교실의 휴지를 사용할 때도 모두 교사의 허락을 구해야 합니다. 아이들에게 교실은 마치 잘 꾸며진 모델하우스 같은 곳이죠. 그런데 우리는 교실의 주인이 아이들이라고 합니다. 막상 교실 안에 아이들이 자율적인 권한을 갖는 공간은 어디에도 없는데 말이죠.

초등 자율의 힘 키우기

교실 속 직업놀이에서는 아이들이 하고 싶은 대로 할 수 있도록 교실의 많은 권한을 아이들에게 넘겨줍니다. 칠판, 뒷게시판, 청소 도구함에 대한 권한

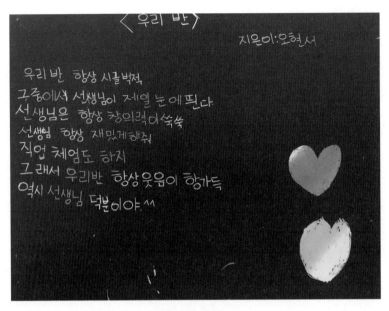

우리 반 학생이 지은 동시

부터 보드게임에 대한 권한 등 자신이 담당하는 직업과 관련된 모든 권한을 아이들이 갖게 됩니다. 권한을 가진 아이들은 놀랍도록 창의적이며 자율적으로 활동하고, 높은 책임감을 갖게 됩니다. 아이들이 매번 작은 일에도 선생님께 허락을 구하는 것은 스스로 선택하고 결정할 수 있는 자율적인 권한이 없기 때문입니다. 주도적인 아이들이 되길 원하시나요? 아이들이 책임감을 갖고 자율적인 사람으로 성장하길 원하시나요? 그럼 아이들에게 권한을 주세요. 스스로 선택하고, 결정하며, 책임지는 법을 배우게 될 것입니다.

권한이 주는 힘은 놀랍습니다. 칠판에 대한 권한을 갖게 된 아이는 평소보다 학교를 30분 일찍 오기 시작합니다. 칠판에 오늘의 시간표를 예쁘게 적어주기 위해서요. 청소 권한을 갖게 된 아이는 분리수거 날이 되면 8시가 되기도 전에 학교에 옵니다. 자신이 교실을 청결하게 하는 책임을 갖고 있기 때문에 친구들이 학교 오기 전에 미리 다 청소해두려고요. 보드게임 권한을 가진 아이는 게임 말판 하나도 잃어버리지 않도록 꼼꼼히 확인하고 관리합니다. 언제든 친구들이 즐거운 게임을 할 수 있도록 해주려고요. 교실 뒷 게시판의 권한을 가진 아이는 어떻게 하면 친구들의 작품을 멋지게 전시해줄까에 대해 고민합니다. 그리고 예쁜 색 도화지와 종이접기로 게시판을 열심히 꾸미기 시작합니다. 학급 카페에 권한을 가진 아이는 친구들에게 만들어주고 싶은 맛있는 음료 메뉴를 고민하기 시작합니다.

이렇듯 권한의 부여는 아이들이 마음대로 힘을 휘두르게 하는 것이 아니라 자신이 맡은 일에 대한 책임감과 적극성을 길러주는 일입니다. 아이들이 스스로 책임질 수 있는 역할 안에서 얻는 권한은 아이들을 창의적인 사람으로 성장시킵니다. 초등 자율의 힘, 그것은 바로 아이들이 진정한 교실의 주인이 될 때, 아이들에게 권한을 넘겨줄 때 저절로 키워집니다.

4
모두의 관심과 흥미를
아우르는 직업 만들기

아이에게 행복한 질문을 하라

—

아이들의 관심사에 따른 직업을 만들어주기 위해서 "네가 하고 싶은 것이 무엇인지 말해보렴!"이라고 한다면 대부분은 "전 아직 뭘 하고 싶은지 모르겠어요."라고 대답할 것입니다. 우선 아이들에게 행복한 질문을 해보세요. "요즘 뭐가 재밌니?", "좋아하는 게 뭐야?"라고 물어보면 아이들은 축구, 요리 등 자신이 좋아하는 것을 분명하게 대답합니다. 이렇게 아이들이 좋아하는 것이 무엇인지 아는 것만으로도 우리 반 아이들의 특성에 맞는 직업놀이를 만들어줄 수 있습니다. "요리하는 것에 관심이 많구나. 특히 어떤 요리에 관심이 많아?" 이런 구체적인 질문을 통해 아이의 관심사를 자세히 알 수 있다면 더욱 좋습니다. 중요한 것은 아이에게 하고 싶은 직업을 먼저 제안하도록 하는 것보다 질문을 통해 아이가 좋아하는 것과 재미있어 하는 것을 확인하고 모든 아이가 자신의 관심사를 쉽게 표현할 수 있도록 도와주는 것입니다.

만약 아이가 "제 꿈은 외교관이 되는 거예요."라고 자신이 하고 싶은 직업을 이야기했다면, 외교관이라는 직업을 교실 안에서 경험해볼 수 있는 기회를 만들어줘야 합니다. 외교관 직업의 핵심 요소는 우리나라와 관계된 '다른 나라'와 다양한 분야에서 '교섭'한다는 것입니다. 그래서 우리 반의 외교관은 우리 반과 다른 반 사이에 관계된 일을 교섭하는 활동을 담당하고, 세계에 관한 지식이나 소식을 전해주는 활동을 할 수 있도록 합니다. 그래서 교실 속 직업놀이에서 '학급 외교관'은 다른 반에 심부름하기, 다른 반과 관련된 분쟁을 해결할 때 도움주기, 세계에 관한 이야기로 클래스 열기 등의 활동으로 고안하였습니다.

또 다른 아이가 "제 꿈은 변리사가 되는 거예요."라고 말했다면, 변리사라는 직업의 핵심 요소인 '감정'을 중심으로 학급 내 놀이 방법을 구안합니다. 사물의 특성을 분별하고 판정하는 행위인 감정을 학급에서 분별하고 판정할 수 있는 활동으로 풀어주는 것입니다. 그래서 '학급 변리사'는 학급에서 아이들이 제안하는 다양한 아이디어 중에서 중복되는 아이디어를 분별하고, 학급에 도움이 되는 것과 아닌 것을 분별하고 판정하는 활동을 중심으로 활동합니다. 이렇게 사회 속 직업의 핵심 요소를 뽑아 교실 속 직업의 활동으로 만들어주는 것이 직업놀이의 활동을 고안하는 방법입니다.

아이를 주인공이 되게 하라

—

우리 반에 만화를 잘 그리는 아이가 있어서 '만화가'라는 직업을 만들어주었고, 언제든 그리고 싶은 만화를 그려오도록 했다고 가정해봅시다. 교사는 아이의 만화 작품을 게시판에 멋지게 전시하여 다른 친구들이 볼 수 있도록 해주었습니다. 그렇다면 만화가가 된 아이는 어떤 기분일까요? 자신의 만화가

게시판에 전시되어서 뿌듯하고 기분이 좋겠죠. 그런데 그 만화를 본 다른 아이들은 어떤 마음일까요? 몇몇 아이들은 만화에 관심을 보일 수도 있지만, 어떤 아이들은 아무 관심이 없을 수도 있습니다. 그리고 처음 한두 번 관심을 보이던 아이들도 나중에는 특별한 관심을 보이지 않게 됩니다. 그 이유는 자신과 상관없다고 생각하기 때문입니다. 지금까지 학급에서 일인일역이나 직업활동 등을 해왔지만 처음에는 잘 운영되는 듯싶다가도 나중에는 흐지부지되었다면 이 부분을 간과했기 때문일 수 있습니다.

따라서 직업놀이를 고안할 때는 반드시 다른 친구에게 도움을 줄 수 있는 활동, 학급과 관련된 활동으로 연결 지어야 합니다. 그래야 아이들이 서로에게 관심을 갖고 인정과 격려를 나눌 수 있기 때문입니다. 앞에서 말한 만화라는 직업을 만들어준다면, 그리고 싶은 만화를 그려오는 것도 좋지만 가끔은 우리 반 아이들의 모습, 친구들 얼굴, 학교생활 등 친구들과 관련된 만화를 그려올 수 있도록 제안해줍니다.

학교생활 이야기를 만화로 그리기 시작하면 쉬는 시간에 아이들이 만화가 주변에 모여듭니다. 자신이 나오는 이야기가 어떻게 전개되는지, 친구들은 어떤 역할로 나오는지가 너무 궁금하기 때문이지요. 만화가인 아이 주변은 늘 친구들로 북적거리고, 다음 만화에 대한 아이들의 관심도 높습니다.

완성된 만화를 스캔해서 복사한 후 만화 주인공인 친구에게 선물로 주면, 아이들은 우리 반 만화가인 친구에게 "우와! 너무 고마워! 내가 만화의 주인공이 되다니! 너무 신기해!" 등의 감탄사와 함께 고마움을 전합니다. 이렇듯 직업놀이가 진정한 놀이가 되려면 아이들이 서로를 지지하고 인정하는 상호작용이 활발히 일어나야 합니다. 그래서 아이들 간의 긍정적인 상호작용을 위해서는 반드시 서로에게 도움이 되는 활동으로 직업놀이를 고안해주는 것이 무엇보다 중요합니다.

아이의 매력에 빠지게 하라

—

만화 그리는 것을 좋아하는 아이에게는 잘 그린 만화를 게시판에 붙여주는 것으로 끝내지 않고 만화 그리는 방법이나, 그린 만화에 대해 친구들에게 설명해주는 '만화 클래스'를 열어줍니다. 이런 방법들을 통해서 자신이 관심 있고 좋아하는 것을 친구들 앞에서 이야기로 표현할 수 있는 시간과 장소를 만들어주는 것이 중요합니다. 모든 아이는 자신이 좋아하는 것을 이야기할 때 눈빛이 반짝입니다. 딱지치기를 좋아하는 아이가 딱지에 대해 설명할 때의 눈빛을 본 적이 있으신지요? 자신이 좋아하는 것을 친구들 앞에서 보여줄 수 있는 기회, 그 자리를 마련해주는 것이 교사가 해줄 수 있는 가장 큰 격려의 방법이 아닐까 생각합니다.

이때 모든 아이를 대상으로 하는 것보다는 관심 있는 아이들이 들을 수 있도록 소그룹의 클래스를 열어주는 것이 좋습니다. 만화에 대해 관심 없는 아이가 억지로 클래스를 들으면서 짜증 난 표정을 지으면 오히려 역효과가 생길 수 있기 때문입니다. 저는 이런 클래스를 '몰입 클래스'라고 부릅니다.

"민지가 만화 클래스를 점심시간에 연다고 합니다. 선착순 3명 모집합니다."라고 인원수를 제한하고, 관심 있는 아이들이 집중해서 들을 수 있도록 몰입 클래스를 열어줍니다. 그래야 만화를 그린

세계에 관해 관심 있는 아이가 진행하는 '몰입 클래스'

아이가 자신의 그림에 대해 이야기를 하면서, 열심히 집중해서 듣는 친구들의 진지한 표정과 호기심 가득한 표정을 통해 뿌듯함을 느낄 수 있기 때문입니다.

모든 아이가 똑같은 관심을 갖고 있을 수 없기에 참여하는 아이들의 관심과 의견도 존중해야 합니다. 그렇게 자신이 듣고 싶고, 관심 있는 클래스에 참여해서 함께 경험을 나누며 공유하는 기회를 가질 때 클래스를 연 아이는 다른 친구들로부터 진정한 격려와 제대로 된 인정을 받으며 성취감을 느낄 수 있게 됩니다. 클래스에 참여한 아이 또한 친구의 열띤 설명을 들으면서 그동안 잘 몰랐던 친구의 매력에 푹 빠지게 될 것입니다.

서로의 장점을 배우며, 함께 성장하게 하라

—

'만화가'인 아이가 혼자 만화를 그리는 것에 익숙해지면, 학급에 만화 그리는 것을 좋아하는 친구들과 함께 만화를 그릴 수 있는 기회를 만들어주고, 그 뒤에 관심사가 다른 친구들과 함께 모여 활동할 수 있는 기회를 만들어줍니다. 이렇듯 혼자 하는 활동에서 점차 그룹으로 활동할 수 있는 기회를 열어주는 것은 또래 관계의 확장과 더불어 서로를 존중하는 마음을 키워가는 데 도움을 줍니다.

'학급 기자'인 친구들이 학급 신문을 발행할 때 만화가인 친구들에게 이번 주 소식을 만화로 그려줄 것을 요청해서 협력하는 과정은 서로의 장점을 발견하고 배우며 함께 성장하는 의미 있는 경험이 될 수 있습니다. 이렇게 모든 아이가 다른 친구와 협업하며 친구 한 명에게서 두 가지씩의 장점을 배우게 된다면 한 명이 50가지의 장점을 배울 수 있게 됩니다.

한 아이가 바이올린을 가져와서 친구에게 가르쳐주었는데, 배운 아이는 바이올린을 처음 만져보고 연주해보며 바이올린에 대한 흥미를 갖게 되었습니다. 친구에게 기타를 배운 아이는 기타가 이렇게 재미있는 악기인 줄 몰랐다며 친구를 통해 새로운 경험을 하게 되었습니다. 자신은 종이접기를 정말 못한다고 낙담하고 포기했던 아이가 종이접기를 잘하는 친구들에게 2달 동안 종이접기를 배우면서 나중에는 자신이 종이접기를 친구들에게 가르쳐주는 '종이접기 선생님'이 되기도 했습니다.

이렇게 아이들이 자신이 가진 흥미와 관심을 자기 안에만 머무르게 하지 않고 친구들과 함께 활동하며 다른 친구들과 공유할 수 있는 기회를 만들어준다면, 아이들은 다양한 경험을 통해 자신이 하고 싶은 것과 자신이 할 수 있는 것의 영역을 점점 넓혀갈 수 있게 됩니다. 그리고 서로의 장점을 나누며 함께 성장해 나갈 것입니다.

5
아이 유형에 따른
직업 정하기

소심한 아이

———

새 학년이 되면 교사와 눈 맞춤도 어려워하는 아이, 발표하는 것이 부끄러운 아이, 친구들에게 먼저 다가가기 어려워하는 아이들이 보입니다. 이 아이들은 교실에서 있는 듯 없는 듯 조용히 있기 때문에 교사의 관심을 가장 적게 받는 아이들입니다. 교사가 적극적으로 도와준다면 누구보다 가장 크게 성장하고 변화하는 아이들이기도 합니다.

교사 혼자의 힘이 아닌 반 아이들이 마음을 모을 때 이 아이의 마음속 불안감을 떨쳐내게 도와줄 수 있습니다. 우리 반 아이들의 마음을 움직이는 건 바로 교사만이 할 수 있는 일이고요. 교사가 이 아이에게 해줄 수 있는 최고의 선물은 바로 친구들이 먼저 다가가 함께 어울릴 수 있도록 도와주는 것입니다. 그러나 교사가 친구들과 어울리게 도와준다면서 아이의 손을 잡고 친구들 무리 속으로 어색하게 데려간다면 아이의 마음이 어떨까요? 아마도 불편하고 힘들겠지요. 이렇듯 교사가 소심한 아이를 도와주려고 한 행동이 오히려 아이의 마음을 다치게 할 수도 있습니다. 교사가 자신을 도와주고 있다는 것을 아이가 이미 눈치챘기 때문입니다. 교사의 의도를 눈치채는 순간 아이는 '난 도움이 필요한 사람이구나.'라는 부정적인 자아 개념을 갖게 됩니다.

그렇다고 아이의 마음을 지켜주고자 무작정 기다려주기만 하는 건 너무 소극적인 방법이죠. 다른 아이들은 새로운 친구를 사귀고 즐겁게 지내는데 자신은 친구들 속에서 멀어져가는 느낌이 아이를 점점 움츠러들게 할 수도 있습니다. 교사는 아이를 향한 '기다림'의 시간을 갖는 중이지만, 아이는 교사가 자신에게 '무관심'하다고 생각할 수 있기 때문이죠. 그럼 아이의 마음을 다치지 않게 하면서 교사가 아이를 자연스럽게 도와주려면 어떻게 해야 할까요?

활기차고 적극적인 아이로 변화를 이끄는 방법

1. 소심하다는 기질을 그대로 인정해주기

부모나 교사가 소심한 아이에게 "친구에게 먼저 다가가서 네가 놀자고 해보렴. 네가 가만히 있으니까 친구가 없는 거야."라고 조언하는 것보다는 우리 아이들의 기질을 있는 그대로 인정하고, 그 기질의 장점을 키워주는 것이 좋습니다. 아이가 친구에게 먼저 다가가지 못하는 것이 잘못은 아니니까요. "천천히 적응하고, 천천히 호흡해도 괜찮아."라고 아이의 있는 모습 그대로를 인정해주세요.

2. 아이에게 도움 요청하기

극도로 소심한 아이의 경우에는 자신이 새로운 일을 맡았을 때 '잘 해내지 못하면 어쩌지?' 하는 불안이 높기 때문에 교사가 아이에게 "이거 해볼래?"라고 권유하는 것은 심리적 부담이 될 수 있습니다. 따라서 교사가 아이에게 도움을 요청하는 형식으로 아이의 의견을 넌지시 물어보는 것부터 시작해보세요. 그리고 아이의 도움을 받은 후에는 꼭! 아이에게 '덕분에'라는 고마움을 표현해주세요. "수진이 덕분에 선생님이 할 수 있었어. 고마워!"

3. 적극적인 아이들이 다가오게 하는 유인장치 만들기

소심한 아이들은 마음속으로는 누구보다 친구들과 놀고 싶은 아이들입니다. 친구에게 먼저 다가가지 못하는 아이라면 다른 친구들이 놀고 있는 무리 속으로 아이의 등을 떠밀지 말고 적극적인 친구들이 먼저 다가오게 해주세요. 관계의 첫 시작이 어려울 뿐, 그 고비만 넘기면 친구들과 잘 어울릴 수 있는 아이들이랍니다. 그럼 어떻게 친구들이 먼저 다가오게 할 수 있을까요?

'교실 속 직업놀이'를 운영하는 우리 반에는 '바리스타', '마음 의사' 등의 직업이 있는데, 이러한 직업놀이를 통해서 아이들은 친구에게 먼저 다가가 말을 걸게 돼요. 소심한 아이가 친구들에게 먼저 다가가지 않아도 괜찮아요. 아이들이 줄을 서서 먼저 찾아오니까요. 이렇게 친구들이 소심한 아이를 먼저 찾아갈 수 있게 하는 유인장치가 바로 직업놀이입니다. 마음 의사를 하면서 꾀병이 일상인 아이들과 자연스럽게 이야기를 나누다보면 친구에게 적극적으로 다가가지 못했던 아이가 어느새 친구들에 둘러싸여 잘 어울리고 있는 모습을 볼 수 있답니다.

4. 간단한 의사 표현부터 시작하기

내성적인 아이에게 칭찬을 해주기 위해 수업 시간에 갑작스럽게 발표를 시키거나, 준비가 안 된 아이의 생각을 물어보는 것은 멈춰주세요. 아이가 스스로 손을 들기 전까지는 아이를 기다려주세요. 생각을 말하는 것이 어려운 아이라면 억지로 발표를 시키기보다는 간단하게 '예', '아니오'로 대답할 수 있는 활동부터 시작해주세요.

5. 아이의 이름을 불러주며 고마움 표현하기

교실에서 조용히 자리에 앉아서 자신의 할 일을 묵묵히 하는 아이의 이름은 일과 중에 한 번도 불리지 않을 때가 있습니다. 선생님이 마음먹고 "수진아!"라고 이름을 불러주는 것도 중요하지만 친구들이 매일 나의 이름을 불러준다면 아이는 친구들이 자신을 좋아하고, 자신에게 관심 있다는 것을 느끼며 기분이 좋아질 거예요. 나의 이름을 누군가 매일 따뜻하게 불러준다면 아이는 절대 외롭지 않아요. 거기에 "고마워!"라는 표현까지 덧붙인다면 아이의 자존감은 하루가 다르게 높아질 겁니다.

6. 소심한 기질 뒤에 가려진 아이의 장점을 지지해주기

소심한 아이 중에는 꼼꼼하고 신중한 모습의 장점이 있는 아이들이 많아요. 이 아이의 장점을 지지하고 격려해주면 친구들은 소심한 아이라고 생각하지 않고 신중하고 꼼꼼한, 멋진 친구라고 생각하게 되거든요. 그렇다고 해서 교사가 어느 날 갑자기 소심한 아이에게 "넌 신중한 아이야."라고 칭찬해주는 건 뜬금없잖아요. 그러니 아이의 신중한 모습이 잘 드러날 수 있는 직업놀이를 만들어줘야 합니다.

우리 반의 '학급 공무원'이라는 직업놀이가 바로 꼼꼼함을 칭찬해주기 위한 활동이에요. 공무원은 학습지를 출석 번호 순서대로 정리하는 활동을 하는데, 꼼꼼한 아이가 정말 잘 할 수 있는 활동이죠. 소심한 아이가 공무원 직업놀이에 열심히 참여할 때 이렇게 격려해줍니다. "선생님도 출석 번호 순서대로 정리하는 것은 힘들었는데 어려운 것을 해주었네. 정말 꼼꼼하구나. 고마워!" 저는 아이들에게 잘했다는 말보다 고맙다는 말을 많이 하는데, 잘했다는 말은 아이에게 부담을 줄 수 있기 때문이에요. 실제로 아이들은 선생님께 잘했다는 말보다 고맙다는 말을 들었을 때 마음이 더 기쁘다고 해요. 장점을 칭찬해주면서 고맙다는 말도 함께 더해준다면 아이의 자신감을 키우는 데 도움이 될 거예요.

7. 아이에게 교실 속 보이지 않는 힘을 실어주기

내성적이고 소심한 아이들은 주도적인 아이들과의 관계 속에서 자신의 의견을 표현하지 못하고 끌려 다니는 일이 종종 생겨요. 겉으로는 아이들 간에 다툼이 없기에 별일 아닌 듯 보이지만, 이는 아이들 간에 힘의 균형이 깨져 있기 때문에 발생하는 일이에요. 이 아이들에게는 무엇보다 자신의 목소리를 온전하게 낼 수 있는 마음의 힘, 바로 자신감이 필요해요. 그 힘을 키워주기 위해 아이에게 교실 속 직업놀이에서 '권한'을 주세요. 칠판을 관리하는 권한, 보드게임을 관리하는 권한 같은 자신만의 권한을 갖게 되면 그 아이에게는 힘이 생겨요. 그 힘은 또래 관계에서 움츠려 있던 아이들이 주도적인 아이에게 더 이상 끌려 다니지 않도록 스스로 생각을 표현할 수 있게 도와줄 수 있어요.

아이들은 이렇게 달라져요!

처음이 어렵지 친구들과 대화의 물꼬를 트고 천천히 적응하면 소심한 아이도 친구에게 다가가 말을 건네기 시작합니다. 이 아이들은 친구의 행동에 민감하게 반응하는 아이들이기 때문에 다른 친구의 마음을 잘 헤아리고, 배려심도 많습니다. 그래서 친구들과 자연스럽게 '첫 말트기'를 할 수 있도록 교사가 도와주면 친구들 속에서 자신감을 갖게 됩니다. 자신감이 생긴 아이들은 뭐든 새로운 일에 도전하면서 스스로 성장해나가기 시작해요. 그리고 친구 관계에서도 자신의 목소리를 당당하게 내면서 먼저 다가가고, 여러 친구들과 함께 잘 어울리게 됩니다. 활기차고 적극적인 모습으로 학교생활도 즐겁게 하는 모습을 볼 수 있답니다.

소심함의 정도	수진샘이 추천하는 직업놀이
★☆☆	– 자신이 좋아하는 활동을 통해 친구들의 인정과 지지를 받을 수 있는 직업을 추천합니다. (예 : 창의 작가, 스포츠 관련 직업 등) – 성실함, 봉사심 등 아이의 장점을 지지하고 격려해줄 수 있는 직업을 추천합니다. (예 : 칠판 관리사, 환경 지킴이, 성장 지킴이, 건강 지킴이, 시간 지킴이 등)
★★☆	– 친구들이 먼저 다가와 말을 건네면 자신의 생각을 전달할 수 있는 직업을 추천합니다. (예 : 학급 공무원, 학급 은행원, 학급 변리사 등)
★★★	– 친절하고 따뜻한 말투와 표정으로 친구들이 먼저 다가와 말을 건네는 직업, '응, 아니'와 같이 간단한 대답만으로도 의사소통이 가능한 직업을 추천합니다. (예 : 바리스타, 마음 의사, 사서 선생님, 음악 DJ, 뽑기 가게 매니저 등) – 친구들과 눈 맞춤도 어려워하는 아이라면 교사가 아이 곁에서 관심과 지지를 보내줄 수 있는 직업을 추천합니다. (예 : 비서팀 등)

느린 아이

느린 아이는 선천적 기질이 느린 경우와 좌절감이 쌓여 심리적인 문제로 무기력해진 아이가 느린 행동을 보이는 경우가 있습니다. 만약 타고난 기질이 느리다면 신중하고, 꼼꼼하고, 생각을 깊게 하다 보니 창의적이라는 장점도 많기에 큰 문제가 되지는 않습니다. 그런데 학교는 정해진 시간 안에 해내야 하는 과업이 많기 때문에 느린 행동을 보이는 아이들은 학교 시스템에 적응하는 데 어려움을 겪게 됩니다.

급식 먹기, 우유 마시기부터 줄 서기, 교과 학습 등 대부분의 교육 활동은 제한된 시간 안에 이루어집니다. 느린 아이는 다음 수업이나 교육 활동에 지장을 주기 때문에 교사의 재촉이나 지적을 받는 경우가 많고, 그러다 보니 학교에서 교사나 주변 친구들이 느린 아이를 도와주는 일이 생기기도 합니다. 이렇게 도움을 받으면 당장 눈에 보이는 활동 결과물은 좋아지는데 스스로의 힘으로 해내는 뿌듯함을 느낄 수 있는 성공의 기회는 줄어들게 되죠.

느린 아이의 책상 주변과 서랍에 구겨진 학습지를 보면 아이의 마음을 알 수 있습니다. 친구, 선생님의 도움으로 완성된 학습지나 미술 작품은 바닥에 굴러다니거나 책상 서랍 속에 꼬깃꼬깃 넣어둔 채로 집에 가져가지 않을 때가 많아요. 왜냐하면 다른 사람의 손에 의해 완성된 작품은 자신의 것이 아니니까요. 보기에는 그럴듯하게 완성된 작품이지만 온전한 내 것이 아닌 거죠.

그러다 보니 느린 아이의 경우 자신감이 없고, 자존감이 낮은 경우가 많습니다. 때로는 의욕이 없어 보이고, 일을 마무리할 의지가 없는 것으로 보이기도 합니다. 학교 안에서 이 아이들이 자신감을 키우도록 도와주기 위해서는 무엇보다 스스로의 힘으로 아주 작은 것이라도 해낼 기회를 만들어주는 것이 중요합니다. 따라서 느린 아이가 과제를 하고 있을 때 불필요하게 간섭하기보다는 아이가 자신의 속도대로 해낼 수 있도록 과제를 작고 쉽게 나눠준다면 성취의 경험을 쌓는 데 도움을 줄 수 있을 것입니다. 이렇듯 느린 아이가 자신의 모습 그대로를 긍정적으로 받아들이면서 혼자 힘으로 해낼 수 있는 경험을 교실 안에 만들어주는 방법에는 어떤 것들이 있을까요?

아이의 호흡과 속도대로 작은 성공의 경험을 만들어주는 방법

1. 시간의 제약 없는 성공하는 활동 만들기

교실 안에서 시간의 제약 없이 할 수 있는 활동을 만들어주세요. 잃어버린 물건을 찾아주는 '탐정' 직업놀이는 한 달, 두 달이 걸려도 상관없는 활동이에요. 그 외에도 복도 질서를 지키는 '안전 보안관', 힘을 쓰고 보초를 서는 '학급 군인', 식물에 물을 주는 '식물 관리사', 아픈 친구를 치료해주는 '마음 의사' 등 학급의 특성에 따라 시간의 제약 없이 성공의 경험을 할 수 있는 다양한 직업놀이를 만들어줄 수 있어요.

2. 도움을 받는 아이에서 도움을 주는 아이가 되게 하기

시간 내에 마무리하지 못하는 활동을 주변의 도움으로 해내는 일이 많은 아이였다면 이제는 다른 친구에게 도움을 주는 아이가 되도록 해주세요. 친구가 잃어버린 연필 한 자루를 찾아주는 활동, 아픈 친구를 치료해주는 활동처럼요. 누군가에게 도움을 주는 과정에서 보람을 느끼게 될 테니까요.

3. 화려한 리액션으로 격려하기

느리지만 스스로 해냈을 때 아이를 격려해주는 것이 무척 중요해요. 이때 교사의 화려한 리액션, 그리고 주변 친구들의 열렬한 응원의 박수는 아이에게 마음속 행복감을 느끼게 해준답니다.

4. 리더의 경험을 통해 스스로 노력할 점 생각하게 하기

느린 아이들은 모둠 활동에 소극적인 편이에요. '어차피 난 느려서 괜히 다른 애들한테 피해만 줄 텐데 뭘.' 이런 생각을 가진 느린 아이가 팀을 이끄는 리더가 되어 본다면 자신감을 갖고 주도적이고 적극적인 태도를 배울 수 있게 됩니다. 또한 이전의 수동적인 태도와 쉽게 포기하던 자신의 모습을 돌아보는 기회도 갖게 됩니다. 물론 스스로 자기 행동을 조절하는 힘을 키울 수도 있겠지요.

아이들은 이렇게 달라져요!

학교라는 시스템 안에서는 신중하고, 창의적인 느린 아이들만의 장점이 드러나기보다는 순발력 있게 해내야 하는 상황에서 어려움을 겪게 되는 경우가 더 많죠. 느린 아이들에게 어떤 도움은 약이 되고, 어떤 도움은 병이 될 수 있어요. 느린 아이가 스스로 해낼 수 있는데도 빨리 끝내야 한다는 목적으로 아이를 도와준다면 그 도움은 아이에게 병이 될 거예요. 그러나 아이가 스스로 성취할 수 있는 경험을 만들어준다면 아이에게 자신감을 키워주는 약이 될 거예요. 타인에게 도움을 주는 보람을 느끼며 성공의 경험을 쌓아갈 수 있도록 도와주세요. 그럼 아이는 내가 노력할 부분을 스스로 고민하면서 자신을 긍정적으로 인식하고, 자신감을 키워갈 수 있게 된답니다.

느림의 정도	수진쌤이 추천하는 직업놀이
★☆☆	- 리더가 되는 경험을 통해 친구들을 이끌며, 적극적인 태도를 배울 수 있는 직업을 추천합니다. (예 : 스포츠 선생님, 환경 지킴이, 건강 지킴이 등)
★★☆	- 스스로 선택권을 갖고 자율적으로 활동할 수 있는 직업을 추천합니다. (예 : 아이템 관리자, 연주가, 창의 작가 등)
★★★	- 시간의 제약 없이 혼자 힘으로 성취의 경험을 해볼 수 있는 직업, 다른 사람에게 도움을 주면서 보람을 느끼는 직업을 추천합니다. (예 : 탐정, 세스콤, 엔지니어, 마음 의사, 안전 보안관 등)

산만한 아이

—

산만한 아이들은 새 학년이 되면 교사의 눈에 가장 먼저 띕니다. 그래서 교사의 주의 지도를 많이 받다 보니 친구들 사이에서는 수업을 방해하는 아이 등 부정적인 모습으로 인식되기 쉽습니다. 그러나 교사가 이 아이들의 장점을 찾아 긍정적인 모습을 이끌어준다면 자기 스스로 더 좋은 사람이 되려고 노력하는 아이가 될 수 있습니다.

산만함은 아이가 관심 없는 활동을 할 때 두드러지게 나타나지만 아이가 좋아하는 활동을 할 때는 거짓말처럼 사라지기도 합니다. 농구를 좋아하는 아이는 농구를 할 때만큼은 엄청난 집중력을 보이거든요. 다만 산만한 아이는 체육 등 특정 과목만 좋아하는 경향이 있어 학교 수업에서 집중할 수 있는 시간이 적어 하루 종일 산만한 듯 보일 뿐입니다.

어쩌다 아이가 집중하는 모습을 보이거나 산만하지 않을 때 칭찬을 해주는 경우가 있는데, 그 칭찬의 목표는 산만함을 줄이기 위함입니다. 다시 말해 아이의 모습을 바꾸기 위함이죠. 그러나 산만한 아이를 위한 직업놀이의 목표는 스스로 산만한 행동을 자제할 수 있는 자기 조절의 힘을 키워주는 것입니다. 산만함은 이 아이가 평생 안고 가야 하는 자신의 모습 중 하나입니다. 그런 아이의 모습을 억지로 바꾸려고 한다면 아이는 스스로를 문제를 지닌 부정적인 사람으로 바라보게 될 것입니다.

산만함 뒤에 가려진 아이의 장점을 찾아주세요. 그리고 산만한 아이의 손에 믿음과 신뢰라는 한 송이의 꽃을 쥐어주세요. 우리 반 아이들이 너를 믿고, 너의 용기와 능력을 알고 있다는 '신뢰의 꽃'을 한 송이씩 준다면 어느덧 이 아이는 믿음과 신뢰의 꽃다발을 손에 쥐고 있을 거예요. 타고난 산만한 기질이 이 아이를 유혹해도 손에 가득한 스무 송이 신뢰의 꽃을 보면서 아이는 자기 스스로를 조절하려는 힘을 키울 수 있을 테니까요.

덜 산만한 아이가 아니라
자기 조절의 힘을 지닌 아이로 성장하는 방법

1. 하고 싶을 때만 참여하게 하기

산만한 아이들이 마음 편안하게 직업놀이에 도전할 수 있도록 도와주는 말은 바로 "하고 싶을 때만 하세요."입니다. "학급 군인은 몸을 움직이는 활동이에요. 그리고 하고 싶을 때만 하면 됩니다. 자, 군인 직업 해보고 싶은 사람?" 그러면 산만한 아이들은 너도나도 군인 직업을 하겠다고 지원할 거예요. 하고싶을 때만 하면 되니까요.

2. 책임감과 꾸준함이 없어도 괜찮은 활동으로 만들기

기존의 역할 활동은 '책임감'이 아주 중요했어요. 그러다보니 산만한 아이들의 경우에는 역할 활동에 부담감을 느끼고, 가장 쉽게 할 수 있는 것만 골라서 하려고 했죠. 그래도 아이의 입장에서는 열심히 해보려고 노력한 결과예요. 산만한 아이들에게 '책임감'과 '꾸준함'을 강요하는 것은 교실 활동에서 배제시키는 것과 다름없어요. 산만한 아이들이 다양한 활동에 적극적으로 참여할 수 있도록 "한번 해볼래?"라는 가벼운 제안을 통해 심리적 부담을 낮춰주세요. 그럼 "나도 한번 해볼까?" 하며 새로운 일에 도전하기 시작할 거예요.

3. 마음먹고 칭찬할 기회 만들어주기

산만한 아이들이 처음으로 관심을 보이는 것은 주로 몸을 움직이는 활동이에요. 학급 군인, 안전 보안관, 세스콤 등의 직업이죠. 그런데 군인은 보초를 서거나 무거운 물건을 나르는 직업인데 교실에는 무거운 물건을 나를 일도, 보초를 서는 일도 없지요. 따라서 교사는 이런 직업의 활동을 교실 안에 일부러 만들어주어야 합니다. 교사 주변에 보초를 서게 한다거나, 각 과목 시간에 책상 배치를 모두 다르게 만드는 식으로요.

산만한 아이들이 교사에게 많이 듣는 말이 '떠들지 마라', '자리에 앉아 있어라', '뛰지 마라', '장난치지 마라'인데, 계속 움직여도 칭찬을 받게 되니 이런 활동을 너무 좋아해요. "힘이 세구나.", "힘든 일인데 이렇게 자진해서 옮겨주고 너무 고마워.", "멋지다!"처럼 교사가 마음먹고 칭찬의 기회를 만들어주세요. 그래야 산만한 아이들이 언제든 하루에도 몇 번씩 칭찬받을 수 있어요. 자신이 노력한 것에 대한 따뜻한 격려는 아이들의 자존감을 세워주는 최고의 특효약이에요!

4. 긍정의 시선 만들어주기

산만한 아이들은 참을성이 부족해서 쉽게 짜증을 내기도 해요. 수업 활동 중에 집중을 못해서 같은 모둠인 아이들과 티격태격하는 상황이 종종 생기기도 하고요. 그러다 보니 산만한 아이들은 교우 관계 면에서 늘 어울리는 친구들하고만 놀고, 다른 친구들과의 관계 속으로 선뜻 들어가지 않으려고 해요. 친구들이 자기한테 "야, 넌 왜 자꾸 딴짓하고 방해해!"라며 비난하고 지적할 거라고 생각하거든요.

특히 성실하고 책임감이 강한 아이들과 산만한 아이들이 협력 활동을 시작하면 트러블이 자주 생겨요. 그래서 산만한 아이들이 다양한 친구들과 자연스럽게 어울리면서 아이가 봉사하고 노력하는 모습을 친구들이 느낄 수 있도록 도와줘야 해요. 그러기 위해서는 산만한 아이를 여러 친구들과의 관계 속으로 자연스럽게 보내주기 위한 '전략'이 필요해요.

예를 들어서 환경 지킴이가 쓰레기 분리수거함을 옮기는데 인원이 부족할 경우 이것도 물건을 옮기는 일이니 학급 군인을 소집하는 거죠. 또는 디자이너가 자료실에서 무거운 서예 세트를 가지고 와야 할 경우에도 학급 군인 중에 자원자를 받는 거죠. 그러면 여러 친구들과 자연스럽게 협력하면서 산만한 아이가 봉사하고 적극적으로 노력하는 부분들을 친구들이 자연스럽게 느끼게 되거든요. '산만한 아이인 줄만 알았는데, 이렇게 우리를 도와주네.', '우리 반을 위해 봉사하는구나.'라는 것을 자연스럽게 느끼게 되면 그 아이에 대한 호감도 높아지고 긍정적인 시선을 갖게 되는 거죠.

물론 산만한 아이도 그동안 친구들이 나를 부정적으로 바라보고 있었다는 것을 알고 있어요. 그런데 '친구들이 나를 용감한 아이로 바라보는 것 같아.'라는 생각이 들면 지금까지는 선생님만 신경 썼던 아이가 이제는 친구들도 의식하기 시작하는 거예요. 그래서 선생님이 없는 곳에서도 좋은 모습을 보이려고 노력해요. 바로 스스로 산만함을 조절하는 자기 통제력이 생기는 순간이에요.

아이들은 이렇게 달라져요!

교실에서 몸을 움직이면서 학급을 위해 봉사할 수 있는 활동은 많습니다. 당장 눈에 보이는 산만함 뒤에 숨겨진 아이의 장점을 발견해주세요. 자신이 인정받고 있음을 느낄 때 아이들은 스스로 조금 더 멋진 사람이 되려고 노력하기 시작합니다. 당장 눈에 보이는 산만한 행동을 바로 잡는 것이 교육의 목표가 아니라 선생님이 없어도 언제 어디서든 자신의 행동과 감정을 조절할 수 있는 마음의 힘을 키워주는 것, 그것이 바로 우리가 바라는 진정한 교육이니까요.

산만함의 정도	수진샘이 추천하는 직업놀이
★☆☆	– 친구들과 갈등이 적은 경우 여러 친구들과 어울리며 교우 관계의 폭을 넓혀줄 수 있는 직업을 추천합니다. (예 : 아이템 관리자, 홍보팀, 스포츠 선생님, 스포츠 기획자 등)
★★☆	– 자신이 하고 싶을 때만 할 수 있는 심리적 부담이 낮은 직업을 추천합니다. (예 : 안전 보안관, 탐정, 식물 관리사 등)
★★★	– 산만함으로 인해 교우 관계에서 갈등이 많이 생기는 경우 혼자서 활동을 할 수 있고, 교사가 수시로 칭찬할 기회를 만들어줄 수 있는 직업을 추천합니다. (예 : 학급 군인, 세스콤, 엔지니어, 학급 외교관 등)

자신감 없는 아이

—

학교에서 활달하고, 친구들에게 먼저 말도 잘 걸고, 무엇이든 해보겠다고 나서는 아이를 보면 자신감이 있는 아이라고 생각하기 쉽습니다. 그런데 겉모습만 보고 판단해서는 안 됩니다. 기질적으로 내성적이고 수줍음 많은 아이여도 자신이 맡은 과제를 스스로 잘 해내고, 자신에 대한 믿음이 있는 아이라면 자신감이 있는 아이입니다. 이에 반해 적극적이고 까부는 아이라도 게임에서 질 것 같으면 그만두거나, 경기에서 지면 남 탓을 하는 경우, 남의 눈치를 자주 살피고 작은 실패에도 쉽게 우울해지고 짜증을 내는 모습을 보이는 경우라면 자신감이 없는 아이입니다.

아이들은 당장 무엇을 잘하게 되었다고 자신감이 생기는 것이 아니라, 관계 속에서 충분한 인정과 지지를 받으며 자신에 대한 믿음이 군건해질 때 자신감을 얻게 됩니다. 교사가 이 아이들의 장점을 만들어주어 또래로부터 인정과 지지를 받도록 도와주기 위해 노력한다면 아이는 자신을 긍정적으로 바라보고 자신에 대한 믿음을 바탕으로 새로운 과제에 도전하고 세상에 나아갈 용기와 자신감을 얻을 수 있습니다.

자신감 없는 아이에게 최고의 장점을 만들어주는 방법

1. 아이와 함께하는 특별한 시간 보내기

아이에게 특별한 추억을 만들어주세요. 저는 아이들과 아침 청소를 함께하기도 하고, 함께 간식을 먹고 따뜻한 차를 마시면서 이야기를 나누기도 하고, 아침에 운동장을 걸으며 함께 아침 산책을 하기도 합니다. 아주 작은 일이라도 선생님과 함께 특별한 시간을 보내는 그 추억이 움츠린 아이의 마음에 큰 힘이 되어 용기를 줄 수 있다는 것을 기억해주세요.

2. '고마워' 등의 긍정적인 표현을 들을 수 있는 활동 만들기

지금까지 친구들에게 부정적인 표현을 많이 들어온 아이들은 자신에 대한 믿음이 부족해 항상 주변의 눈치를 살피기 일쑤입니다. 이 아이들에게는 무엇보다 친구들에게 '네 덕분이야. 고마워.'라는 긍정적인 표현을 듣는 기회를 만들어줌으로써 나에 대한 온전한 믿음을 회복해갈 수 있도록 도와주는 시간이 필요합니다. '난 할 수 있어', '난 소중한 사람이야'라는 자신에 대한 긍정적인 생각을 스스로 노력해서 갖기 어려울 때 선생님과 친구들로부터 받는 인정은 큰 도움이 될 수 있다는 것을 기억해주세요.

3. 실패를 경험하는 과정을 통해 두려움을 극복하기

자신감 없는 아이가 가장 두려워하는 것이 바로 실패입니다. 게임에서 지거나, 미술 시간에 만들기를 했는데 제대로 완성하지 못하거나, 친구들 앞에서 노래를 부르는데 음 이탈이 생기는 등의 실패를 경험하게 되었을 때 놀림을 받을까 두려워 애초에 시작조차 하지 않으려고 하기도 합니다. 이 아이들에게는 작은 실패부터 하나씩 경험해가며 마음의 두려움을 극복할 수 있는 시간이 필요합니다.

바리스타가 음료를 쏟았을 때, 디자이너가 종이를 오리다 잘못 오려서 실패했을 때 교사가 "괜찮아. 다시 하면 돼."라는 따뜻한 말을 건네주고, 캘리그라피 작가 활동을 하며 손 글씨를 썼는데 잘 안됐더라도 친구들이 "괜찮아. 이 정도면 잘했는데."라고 격려해주는 과정 속에서 조금씩 실패에 대한 두려움이 극복됩니다. 작은 것부터 성취감이 쌓여갈 때 실패에 대한 두려움 대신 나도 할 수 있다는 자신감이 마음에 채워질 테니까요.

4. 공개적으로 친구들의 인정과 지지를 받을 수 있는 '봉사'하는 활동 만들기

자신감이 없는 아이들은 칭찬을 받은 경험이 적습니다. 그래서 아이에게 자주, 그리고 공개적으로 칭찬해주는 것이 좋습니다. 그런데 자칫 아이를 칭찬해주려고 한 교사의 좋은 의도가 다른 아이들에게는 차별로 느껴지거나 공평하지 않다는 인상을 줄 수 있습니다. 또는 그 아이에게 질투의 화살이 갈 수도 있고요. 그러니 누가 봐도 칭찬받을 만한 일, 바로 모두가 하기 힘들어하고 어려워하는 일을 스스로 선택해서 노력할 수 있는 경험의 기회를 만들어주세요. 그리고 아이가 꾸준히 봉사하는 모습을 칭찬하고 격려해주세요.

5. 매일 하는 활동으로 '끈기'라는 장점을 만들어주기

매일 하는 활동을 통해 '끈기'라는 장점을 만들어주세요. 교사와 아이가 함께 보내는 시간은 1년이 전부입니다. 그 시간 동안 아이에게 자신감을 키워주는 것만으로도 정말 보람된 일이지만, 1년이 지난 뒤에도 아이가 자신의 삶에서 용기를 갖고 꿋꿋하고 씩씩하게 걸어나갈 수 있는 힘을 심어주는 것이 정말 중요합니다. 자신감이 없는 아이는 내년에 어떤 상황이 생기느냐에 따라 또다시 원래의 모습대로 움츠러들 수 있거든요. 아이가 자신을 믿고, 어려운 일이 생겨도 꿋꿋이 버티며 잘 헤쳐나갈 수 있도록 아이에게 힘이 되어줄 '끈기'라는 장점을 만들어주세요. 먼 훗날 '끈기'는 아이가 꿈을 이루고, 자신이 원하는 삶을 살아가는 데 큰 힘이 되어줄 것입니다.

아이들은 이렇게 달라져요!

자신감 없는 아이들과 이야기를 나누다보면 자기 탓을 하는 경우를 많이 봅니다. "저 때문에 그 친구가 화난 거예요.", "제가 잘못해서 그래요." 이렇게 자주 눈치를 살피고, 먼저 사과하는 이유도 스스로에 대한 믿음이 부족하기 때문이에요. 겉으로는 착한 아이처럼 보일 수 있지만 사실 아이는 친구들 무리 속에서 어쩔 줄 몰라 불안하고 초조한 상태입니다. 교사가 아이를 믿고 지지해주면 아이는 자신에 대한 믿음을 키워나갈 수 있습니다.

아이의 마음속 이야기에 귀 기울여 주세요. "넌 자신감이 부족해."라는 말 대신 "너에게는 최고의 장점인 '끈기'가 있음을 잊지 마."라고 이야기해주세요. 나중에 중학교, 고등학교에 가서 공부하다 힘든 일이 생겨도 네 자신이 얼마나 멋진 사람인지 꼭 기억하라고, 넌 무엇이든 해낼 수 있는 가장 강력한 무기를 가진 사람이라고 말이에요. 그럼 그 아이는 선생님의 말대로 정말 끈기 있는 아이가 될 테니까요.

자신감 부족 정도	수진쌤이 추천하는 직업놀이
★☆☆	- 평가나 지적이 아닌 친구들에게 "고마워" 등의 긍정적인 표현을 들을 수 있는 직업을 추천합니다. (예 : 렌트 회사, 마음 의사, 음악 DJ, 엔지니어, 00 선생님, 아이템 관리자 등)
★★☆	- 실패를 경험하는 과정을 통해 두려움을 극복하고, 쉬운 단계부터 스스로 혼자 힘으로 해냈다는 성취감을 느낄 수 있는 직업을 추천합니다. (예 : 바리스타, 디자이너, 창의 작가, 연주가 등)
★★★	- 친구들의 인정과 지지를 받을 수 있는 '봉사'하는 활동으로 교사가 '끈기'라는 장점을 만들어줄 수 있는 직업을 추천합니다. (예 : 환경 지킴이, 성장 지킴이, 건강 지킴이, 에너지 지킴이 등)

공격적인 아이

—

공격적인 아이들은 위험하고 가르치기 힘든 아이들이라는 부정적 평가를 받지만 교사와 친구들로부터의 작은 관심과 인정, 격려만으로도 닫혔던 마음을 열고 교사의 든든한 조력자가 되어주는 의리 있는 아이들입니다. 친구들로부터 제대로 된 인정과 격려를 받을 수 있도록 교사가 이끌어준다면 자기 스스로 더 멋진 사람이 되려고 노력하는 아이들이기도 합니다.

공격적인 아이는 공격성의 정도에 따라 차이가 있지만 대체적으로 가정환경에서부터 어려움을 겪는 경우가 많다 보니 자존감이 낮은 아이들이 많죠. 그래서 교사는 무엇보다 아이를 따뜻하게 대해주고, 많은 대화를 나누어야 합니다. 이런 노력으로 아이와 교사 간에 믿음이 생긴다면 아이는 한 해 동안 교사를 잘 따르고 다툼을 일으키지 않으려고 노력합니다. 자신을 믿어준 교사의 마음에 답하기 위해 자신의 공격성을 자제하기 시작하니까요.

그런데 아이와 교사의 관계뿐만 아니라 아이와 친구들과의 관계를 한번 생각해볼까요. 공격적이라고 표현을 할 때는 이미 친구들과 이전부터 다툼이 많았다는 것이고, 다툼이 언쟁을 넘어 폭력으로 표시되었다는 뜻입니다. 이 아이 주변에는 친구들이 있을 수도, 또는 없을 수도 있습니다. 만약 있다면 비슷하게 공격적이고 반항적인 성향의 아이들일 가능성이 높겠죠.

아마도 공격적인 아이는 또래 그룹에 끼기 위해 여러 번 나름대로 노력했을 것입니다. 그리고 문제가 발생했을 때마다 그 문제를 폭력적인 방법으로 해결했을 것입니다. 처음엔 문제 해결이 쉬웠겠죠. '나는 공격적이야'라고 뽐내면 나와 대립하던 친구들이 자신을 무시하지 않고 존중한다고 느꼈을 것입니다. 하지만 점점 친구들이 자신을 부담스러워 하고 피하기 시작합니다. 이런 친구들과의 관계를 그냥 둔 채로 교사가 공격적인 아이와 잘 지낸다고 해서 다른 친구들이 교사가 없는 곳에서 이 아이와 잘 지낼 수는 없습니다.

우리 반에 공격적인 아이가 있을 때 지금까지는 이 아이의 공격성을 자제시켜 주는 것에만 집중을 해왔다면, 이제는 이 아이를 바라보는 친구들의 시선을 바꾸는 데 집중해야 합니다. 공격적인 아이가 정말 참고 노력해서 공격성을 자제해도 주변 친구들이 무섭고 두려운 아이로만 본다면 그 아이는 계속 친구가 없거든요. 그럼 이 아이는 다시 원래의 모습으로 돌아가게 됩니다. 아이가 선생님이 좋아서, 선생님을 위해 노력하는 것보다 중요한 건 이 아이에게 진정한 친구를 만들어주는 것입니다. 그러기 위해서는 아이에게 친구들의 호감을 살 기회를 만들어주는 것이 필요합니다.

공격적인 아이들은 다툼이 생기면 "쟤가 저를 먼저 무시했어요.", "나를 싫어해요."라는 표현을 자주 합니다. 충분한 지지와 격려를 받지 못해 자존감이 낮은 것도 있지만, 그동안 여러 사건으로 친구들에 대한 불신이 깊다는 것도 중요한 이유죠. 그래서 무엇보다 다른 아이들이 공격적인 아이의 긍정적인 모습에 집중하도록 하여, 다른 친구들의 '호감'을 얻게 하는 것이 중요합니다. 그런데 그동안 공격적인 행동으로 관계가 틀어진 아이, 친구들이 두려워하는 아이인데 어떻게 다른 친구들의 호감을 얻게 할 수 있을까요?

공격적인 아이에서 친구들의 호감과 인정을 받는 아이로 변화시키는 방법

1. 교실 안과 교실 밖의 활동으로 구분해주기

공격적인 아이는 교실 안에서 기존과 다른 모습으로 학급을 위한 봉사를 시작하는 것을 꺼릴 수 있습니다. 친구들에게 지금까지 안 보이던 모습을 보이는 것 자체가 왠지 친구들에게 지는 것 같고, 약한 모습을 보이는 것처럼 느껴질 수 있거든요. 이럴 때는 교실을 벗어난 공간에서 진행하는 활동을 추천해주세요.

직업놀이에는 교실 안이 아닌 교실 밖에서 진행되는 활동이 있습니다. 예를 들어 '스포츠 선생님'의 경우에는 교실을 벗어나서 체육 창고나 강당, 운동장에서 활동할 수 있어요. 그 아이만의 아지트가 생기는 것이죠. 아지트는 특별실, 강당의 체육 창고 등 특별한 공간이 아니어도 괜찮습니다. 교실 앞 복도, 우리 반 옆의 빈 공간도 아지트가 될 수 있어요. 무엇보다 중요한 건 아이가 친구들의 시선에서 자유로울 수 있는 공간이 필요하다는 것입니다. 그래야 아이의 자존심을 지켜주면서 새로운 각오로 노력해볼 수 있도록 기회를 만들어줄 수 있으니까요.

2. 단계적으로 관계 확장하기

공격성을 보이는 아이는 그동안 다른 친구들이 자신을 싫어하여 끼워주지 않거나 따돌려 밀어내려고 했다는 것을 이미 알고 있습니다. 따라서 처음부터 억지로 친구들 속으로 밀어 넣는 건 좋지 않습니다. 아이가 편안하게 혼자 하는 활동으로 시작해서 점차 소그룹 활동으로 확장시켜주는 것이 중요합니다.

처음에는 교사와 아이 단둘이 직업놀이 활동을 시작합니다. 그리고 조금씩 친구들이 호감을 갖게 되면 이 아이를 받아들일 수 있는 2~3명의 아이들과 작은 소그룹을 만들어줍니다. 그렇게 소그룹에서 잘 지내면 학급 전체 안에서 아이의 평판과 호감도가 달라지게 되거든요. 그때가 되면 학급 안의 활동으로 연결해서 더 많은 친구들과 어울릴 수 있도록 해주세요. 그렇게 조금씩, 단계적으로 친구들이 받아들일 마음의 준비가 되었을 때 관계 속으로 자연스럽게 스며들도록 해주는 것이 중요합니다.

3. 간접적인 도움부터 주고받기

이 아이들은 다른 친구들이 자신을 부담스럽고 어렵게 느낀다는 것을 알고 있기 때문에 처음부터 친구들과 직접 이야기를 나누는 활동을 하면 심리적 부담을 느낍니다. 예를 들어 '학급 은행원'은 월급을 주기 위해 친구들과 직접적으로 매일 얼굴을 보고 이야기를 나눠야 하는 활동이에요. 이런 활동을 바로 시작하라고 한다면 이 아이도 불편하고, 다른 아이들도 어려워서 모두에게 좋지 않아요.

'스포츠 선생님'의 경우는 체육 시간을 준비하고 물품을 정리하는 활동으로, 친구들과 직접적으로 소통하는 활동은 아니지만 간접적으로 학급과 학교를 위해 봉사할 수 있다는 점에서 관계에 대한 부담을 낮춰줄 수 있어요. 그러면서도 이 아이가 봉사하는 모습을 격려해줄 수 있다는 특징이 있습니다. 이렇듯 친구들에게 간접적인 도움을 줄 수 있는 활동부터 시작할 수 있게 도와주세요.

4. 결과가 눈에 보이는 활동부터 시작하기

아이가 노력한 모습이 눈에 보이는 활동부터 시작하는 것이 좋습니다. 그래야 다른 아이들이 이 아이의 노력한 모습을 인정할 수 있기 때문입니다. 예를 들어 아이가 깨끗이 정리해놓은 물건, 체육 시간을 위해 접시콘을 세워둔 것은 그 아이의 노력이 쉽게 결과로 보이는 활동이에요. 이렇게 아이의 노력이 결과로 보여야 '아, 친구가 노력하고 있구나.' 하고 다른 친구들이 느낄 수 있어요. 만약 아이가 '학급 외교관'이 되어 선생님 심부름을 하면 이 아이가 친구들에게 도움을 주는 것이 아니고, 노력한 것이 눈으로 보이지도 않기 때문에 친구들의 인정을 받기 어렵습니다. 따라서 결과가 눈에 보이는 활동부터 시작하는 것이 중요합니다.

5. '리더'의 자리를 만들어 아이의 자존심 세워주기

친구들 무리를 이끌며 공격성을 보인 아이라면 친구들에 대한 인정 욕구가 매우 강한 아이입니다. 그 안에서 '일인자'가 되고 싶은 아이죠. 그 아이를 직업놀이 안의 활동으로 들어오게 하려면, 그 아이를 위한 '리더'의 자리를 만들어주는 것이 좋습니다. 그렇다고 직업놀이 시스템을 무너뜨려서는 안 되겠지요.

만약 '스포츠 선생님' 직업놀이를 시작한다면 이 아이를 위한 자리를 새롭게 만들어주는 것입니다. 스포츠 선생님 중에서도 리더가 될 수 있도록 "체육 물품을 총괄하는 물류관리 '책임'을 한번 맡아 볼래?"라고 제안하는 것이죠. 이처럼 직업놀이 안에 또 다른 직업놀이를 만들어줌으로써 아이가 자존심을 지키면서 건전하게 리더의 경험을 해볼 수 있는 기회를 만들어주는 것이 좋습니다.

아이의 깊은 내면의 욕구를 존중해줄 때 아이는 새롭게 시작해 볼 용기를 낼 수 있습니다. 정해진 그릇에 아이를 담는 것이 아니라 그 아이에게 맞는 새로운 그릇을 만들어주세요. 그것이 바로 교사에게 필요한 유연한 태도입니다.

아이들은 이렇게 달라져요!

공격적인 아이들은 새로운 선생님과 새 친구들을 만나면 자신이 그동안 싸우고 다툰 일을 모두 다 알고 있어서 이미 상대방이 자신에 대해 나쁜 아이라고 평가하고, 부정적인 시선을 갖고 있다고 생각합니다. 그래서 새롭게 노력해볼 마음이 없어요. 이 아이에게 다시 시작하고 싶다는 용기를 줄 수 있는 교사의 한마디는 "지금 이 순간부터 우리가 함께 만들어가는 시간이 중요해요. 바로 이전까지의 일은 이미 과거일 뿐이에요. 지난 일은 선생님에게 중요하지 않아요."라는 말입니다.

이 아이들은 학급 일에 아무 관심도 없어 보이지만, 사실 마음속으로는 친구들이 하고 있는 직업놀이 활동을 해보고 싶어합니다. 무관심한 척, 쿨한 척 애써 웃지만 누구보다 친구들 속에서 인정받고 싶고, 함께 어울리고 싶은 마음인데 차마 "나도 같이 하자."라는 말을 못 할 뿐이죠. 지금까지 자신이 친구들에게 해온 말과 행동이 있으니까요.

친구들이 자신을 존중하고, 자신에게 호감을 느낀다고 생각하면 아이는 입이 귀에 걸려서 환하게 웃고 다녀요. 그리고 선생님의 든든한 지원군이 되어주죠. 사실 마음속 깊은 곳은 여리고, 정 많은 따뜻한 아이거든요. 공격성 대신 마음에 따뜻함을 채워가며 성장할 수 있도록 아이에게 진정한 친구들을 만들어주세요. 그리고 이 아이가 진정한 친구를 만들 수 있도록 도와줄 수 있는 사람은 오직 교사뿐이라는 것을 기억해주세요.

공격성의 정도	수진샘이 추천하는 직업놀이
★☆☆	- 다른 사람을 도와주며, 리더의 자리를 통해 친구들의 인정과 지지를 받을 수 있는 직업을 추천합니다. (예 : 엔지니어, 환경 지킴이, 렌트 회사 등)
★★☆	- 결과가 눈에 보이는 활동으로 친구들의 시선을 긍정적으로 바꿔줄 수 있는 직업, 몸을 움직이며 에너지를 발산할 수 있는 직업을 추천합니다. (예 : 학급 군인, 세스콤, 아이템 관리자, 우편 배달원 등)
★★★	- 혼자 또는 소수로 활동이 가능한 직업, 간접적으로 도움을 주고받을 수 있는 직업이나 교사의 관심과 지지, 격려를 충분히 받을 수 있는 직업을 추천합니다. (예 : 스포츠 선생님, 스포츠 기획자 등)

무기력한 아이

—

　교사는 무기력한 아이를 대할 때 어서 빨리 도와 일으켜주고 싶은 생각에 이것저것 시도하게 됩니다. 그러다 교사가 먼저 지치기도 하고, 교사의 열정만으로는 한계를 느끼는 일들이 생기기도 합니다. 그런데 사실 무기력은 아이의 본성에 위반되는 모습입니다. 보통의 초등학생이라면 호기심이 왕성하고, 친구들과 어울리고 싶어하고, 교사와 친분을 쌓길 원합니다. 그런데 아이가 호기심도 없고, 친구들과 어울리지도 않고, 교사의 관심도 귀찮아한다면 과연 이 아이에게 무슨 일이 있었던 걸까요?

　사실 무기력한 모습은 아이의 귀찮음이나 게으름 때문이 아니라 학교나 사회, 가정 등에서 아이가 겪어 온 심리적 압박이나 경쟁에서의 좌절, 어른들의 높은 기대, 과잉 목표 등 복합적인 이유에서 기인합니다. 또한 무기력한 모습은 더이상 분노나 화를 표현할 수 없는 상태에서 보이는 모습입니다. 따라서 무기력함은 아이의 성격이 아니라 열정, 흥미, 동기를 잃은 결과의 모습임을 이해하고, '왜 아무것도 하지 않는지'를 묻는 것보다 아이가 하고 싶은 일, 좋아하는 일을 찾아서 할 수 있는 환경을 만들어주는 방법을 고민해야 합니다. 그리고 결과나 평가에 대한 두려움이 큰 경우가 많기 때문에 노력하는 과정을 격려해야 합니다.

그러나 무기력은 아무것도 하지 않으려는 심리적 상태이기 때문에 노력하는 모습을 찾기가 쉽지 않습니다. 이 아이가 무언가 하고 싶은 의욕이 생기도록 하려면 친구들의 도움이 필요합니다. 그래서 무기력한 아이가 가만히 있어도 친구들이 찾아와서 아이를 둘러싸고, 엉겨 붙게 만들어줘야 합니다. 자연스럽게 친구들의 환대와 참여를 이끌어내고 친구들로부터 인정과 격려를 받을 수 있는 상황을 만드는 방법을 직업놀이 안에서 찾아보았습니다.

무기력한 아이의 열정, 흥미, 동기를 다시 찾아주는 방법

1. 아이를 기다려주기

무기력한 아이는 지금, 당장, 바로 시작하는 것이 어렵습니다. 아이에게도 시간이 필요하고, 이 아이를 지켜보며 어떻게 도와주어야 할지를 고민하는 교사에게도 시간이 필요합니다. 아이를 기다리는 동안 교사는 이 아이에게 '내가 너를 기다리고 있단다.'라는 메시지를 전달해야 해요. 우선 '아이의 이름 불러주기'부터 시작하며 가볍게 관심을 표현해주세요.

2. 아이가 관심 있는 것 찾기

기다림에는 교사의 관심이 담겨 있어야 합니다. 아이가 무엇을 좋아하는지 관찰해야 하죠. "선생님, 저 축구 좋아해요."라고 말할 수 있는 아이라면 무기력하다고 하지 않겠죠. 무기력한 아이들은 자신의 감정과 생각을 직접적인 말로 표현하지 않아요. 그래서 교사가 아이의 작은 행동 변화에 담긴 메시지를 읽고, 관심 있는 것을 찾아야 해요. 아이의 고갯짓, 눈동자의 움직임, 표정의 변화, 발걸음의 빠르기, 읽고 있는 책 등 아이가 주는 메시지를 작은 것이라도 붙잡아보세요. 아이가 조금이라도 관심을 보이는 것을 찾기만 한다면, 이 아이를 위한 다양한 직업놀이를 만들어줄 수 있어요!

3. 일거리를 '툭' 던져주기

아이의 의견을 존중하기 위해서 생각을 묻는 행동이 오히려 아이를 무기력의 틀에 더 가둘 수 있어요. 무기력한 아이에게 "이거 한번 해볼래?"라고 의사를 묻기보다는 "이것 좀 도와줄래?" 하고 무심한 듯 일거리를 '툭' 던져주세요. 지금까지 누군가 뭘 하고 싶은지 물어보면 대답을 안 하거나, "싫어요. 안해요."라고 말하던 아이에게 해보고 싶은지를 물어본다면 그 아이는 "싫어요."라고 대답할 수 밖에 없어요. 그러니 하기 싫지만 선생님이 부탁해서 어쩔 수 없이 하는 상황을 만들어주세요. 그래야 아이가 자신의 무기력의 틀을 깨고 조금씩 움직여볼 수 있을 테니까요.

4. 친구들이 찾아오게 만들기

교사가 무기력한 아이에게 교사 자신을 돕는 일을 요청하는 것은 아이를 움직이게 할 수는 있지만 이 아이가 친구들 속으로 들어가게 해줄 수는 없습니다. 친구와 함께하는 활동으로 들어갈 수 있는 놀 거리를 던져주세요! 이때 아이들이 가장 좋아하는 것 3가지를 이용해보세요. '게임', '먹거리', '음악' 이 세 가지를 이용하면 친구들이 찾아오게 만들어줄 수 있어요. 간식을 선택하는 캡슐이 들어 있는 뽑기 기계를 무기력한 아이의 책상 위에 올려놓으면 그날부터 친구들이 우르르 몰려갈 거예요.

5. 친구들이 조르는 장치 넣어주기

아이가 좋아하는 활동 속에 친구들이 계속 찾아와 엉겨 붙을 수 있는 장치를 넣어주세요. 예를 들어 음악을 좋아하는 아이라면 '음악 DJ' 활동 안에 친구들이 조르는 장치를 넣어줄 수 있어요. 친구들이 듣고 싶은 노래를 DJ에게 신청하면, 신청곡 중에서 단 2곡만 DJ가 선정하게 해주는 거예요. 그럼 다른 아이들이 자신이 듣고 싶은 노래를 뽑아달라고 DJ에게 조르겠죠? "내가 좋아하는 가수 노래 좀 뽑아주라. 제발!" 매일 친구들이 자신에게 노래를 선택해 달라고 조르는 상황에서 무기력한 아이가 어떻게 할까요? 내심 친구들의 참여, 환대, 존중을 기다리고 있었으니 못 이기는 척 친구들과 이야기를 나누기 시작합니다. 그리고 어느새 음악을 좋아하는 친구들 무리 속에서 잘 어울리게 됩니다.

아이들은 이렇게 달라져요!

아무것도 안 하는 무기력한 모습은 사실 아무것도 하기 싫다는 뜻이 아닌 도움을 구하는 처절한 외침이에요. 그런데 이 아이를 돕기 위해 교사가 아이를 다독여주고 챙겨주는 것보다 더 중요한 건 친구들이 이 아이의 이름을 매일 따뜻하게 부르며 함께 놀자고 말해주는 것이에요. 친구들이 이 아이 주변으로 다가가 "나랑 같이 놀자!"라고 엉겨 붙게 해주세요! 교사가 이 아이를 도와주는 가장 좋은 방법은 발표를 시켜주고, 칭찬을 건네는 것보다 아이 주변에 친구들이 다가올 수 있는 장치를 만들어주는 거예요. 결국 다른 친구들이 이 아이를 무기력의 틀 속에서 깨어 나오도록 해줄 테니까요.

무기력의 정도	수진쌤이 추천하는 직업놀이
★☆☆	– 자신이 좋아하는 활동에는 의욕을 보이는 경우 음악이나 그림 등에 관심이 있다면 예술 활동을 통해 학급에 기여하고 공헌할 수 있는 기회를 줌으로써 소속감을 느낄 수 있는 직업, 자신이 노력한 활동을 통해 긍정적인 표현과 지지를 받을 수 있는 직업을 추천합니다. (예 : 창의 작가, 연주가 등)
★★☆	– 자기 스스로 통제권을 갖고 결정할 수 있는 직업, 결과 및 평가에 대한 스트레스가 낮은 직업, 친구들이 조르는 장치를 넣어줄 수 있는 직업을 추천합니다. (예 : 음악 DJ, 뽑기 가게 매니저 등)
★★★	– 좋아하는 것을 통해 주변으로부터 환대, 존중을 받을 수 있도록 우리 반 아이의 특성에 맞는 직업을 새롭게 만들어주는 것을 추천합니다. (예 : 아이가 공기놀이를 좋아한다면 그 아이를 위해 공기놀이 관련 직업놀이 만들어주기. 이때 친구들이 조르는 장치를 반드시 넣어주기!)

이기적인 아이

—

교실 안의 이기적인 아이는 교육 활동의 특성에 따라서 잘 드러나기도 하고, 잘 드러나지 않기도 합니다. 혼자 수학 책을 풀면서 공부할 때는 이기적인 모습이 드러나지 않다가 모둠 활동이나 체육 시간에 게임이나 놀이를 할 때 이기적인 행동이 드러나는 순간이 있죠. 특히 이 아이들은 학급에 소심하거나 자신감이 없는 아이들처럼 자신의 의견을 잘 표현하지 못하는 아이들과 같이 그룹 활동을 하면 무엇이든 자기가 먼저 하려고 하고, 재미있는 것은 혼자 독차지하려고 하면서 자신보다 약해 보이는 친구를 무시하는 행동을 보이기도 합니다.

사실 내가 공부를 잘하고, 체육 능력이 뛰어나면 배려와 양보를 하지 않아도 학교생활에서는 큰 불편을 느끼지 못합니다. 오히려 이기적인 행동을 하며 내 맘대로 굴었어도 결과적으로 모둠 게임에서 우리 팀이 이겼다면 다른 아이들이 묵인하기도 하지요. 해야 할 학습은 혼자 잘 해내면 되고, 모둠이나 체육 활동에서도 내 능력이 뛰어나서 결과적으로 우리 팀을 승리로 이끌었다면 이기적인 행동은 그 뒤에 묻히게 되는 거죠.

그래서 이기적인 아이의 경우에 경쟁과 승패가 없는 활동 속에서 배려가 필요한 상황을 경험함으로써 스스로 배려의 필요성을 깨닫게 해주는 것이 중요합니다. 그런 상황이 한두 번으로 그치는 것이 아니라 1년 동안 지속될 때, 그리고 주변에 배려심 많은 친구의 모습을 보게 될 때 아이는 자신의 모습을 돌아보고 결심을 하게 됩니다. '아! 나도 친구를 배려해야겠다! 저 친구의 좋은 모습을 배워야겠다.'라고 말이죠.

이기적인 아이가 배려와 양보, 나눔의 기쁨을 깨닫게 하는 방법

1. 능력이 아닌 인성이 인정받는 경험하기

인성이 인정받는 경험이란 무엇일까요? 교실 안에서 배려, 양보, 나눔을 실천했을 때 친구들에게 인정받게 되는 경험을 말합니다. 다른 사람을 도와주는 경험 안에는 여러 인성 덕목이 담겨 있어요. 그중에서도 다른 사람을 가르치며 도와주는 활동과 아픈 친구를 도와주는 활동에는 배려심이 필요해요. 교실 속 직업놀이에는 친구를 가르쳐주는 '종이접기 선생님', '수학 박사'와 같은 활동이 있고, '마음 의사'처럼 친구에게 따뜻하고 친절하게 대할 때 더욱 인정받을 수 있는 활동이 있답니다. 아이들은 수학 공부 잘하는 친구보다는 수학을 친절하게 가르쳐주는 수학 박사를 찾아가고, 꾀병 환자가 와도 친절하게 대해주는 마음 따뜻한 의사 선생님을 찾아가니까요.

2. 인성 경쟁을 통해 스스로 느끼는 시간 만들기

만약 나 혼자 수학 박사를 한다면 모든 친구가 나를 찾아오게 되겠지요. 그렇게 되면 경쟁할 상대가 없기 때문에 아이는 자신의 모습에 대해서 아무것도 느낄 수 없어요. 자신을 돌아보고, 스스로 느끼는 시간을 갖기 위해서는 나 이외에도 여러 명의 수학 박사가 있어야 합니다. 그래야 친구들에게 인기 있는 수학 박사가 누구인지, 왜 친구들은 수학을 제일 잘하는 나에게는 안 오려고 하는지 스스로 느끼고 깨닫게 되지요. 지금까지 학습 경쟁에만 집중했던 아이가 인성 경쟁을 통해 스스로 자신의 모습을 돌아보고 깨우칠 수 있는 기회를 만들어주세요. 학급에서 배려심 있는 아이와 함께 활동하도록 하면 그 아이의 모습을 통해 스스로를 돌아보는 경험을 할 수 있어요.

3. 아이에게 넌지시 힌트 주기

수학 박사인 아이가 "선생님, 아무도 내가 가르치는 반에는 안 와요."라고 말을 한다면 아이에게 넌지시 힌트를 주세요. "그럼 친구들에게 '모르는 문제도 친절하게 가르쳐줄게요.'라고 말해보면 어떨까?" 이렇듯 이기적인 행동을 하는 아이들은 자신의 이기적인 모습을 스스로 잘 모를 수 있어요. 이때 아이에게 가르치듯이, 혹은 지적하고 나무라듯이 "네가 친구들에게 평소에 친절하게 대해주지 않았으니까 그렇지." 하는 이야기는 아이 마음에 상처를 주고 아이를 위축시킬 수 있어요. "친구들이 잘 몰라서 그러는데, 네가 이렇게 표현하면 너의 마음을 알아줄거야."라고 아이에게 용기를 담아 힌트를 주세요. 그럼 자신이 어떤 노력을 해야 하는지 스스로 생각해볼 수 있을테니까요.

4. 아이가 배려를 배워갈 때 지지와 격려 보내기

아이가 친구들에게 친절하게 대하려고 노력하기 시작하면 그 모습을 구체적으로 지지하고 격려해주세요. 친구들에게 수학 문제를 차근차근 알려주는 모습을 볼 때 "우와. 이렇게 문제를 쉽고 친절하게 설명을 해주니 친구들이 정말 이해가 잘 되겠다. 선생님도 ○○이한테 배워야겠는 걸!"라고 격려해주면 아이는 겉으로는 크게 내색하지 않아도 자신의 노력을 인정받았다고 생각합니다. 또한 자신이 앞으로 어떤 노력을 더 해야 할지 더욱 깊이 고민하게 됩니다.

아이들은 이렇게 달라져요!

내 것만 챙기려는 아이를 나쁘게만 볼 필요는 없습니다. 지금까지 아이가 배려받은 경험이 부족할 수도 있기 때문입니다. 따라서 배려가 어떤 건지, 배려를 받을 때 어떤 기분인지를 느낄 수 있도록 아이가 먼저 배려를 받아 보는 시간이 충분히 필요해요. '배려를 받으면 이렇게 기분이 좋구나!' 하고 느낄 수 있도록 학급에서 배려를 잘 하는 아이와 함께하는 활동을 만들어주세요.

배려는 혼자서 배울 수 있는 덕목이 아닙니다. 공동체 안에서 함께 생활하면서 배려받고, 배려하고, 배려를 안 할 때 어떤 일이 생기는지 경험해야 배울 수 있습니다. 아이들이 학교라는 공동체 안에서 함께 어울려 살아갈 때 꼭 필요한 배려, 양보, 나눔을 배울 수 있는 기회를 충분히 만들어주세요. 그럼 아이는 자신을 돌아보며, 친구를 바라보며 스스로 깨닫고 성장하기 시작할 테니까요.

이기심의 정도	수진쌤이 추천하는 직업놀이
★☆☆	- 승패가 없는 활동으로 경쟁심을 내려놓고 마음 편하게 시작할 수 있는 직업을 추천합니다. (예 : 마음 의사, 식물 관리사, 안전 보안관, 사서 선생님, 탐정, 학급 군인 등)
★★☆	- 여러 사람의 생각을 듣고, 다양한 관점을 배울 수 있는 직업, 다른 사람의 이야기를 경청하는 과정을 통해 상대방의 처지를 이해하고 공감하는 경험을 할 수 있는 직업, 공동체 의식을 배울 수 있는 직업을 추천합니다. (예 : 학급 변리사, 마음 변호사, 고민 상담사, 공정 심판, 반 의원, 세무사 등)
★★★	- 다른 사람을 가르치는 경험을 통해 역지사지를 배울 수 있는 직업, 선의의 '인성 경쟁'을 통해 자신을 돌아볼 수 있는 직업을 추천합니다. (예 : 종이접기 선생님, 줄넘기 선생님, 수학 박사 등)

지적하는 아이

—

지적하는 아이들은 친구들의 실수에 대해 시시콜콜 말합니다. 흔히 고자질을 하는 아이라고도 하지요. 그런데 사실 이 아이들은 불안감이 심하고, 자신이 다른 사람에게 평가받는 것과 교사에게 사랑받지 못할 것에 대한 두려움을 품고 있는 경우가 많습니다. 그래서 스스로 완벽한 모습을 보여서 선생님께 칭찬과 인정을 받고 싶은 마음에 다른 친구들의 잘못을 지적하는 모습을 보이기도 합니다. 교사가 이 아이들의 지적하는 행동을 다른 친구를 험담하는 부정적인 모습으로 보고 지도하기 이전에 아이의 불안과 두려움을 다독여주며 도와주기 위해서 노력한다면, 아이는 좀 더 편안한 마음으로 다른 친구와의 관계에서 너그러움을 배울 수 있습니다.

지적하는 아이가 친구의 사소한 잘못을 고자질할 때 그 친구를 불러서 야단치는 것은 좋지 않습니다. 아이들이 가장 싫어하는 친구는 자신을 이르는 아이예요. 선생님께 나를 일러서 혼나게 만든다면 누가 그 사람을 좋아하겠어요. 아이가 친구의 사소한 잘못을 시시콜콜 이르거나 지적할 때는 아이의 이야기에 귀 기울이고 공감해주면서, 아이의 마음을 살펴주는 것으로 마무리해 주세요. 교사가 아이의 고자질과 지적하는 행동에 일일이 반응하고, 다른 아이를 불러 확인하는 과정은 두 아이 모두에게 도움이 되지 않습니다. 아이의 지적하는 행동에 초점을 맞추기보다, 지적하는 아이의 불안을 낮춰주는 데 집중한다면 어느새 아이는 친구들 속에서 잘 어울려 지내고 있을 거예요.

그런데 불안하지 않은데 여기저기 참견하며 지적하는 아이들이 있어요. 이 아이들은 다른 사람의 인정과 지지가 별로 중요하지 않아요. 자기 자신이 중요하죠. 그리고 자기 생각이 뚜렷해요. '이건 맞고, 이건 틀려'라는 판단의 기준이 있어요. 그래서 자신이 판단했을 때 잘못된 행동을 한 아이를 '평가'하며 지적과 비난의 말투로 참견하는 것이죠. 이런 아이들은 친구들 눈에는 잘난 척하는 아이, 남의 일에 끼어드는 아이, 따지는 아이로 보입니다. 이 아이에게는 자기 생각만이 옳다고 여기는 틀에서 벗어나서 다른 사람의 생각과 관점을 이해하고, 말투, 표정 등의 말하는 태도를 배우는 과정이 필요합니다. 따라서 친구들의 다양한 생각을 듣고, 상대방의 의견을 존중하는 태도로 자기 생각을 표현할 수 있는 직업놀이 활동이 내면의 성장을 이끄는 데 큰 도움이 됩니다.

지적하는 아이의 숨겨진 불안을 낮추고, 단짝 친구를 만들어주는 방법

1. 고자질, 거짓말에 담긴 불안감 읽어주기

새 학년이 되면 불안이 높은 아이들이 지적하는 행동과 함께 고자질과 거짓말을 하는 경우를 자주 봅니다. "선생님, 쟤 수학 시간에 낙서하고 딴짓했어요." 그리고 친구가 옆을 살짝 건드리고만 지나가도 "쟤가 제 어깨를 치고 지나갔어요. 어깨 너무 아파요."라고 말할 때도 있습니다. 이때 아이의 말 속에 담긴 불안감을 읽어주세요. 그건 사실 마음속에 친구에 대한 불안감이 높기 때문입니다. '저 애는 힘도 세고, 화가 나면 나에게 심한 말을 할지도 몰라.'라고 생각하는 것이죠. 아이들이 느끼는 불안의 이유는 다양합니다. 그리고 불안은 거짓말, 지적, 고자질과 같은 행동으로 나타날 때가 많습니다. 직업놀이를 시작하기 전에 먼저 아이의 불안한 마음을 살펴주세요.

2. 아이의 이야기에 귀 기울이기

불안을 낮춰줄 수 있는 가장 좋은 방법은 아이의 이야기에 귀를 기울여 주는 것입니다. 어제 있었던 일부터 아이가 하고 싶어 하는 다양한 이야기에 관심을 갖고 귀 기울여주세요. 교사가 아이와 친밀한 대화를 나눌 수 있는 직업놀이 활동으로 '비서팀'이 있습니다. 비서팀 활동을 통해 아이와 많은 이야기를 나눠주세요.

3. 친구들 속으로 들어가게 해주기

거짓말, 지적, 고자질과 같은 행동을 자주 하면 친구들과 사이가 틀어지게 되어 친구들 무리 속에서 잘 어울리지 못하게 됩니다. 이 아이들이 불안이 낮아지고, 친구들과 어울릴 준비가 된 뒤에 무리 속에 들어가게 해주세요. 그렇다고 억지로 아이의 등을 떠밀면 안 되겠죠. 직업놀이의 '비서팀'은 교사가 언제든 다른 직업놀이와 연합해줄 수 있는 활동입니다. 만약 '환경 지킴이' 인원이 부족하다 싶으면, "비서팀 나와서 환경 지킴이를 도와주세요."라고 할 수 있습니다. 이런 방법으로 여러 직업놀이에 자연스럽게 참여하며 친구들과 어울릴 기회를 만들어주세요. 그럼 그중에 자신을 받아주는 그룹을 스스로 찾게 될 거예요. 그때까지는 교사의 도움이 필요합니다.

4. 단짝 친구 만들어주기

지적하는 아이들은 친구가 없기 때문에 선생님 주변을 맴도는 행동을 보입니다. '선생님 바라기'가 되어 시시콜콜 친구들과 나눌 이야기를 선생님한테 털어놓아요. 친구들이 자신을 받아주지 않을 거라 생각하거든요. 그동안의 지적, 고자질 같은 행동으로 인해 친구들이 자신을 싫어한다고 생각하니까요. 그러다 자신을 받아주는 그룹을 찾으면 친구들과 함께 보내는 시간이 많아집니다. 이때 아이가 단짝을 만날 수 있도록 친구와 함께 활동할 수 있는 직업놀이를 만들어주세요. "너희 둘이 같이 디자이너 해볼래?"라고 제안한다면 아이는 이제 선생님 바라기에서 친구 바라기가 되어 조금씩 친구와 어울리는 방법을 배우게 될 거예요.

5. 비판적 사고능력을 키워주기

불안이 높은 경우 이외에 자기중심적인 생각으로 옳고 그름을 따지며 지적하는 아이를 대할 때는 우선 이 아이가 '논리적으로 생각하는 것을 좋아하는 아이', '어떤 일에 대한 사실을 다루고자 하는 아이'라는 이해가 필요합니다. 이런 아이들은 아직 어리기 때문에 '이건 이래서 이런 거예요.' 하고 자세하고 친절한 태도로 자신의 생각을 설명하지 못해서 비난이나 지적하는 것처럼 보일 때가 많습니다.

'비판적 사고력'은 '사물의 옳고 그름을 가리어 판단하거나 밝히는 것'으로 남의 잘못이나 결점을 책잡아서 나쁘게 말하는 '비난'과는 엄연히 다릅니다. 그런데 친구들의 입장에서는 아이의 지적하는 행동을 비난이라고 받아들이는 경우가 생기는 거죠. 사실 옳고 그름을 지적하고 따지는 아이는 주어지는 상황을 무조건 받아들이지 않고 비판적 사고를 할 수 있는 아이입니다. 독서나 토론을 통해 비판적 사고력을 키우는 것이 중요한 요즘, 아이의 따지는 행동을 부정적으로만 볼 게 아니라 아이가 가진 장점이 될 수 있도록 올바르게 키워주는 것이 중요합니다.

아이가 옳고 그름을 따지고 싶어할 때는 실컷 따져보는 대신 상대가 오해하지 않도록 기분 좋게 따지는 방법을 배울 수 있는 경험을 만들어주는 것이 중요합니다. 예를 들어 '학급 변리사'가 하는 중요한 활동은 '감정'하는 것입니다. 감정한다는 것은 사물의 특성이나 참과 거짓, 좋고 나쁨을 분별하여 판정하는 것을 말하거든요. 학급 변리사는 친구들의 다양한 생각과 의견을 감정합니다. 이 의견의 좋은 점과 나쁜 점을 분별하는 거죠.

가령 한 아이가 체육 시간에 축구를 하고 싶다는 의견을 냈습니다. 그러면 축구를 싫어하는 아이는 어떻게 해야 하나, 축구를 하다가 다칠 수도 있다, 다른 반도 운동장을 함께 사용하는데 그 문제는 어떻게 해결해야 하나 등 그 의견의 장점과 단점을 실컷 따지는 거죠. 이런 과정을 통해 따지는 행동보다 말투, 표정에서 느껴지는 태도로 인해 다른 친구들이 기분 나쁠 수 있다는 것을 배우게 됩니다. 자신의 말하기 태도를 돌아보게 되는 것이죠. 따라서 다른 친구를 무시, 비난, 지적하는 느낌으로 말하는 것이 아니라 타인의 의견에 대해 자신의 생각을 전하는 태도를 기르도록 지도하는 게 중요합니다.

아이들은 이렇게 달라져요!

남을 지적하고 허점을 들추는 행동은 '저 지금 불안해요.'라는 아이의 메시지입니다. 아이에게는 '괜찮아. 이 교실은 안전한 곳이야.'라는 안정감이 필요해요. 아이는 지금까지 자신이 친구들에게 한 지적, 고자질과 같은 행동이 나쁘다는 걸 알고 있기에 자신을 맘에 들어 하는 친구가 없다고 생각할 거예요. 그런데 자신을 받아주는 친구가 생기면 아이는 훨씬 편안해진 마음으로 불안함을 극복하기 시작해요. 아이가 단짝 친구를 사귀어갈 수 있도록 친구를 탐색할 기회를 만들어줄 수 있는 사람이 교사라는 것을 기억해주세요.

지적하는 정도	수진샘이 추천하는 직업놀이
★☆☆	– 자기중심적인 생각으로 옳고 그름을 따지며 참견하는 아이의 경우 친구들의 다양한 생각을 듣고 존중하는 방법을 배울 수 있는 직업, 다른 사람의 갈등을 중재하며 긍정적으로 참견할 수 있는 직업, 아이의 비판적 사고력, 꼼꼼함, 공정함 등의 장점을 지지해줄 수 있는 직업을 추천합니다. (예 : 학급 변리사, 학급 공무원, 학급 은행원, 학급 외교관, 홍보팀, 반 의원, 공정 거래 위원장, 공정 심판 등)
★★☆	– 친구들의 고민과 이야기를 귀담아듣고, 경청하고 공감해주면서, 다른 사람의 마음을 살피는 방법을 배울 수 있는 직업을 추천합니다. (예 : 마음 변호사, 고민 상담사 등)
★★★	– 불안이 높은 아이의 경우 교사가 자신을 평가하는 사람이 아니라 사랑과 관심으로 격려하는 사람이라는 믿음을 줄 수 있는 직업, 친구들과 함께 어울리는 기회를 자연스럽게 만들어주어 관계 속으로 들어가게 해줄 수 있는 직업을 추천합니다. (예 : 비서팀, 학급 군인, 디자이너, 뽑기 가게 매니저 등)

특수 아동

—

일반적으로 특수 아동을 '도와주어야만 하는 대상'으로 생각하기 쉽습니다. 물론 학급의 다른 아이들이 특수 아동을 도와주는 것도 필요하지만 그 반대로 특수 아동이 다른 친구들에게 도움을 주는 과정도 필요합니다. 교실 속 직업놀이를 통해 특수 아동이 교실에서 자신만의 직업을 가지고 다른 친구들에게 도움을 주는 역할을 하게 해주세요. 그러면 아이들은 특수 아동을 도움을 받는 아이가 아닌 나와 대등한 관계로 인식하게 됩니다.

이렇게 서로 도움을 주고받는 교육 활동은 학급의 모든 아이가 함께 어울려 살아가는 방법과 친구들에 대한 존중과 배려를 배울 수 있는 소중한 경험이 됩니다. 그리고 특수 아동과 학급의 친구들이 함께 어울려 지내며 협력하는 과정을 통해 친구들이 특수 아동 친구에 대한 호감과 매력을 느끼게 되고, 특수 아동 또한 다른 아이에게 도움을 주는 과정을 통해 도움을 주는 기쁨과 성취감은 물론 자신감과 자존감도 키울 수 있습니다.

특수 아동이 우리 반의 동등한 구성원임을 알려주는 방법

1. 아이가 좋아하는 것을 멋진 교실 속 직업으로 만들어주기

특수 아동이 좋아하는 것을 찾아주세요. 자폐 아동인 소정이의 경우에는 유관순을 좋아해서 혼잣말로 유관순에 관해 이야기할 때가 많았죠. 그래서 우리 반 '사회 박사'라는 직업을 갖게 되었고, 사회 수업을 시작할 때면 소정이가 유관순에 대해 말하는 이야기를 모든 친구가 들어주었어요.

또 소정이는 사람 얼굴을 그리는 것을 좋아해서 책이나 공책, 어디든 펜만 있으면 얼굴을 그렸어요. 그러다 우리 반 '화가'가 되어서 친구들 얼굴을 그려주기 시작했지요. 친구들이 다가가 "내 얼굴도 그려주라."라고 부탁하면 그 친구의 얼굴을 정성껏 그려줬습니다. 아이들은 고맙다고 표현하고, 소정이가 그린 작품을 교실 뒷 게시판에 전시해두었죠.

소정이가 좋아하는 또 하나의 일이 바로 문을 닫는 거예요. 뒷문이 열려있으면 어느새 달려가서 닫았지요. 그래서 우리 반의 '안전 보안관'이 되었어요. 이렇게 아이가 좋아하는 것을 멋진 직업으로 만들어주세요. 그리고 아이에게 화가님, 사회 박사님이라고 멋지게 불러주세요. 서로에 대한 존중은 친구의 이름을 어떻게 불러주느냐 하는 아주 작은 것에서부터 시작하니까요.

2. 친구들에게 도움을 줄 수 있는 역할에 '권한' 주기

아이들은 쉬는 시간이면 문을 열고 나가야 할 때 우리 반 '안전 보안관'인

소정이에게 "소정아, 뒷문 좀 열어줄 수 있어?"라고 부탁을 해야만 해요. 뒷문을 열고 닫는 권한이 소정이에게 있기 때문이죠. 또 우리 반의 '렌트 회사' 주인인 특수 아동 수율이는 '종이'에 대한 권한을 갖고 있어요. 아이들이 색종이, 도화지, 이면지 등 종이를 사용하기 위해서는 수율이에게 받아야 하거든요.

이렇게 특수 아동들이 자기만의 권한을 갖고 친구들에게 도움을 주기 시작하면 다른 친구들의 태도가 바뀌기 시작해요. 우리가 돕고 보살펴야만 하는 연약한 대상에서 자신에게 도움을 주는 '친구'라고 생각하기 시작한답니다. 작은 권한을 주는 것에서부터 존중이 시작된다는 것을 꼭 기억해주세요.

3. '고마워'라는 긍정적인 표현하기

특수 아동들은 지금까지 학교와 가정, 어디서든 사람들에게 "하지마세요."라는 부정적인 표현을 많이 들어온 아이들이에요. 이 아이들이 친구들에게서 "고마워. 네 덕분이야."라는 긍정적인 표현을 듣게 되면 당장 눈에 보이지는 않지만 아이들 마음속에 자신에 대한 믿음과 자신감이 생기기 시작할 거예요.

4. 아이의 장점을 지지하기

아이에게 권한을 줌으로써 서로 존중하는 태도를 갖도록 하는 것이 차가운 존중이라면, 아이의 장점을 끌어내서 매력과 호감을 더해줄 때 따뜻한 존중이 생기게 됩니다. 우리 반 자폐 아동은 웃는 모습이 예뻐서 주변 사람을 행복하게 하는 천사 같은 아이였어요. 그래서 반 아이들은 이 아이가 웃을 때 자신도 기분이 덩달아 좋아진다고 했죠. 또 다른 아이는 자신이 좋아하는 것에 놀라운 집중력과 성실함을 보였어요. 1년 동안 매일 통신문을 하루도 빠짐없이 배달해주는 모습에 다른 친구들은 성실하고 봉사심을 가진 이 아이의 장점을 보게 되었죠. 평상시에 분노 조절이 안돼서 소리를 지르는 일이 생기더라도 다른 아이들은 대수롭지 않게 생각했어요. 이 친구가 힘들 때 잠깐 그런 행동을 보일 수는 있지만 원래는 친구들에 대한 봉사심, 책임감, 성실함이 있는 좋은 친구라고 생각하니까요.

5. '눈 맞춤', '하이 파이브' 등의 비언어적 표현으로 소통하기

특수 아동은 장애 정도에 따라서 언어적 의사소통이 어려운 경우가 있습니다. 언어적 소통이 어려울 때는 비언어적 표현으로 소통해주세요. 친구들이 오가며 하이 파이브로 인사해주고, 인사를 나눌 때 친구와 눈을 맞추는 행동만으로도 "우리는 너에게 관심이 있어.", "넌 우리의 친구야."라는 메시지를 전달해 줄 수 있습니다. 말의 뜻을 이해하지 못한다고 해서 서로 마주쳤을 때 그냥 지나치는 것은 아이에게 무관심을 표현하는 행동입니다.

사람은 대화 도중에 말의 내용보다 상대의 태도, 몸짓과 말투 및 억양에서 많은 정보를 느낀다고 합니다. 언어로 소통이 어려운 아이라면 정말 작은 손짓, 눈짓, 시선, 표정, 고갯짓으로라도 아이가 느낄 수 있는 방법으로 소통할 수 있도록 해주세요. 그럼 이 아이들은 당장 말로 자신의 감정을 표현하기는 어렵지만 마음으로는 친구들의 관심과 사랑을 느낄 수 있을 테니까요.

아이들은 이렇게 달라져요!

특수 아동은 아이마다 장애의 정도와 상황이 다르기 때문에 아이의 변화를 단정지어 말하기는 어렵습니다. 그러나 중요한 것은 다른 아이들이 특수 아동을 피하는 대상으로 바라보며 무관심한 태도로 대하면 특수 아동의 불안감이 더욱 커진다는 것입니다. 반대로 다른 아이들이 특수 아동을 함께하는 친구로 바라보며 따뜻한 관심을 주고 함께 어울려 지내면 특수 아동의 불안감이 낮아

특수 아동에게 쓴 우리 반 친구들의 편지

지고 분명한 변화가 나타납니다.

　교사는 이 아이의 지난 학년, 이전의 모습을 모르기에 아이의 변화를 알아차리기 어려울 수 있습니다. 우리 반 특수 아동의 학부모님께서는 제게 "선생님, 올해는 작년보다 아이가 밤에 잠도 푹 자고, 소리 지르는 횟수도 많이 줄었어요. 아이 마음이 편안해지니까 가족 모두가 편안함을 느끼고 있어요."라는 말씀을 해주셨습니다. 사실 직업놀이 교실에서 특수 아동의 불안감이 낮아지는 것은 특수 아동이 달라졌기 때문이라기보다는 그 아이를 대하는 다른 아이들의 마음과 태도가 달라졌기 때문입니다. 그로 인해 아이가 학교생활과 친구들 속에서 편안함을 느낄 수 있었던 것이지요. 이처럼 학급의 아이들이 서로에게 관심을 갖고 존중하는 태도를 지니게 될 때 모두가 편안하고 행복한 교실이 되고, 너그럽고 따뜻한 사람으로 함께 성장하게 됩니다.

모두에게 맞는 정답은 없다

—

　아이들은 한 가지 특성으로 정의 내릴 수 없습니다. 산만하면서 공격적이기도 하고, 소심하면서 느리기도 하고, 이기적이면서 공격적이기도 하지요. 제가 고안한 60가지 직업놀이가 다른 반에 똑같이 적용될 수 없는 이유도 모든 아이의 기질과 특성, 흥미와 장점이 다르기 때문입니다. 그래서 교사가 우리 반 아이들 한 명 한 명의 특성을 잘 파악하는 것이 중요합니다. 여기서는 아이들의 특성에 맞춰 유연하게 운영할 수 있도록 가장 두드러지게 나타나는 핵심적인 특성을 기준으로 아이들의 유형을 구분했지만, 직업놀이에 정답은 없습니다. 마치 블록놀이에서 필요한 블록을 골라 나만의 새로운 블록을 쌓는 것처럼 우리 반 아이들의 특성을 고려하여 탄력적으로 운영하시기를 권합니다.

꿈과 자존감을 키우는
행복한 학급 운영

PART 2
교실 속 직업놀이 3단계

교　실 속 직업놀이는 모든 아이의 자존감을 높여주고, 함께 어울려 지내며 협력하는 방법을 배워서 학급의 작은 일부터 학급 행사에 이르기까지의 전 과정을 스스로 이끌어갈 수 있는 주도적인 사람, 그리고 새로운 변화를 두려워하지 않고 용기를 갖고 도전해 나갈 수 있는 사람으로 자라게 하는 것이 목표인 교육 활동입니다. 그러나 걷지 못하는 아이에게 뛰어보라고 할 수 없듯이 교실 속 직업놀이는 아이들이 혼자 힘으로 걸을 수 있도록 나의 자존감을 세우는 단계부터 시작해서 아이들의 성장 및 발달 과정에 맞춰 3단계로 확장되어 운영됩니다.

1단계인 '자존감을 세워주는, 성장하는 직업놀이'는 나를 세우는 활동입니다. 내가 먼저 혼자 힘으로 바로 설 수 있어야 다른 사람과 어울려 지낼 수 있습니다. 내가 나를 사랑해야 남도 사랑할 수 있는 사람이 됩니다. 따라서 자존감을 세워주는 직업놀이에서는 아이 한 명 한 명에 집중합니다. 그리고 아이가 가진 기질과 특성에 맞는 직업놀이를 통해 아이가 자신의 모습을 긍정적으로 바라볼 수 있도록 도와줍니다. 내성적이고 소극적인 아이라면 친구가 먼저 다가오는 '마음 의사', '바리스타'와 같은 직업놀이를 통해 아이의 자신감을 키워주고, 산만해서 몸 움직이기를 좋아하는 아이라면 '학급 군인', '스포츠 선생님' 등의 직업놀이를 통해 아이가 에너지를 발산하도록 도와주며 아이의 장점을 찾아 격려해줍니다. 아이들은 자신이 선택한 다양한 직업놀이에 참여하면서 학교에 적응하고, 친구들의 인정과 지지를 받으며 자존감을 높여갑니다.

2단계인 '소통과 배려를 배우는, 협력하는 직업놀이'는 같은 직업을 가진 친구 3~4명이 소그룹으로 모여서 협력을 배우는 활동입니다. 1단계에서 자신감을 얻은 아이들이 같은 직업을 가진 친구들과 모여서 토론과 토의를 통해 서로의 생각을 이해하고, 협력하는 즐거움을 느끼며 타인에 대한 배려를 배우는 경험을 할 수 있습니다. 예를 들어 1단계의 직업놀이에서 '마음 의사'가 된 아이가 아픈 친구를 치료해주는 활동을 했다면 2단계에서는 같은 의사 친구들 3~4명과 모여 '치료 매뉴얼 제작하기', '안전 교육' 등의 협력 활동을 진행합니다. 1단계의 '학급 은행원'이 친구들에게 월급을 나눠주는 활동을 했다면 2단계에서는 같은 은행원이 3~4명 모여 '낡은 화폐 정리하기'와 같은 직업별 협력 활동을 합니다. 이 과정에서 아이들은 어떻게 소통하고, 상대를 배려해야 하는지를 배우게 됩니다.

같은 직업을 가진 아이들이 모여 소그룹 협력 활동을 하다보면 자연스럽게 갈등이 생기게 됩니다. 이러한 갈등을 아이들 스스로 해결할 수 있도록 '마음 변호사', '반 의원', '공정 거래 위원장', '반 청장' 등의 학급 자치 기구 역할을 하는 새로운 직업놀이가 2단계에서 시작됩니다. 또한 2단계에서는 '수학 박사', '창의 작가', '아나운서', '학급 기자' 등의 교과 관련 직업놀이가 추가됩니다. 교과 시간은 학급 전체 아이들과 생각을 나누고 토의하는 활동이 주가 되어야 합니다. 따라서 교과 관련 직업놀이는 아이들끼리 충분히 관계 형성이 되고, 자신감이 없는 아이들도 자신감을 키운 후에 진행되는 2단계 직업놀이에서 시작하는 것이 좋습니다.

3단계인 '도전과 용기를 배우는, 성취하는 직업놀이'는 다양한 직업을 가진 아이들이 5~15명 이상 모여 프로젝트팀을 만든 뒤 학급 행사를 스스로 만들어가는 활동입니다. 예를 들어 학기 말 학급 행사로 학급 캠핑을 운영한다면 캠핑 자료를 제작하는 '디자이너', 캠핑 때 짐을 나르는 '학급 군인', 음악을 선정하는 '음악 DJ' 등 다양한 직업군의 아이들이 모여서 학급 캠핑을 함께 준비합니다. 이때 학급 행사에 빠질 수 없는 공연을 위해 '가수', '댄서', '카메라 감독'과 같은 다양한 직업군이 새로 생기게 됩니다. 2단계 직업놀이에서 같은 직업끼리 소그룹으로 모여 협력하는 방법을 배운 아이들은 3단계 직업놀이에서 스스로 학급 행사 목표를 세우고, 학급 전체 아이들과 함께 학급 행사를 주도적으로 이끌어 가게 됩니다.

60가지 직업놀이표

번호	직업종류	활동 방법
1	바리스타	· 우유 등을 이용해서 음료 만들기
2	마음 의사	· 가벼운 상처 치료, 보건실 동행 담당
3	비서팀	· 선생님을 돕는 활동
4	디자이너	· 학급에 필요한 것을 제작하고, 학습 준비물 대여 및 반납
5	학급 공무원	· 각종 신청서 및 학습지 수합 등의 행정 업무
6	학급 변리사	· 우리 반을 행복하게 하는 다양한 아이디어를 모으고 분별하기
7	학급 은행원	· 학급 화폐를 발행하고, 월급으로 화폐를 지급
8	학급 외교관	· 심부름, 다른 반과의 다툼 중재하기, 세계에 관한 정보 나누기
9	뽑기 가게 매니저	· 뽑기 기계를 이용해서 간식 등을 판매
10	탐정	· 분실물 찾기

11	학급 군인	· 보초 서기, 힘쓰는 일 담당
12	환경 지킴이	· 교실 및 복도 청소, 분리수거
13	성장 지킴이	· 우유 배달 및 정리
14	건강 지킴이	· 급식 준비 및 정리
15	에너지 지킴이	· 에너지 절약 담당, 전등 및 에어컨 끄기
16	시간 지킴이	· 수업 및 쉬는 시간 알려주기
17	안전 보안관	· 복도와 교실의 질서와 안전 및 문단속 담당
18	칠판 관리사	· 칠판 닦기 및 칠판에 붙이는 안내문 관리
19	세스콤	· 교실에 출몰한 벌레 잡기 및 교실 방역과 소독 담당
20	렌트 회사	· 학급 공용 물품을 빌려주고 관리하기
21	음악 DJ	· 신청곡을 접수받아서 선곡하기
22	정리 컨설턴트	· 친구들이 사물함, 책상 서랍 등을 정리할 때 도와주기
23	엔지니어	· 고장 난 물건 고쳐주기 (예 : 연필깎이 등)
24	스포츠 선생님	· 준비 및 정리체조, 체육 물품 준비 및 정리
25	스포츠 기획자	· 체육 수업 관련 스포츠 게임 기획
26	홍보팀	· 다양한 직업놀이 이벤트가 있을 때 홍보해주기
27	사서 선생님	· 학급 문고 대출 및 반납 담당
28	아이템 관리자	· 아이템 관리 담당
29	우편 배달원	· 학급 편지 및 학교 유인물 배달
30	식물 관리사	· 학급 화분 등 식물 키우기 및 관리 담당
31	공정 심판	· 보드게임 대여 및 규칙 안내, 공정한 심판 역할 담당
32	고민 상담사	· 친구들의 마음 이야기, 고민 들어주기
33	마음 변호사	· 친구의 이야기에 공감하고 경청하기, 소소한 다툼 해결을 돕기
34	반 의원	· 학급 문제에 대해 토의 및 토론하는 비공식 미니 학급 회의 담당
35	반 청장	· 직업놀이와 관련해서 발생하는 문제 등 직업놀이 관련 업무 담당

36	세무사(국세청장)	· 세금 관리 및 운영
37	공정 거래 위원장	· 직업놀이 자치 기구 운영 및 문제와 갈등의 해결을 돕기
38	수학 박사	· 수학 학습 설명 및 토의, 수학 익힘책 등 채점 및 설명
39	사회 박사	· 사회 학습 설명 및 토의, 사회 퀴즈 만들기
40	과학 박사	· 과학 실험 안내 및 토의, 과학 퀴즈 만들기
41	종이접기 선생님	· 초급, 중급, 고급반 클래스 담당
42	컴퓨터 선생님	· 초급, 중급, 고급반 클래스 담당
43	줄넘기 선생님	· 초급, 중급, 고급반 클래스 담당
44	배드민턴 선생님	· 초급, 중급, 고급반 클래스 담당
45	아나운서	· 소리 내어 교과서 읽기 및 정보 전달하기
46	동화책 선생님	· 동화책 소리 내어 읽어주기
47	학급 기자	· 학급 신문 기사 쓰기 및 신문 발행
48	캘리그라피 작가	· 학급 급훈 및 학급 안내문 등 손 글씨 쓰기
49	일러스트 작가	· 친구들 캐릭터 및 일러스트 그리기
50	만화가	· 만화 그리기 및 만화 연재하기
51	소설가	· 창작 소설 쓰기 및 소설 연재하기
52	파티 플래너	· 파티 기획, 준비 및 운영하기
53	경매사	· 경매 파티 준비 및 진행하기
54	가수	· 음악 시간 및 학급 행사 공연에서 노래 담당
55	댄서	· 학급 행사 공연에서 댄스 담당
56	개그맨	· 학급 행사 공연에서 개그 관련 공연 기획 및 공연하기
57	연주가	· 음악 시간 및 학급 행사에서 악기 연주하기
58	카메라 감독	· 사진 및 영상 촬영, 편집
59	MC	· 학급 행사에서 사회보기
60	지휘자	· 음악 시간 및 학급 행사에서 노래 부를 때 지휘하기

자존감을 세워주는,
성장하는 직업놀이

—

가장 먼저 나 자신을 세우는 단계입니다.
내가 혼자 힘으로 바로 설 수 있어야
다른 사람과 어울리는 방법을 배울 수 있으니까요.
아이들은 다양한 직업놀이에 동시에 참여하며
자신이 좋아하는 것, 하고 싶은 것을 스스로 선택합니다.
이렇게 1단계 직업놀이를 통해 자신감을 키운 아이들은
점차 자존감도 높아집니다.

1. 바리스타

바리스타는 음료수를 만드는 역할입니다. 아이들이 좋아하는 음료를 만드는 활동이기 때문에 많은 친구들이 적극적으로 다가와 먼저 말을 건네며 따뜻하고 친절하게 대해줍니다. 그리고 간단한 의사소통(응, 아니, 고갯짓)으로 대화할 수 있어 선택적 함구증을 앓거나, 지나치게 소심하고 움츠린 아이에게 직업으로 추천할 수 있습니다.

준비물 앞치마, 바리스타 명찰, 음료 메뉴판, 주문서, 각종 음료 및 도구(머들러, 스푼, 컵 등)

놀이 방법

1 바리스타의 유니폼인 앞치마를 입습니다.
2 판매하는 음료 메뉴판을 게시합니다.
3 쉬는 시간에 음료 주문을 받고 음료를 제조합니다.
4 음료를 제조할 때는 가루가 잘 섞이도록 여러 번 잘 저어줍니다.
5 음료가 준비되면 해당 주문 번호를 부릅니다.

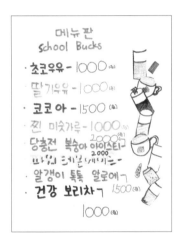

- 선택적 함구증의 경우 초반에는 아이들이 바리스타에게 주문서를 제출하게 하고, 음료가 완성된 후에 교사가 한 명씩 이름을 불러 찾아가게 하는 방법 등으로 도와줍니다.

- 메뉴판은 디자이너, 창의 작가인 아이들이 제작해줍니다.
- 음료를 받아갈 때는 "○○아, 고마워. 잘 마실게."라고 감사의 인사를 표현 하도록 지도합니다.
- 바리스타의 유니폼인 앞치마를 착용하게 합니다. 앞치마 착용은 음료를 제 조하면서 쏟는 것을 대비하고, 바리스타다운 멋진 느낌을 살려주기 위함입 니다.
- 음료를 쏟는 등의 돌발 상황이 발생할 수 있기 때문에 처음에는 교사와 가 까운 곳에 보조 책상으로 카페를 만들어주는 것이 좋습니다. 교사가 아이 들에게 문제 상황을 해결하는 방법을 충분히 가르쳐준 후에 아이들이 자기 자리에서 스스로 해결할 수 있도록 안내합니다.
- 일회용 컵보다 개인용 물병이나 개인 컵을 사용하도록 지도합니다. 떨어뜨 려도 깨지지 않는 플라스틱 컵을 사용하는 것이 좋습니다.
- 카페 이름 공모전을 통해 학급 카페 이름을 함께 정하는 것을 추천합니다.
- 학급 카페를 시작할 때 우리 반 아이들이 좋아하는 음료를 조사하여 학급 운영비로 넉넉하게 준비해둡니다. 미숫가루, 복숭아맛 & 레몬맛 아이스티, 이온 음료, 코코아, 발포 비타민, 과일 주스, 탄산수 등이 좋습니다.

- '파티쉐'는 과자를 이용해서 맛있는 간식을 만들어주는 직업입니다. 바리스 타와 파티쉐 직업놀이를 함께 운영하는 것도 좋습니다.

2. 마음 의사

마음 의사는 환자의 아픈 곳을 치료해줍니다. 치료받고 싶은 아이들이 의사에게 다가오게 되어 자연스럽게 친구들과 대화의 물꼬를 틀 수 있으므로 소심한 아이, 내성적인 아이에게 추천하는 직업입니다. 또한 아픈 친구를 치료해주면서 다른 사람의 처지를 이해하는 경험을 할 수 있어 친구의 마음을 공감하고 배려하는 경험이 필요한 이기적인 아이에게도 직업으로 추천합니다.

준비물 의료 상자, 마음 의사 명찰, 병원 간판, 치료 일지

놀이 방법

1 의사의 치료용품이 들어 있는 의료 상자를 준비합니다.

2 병원 오픈 시간을 알립니다. "안 아파 병원 오픈했습니다."

3 남학생은 남자 의사, 여학생은 여자 의사에게 진료를 받게 합니다. 소매를 걷어 올리는 등의 일이 있기 때문에 같은 성별로 의사를 정해주는 것이 좋습니다.

4 의사는 상처를 치료해주고, 치료 후에는 치료 일지를 작성합니다.

5 보건실에 가야 하는 경우에는 담임 선생님께 말씀 드리고 보건실에 동행합니다.

- 마음 의사 직업놀이의 목적은 아픈 곳을 치료해주는 것뿐 아니라 아이들이 서로 대화할 수 있는 기회, 자연스럽게 어울릴 수 있는 경험을 만들어주는 것입니다.
- 의료 상자에는 반창고, 소독약, 모기약, 파스, 상처에 바르는 연고 등 간단한 치료용품을 구비하여 둡니다.
- 마음 의사가 치료할 수 있는 경우와 보건실에 가야 하는 경우를 구분하여 안내합니다. 눈에 보이는 가벼운 상처(모기에 물려서 가려울 때, 교과서에 손가락이 베어서 따끔거릴 때 등)는 마음 의사가 치료해줄 수 있지만 배가 아플 때, 머리가 아플 때, 열이 날 때, 심하게 넘어졌을 때 등의 경우에는 담임 선생님께 이야기하고 보건실에 다녀오도록 지도합니다.

3. 비서팀

비서는 선생님 곁에서 선생님을 보좌하고 학급에서 사용하는 칭찬표나 시간표 등을 관리하는 역할을 담당합니다. 칭찬표를 받거나 선생님께 물어볼 내용이 있을 때 다른 친구들이 먼저 비서인 아이에게 다가오게 되고, 교사가 아이를 곁에서 수시로 살펴볼 수 있어 소극적이고, 내성적인 아이, 움츠린 아이에게 직업으로 추천합니다.

> **준비물** 비서 명찰, 비서 일지, 칭찬표

놀이 방법

1 비서 책상을 교사 가까이에 준비합니다.

2 비서 명찰을 착용하고, 비서 책상에 앉아서 비서 일지를 준비합니다.

3 비서 일지에 오늘의 시간표, 날짜, 오늘 제출할 것 등을 기록합니다.

4 친구들은 비서에게 칭찬표를 받아갑니다.

5 쉬는 시간 틈틈이 칭찬표 관리, 시간표 관리 및 선생님을 돕는 활동을 합니다.

- 학급에서 교사의 도움이 필요한 아이 1명, 도움을 줄 수 있는 아이 1명을 팀으로 묶어 비서팀으로 임명합니다. 이때 도움을 줄 수 있는 아이로는 친구들과 잘 어울리거나 마음이 따뜻한 아이가 좋습니다.

- 직업놀이의 비서팀이 기존의 역할 활동과 다른 점은 1명이 아닌 2명이 팀으로 활동한다는 점입니다. 비서팀은 똑똑한 아이가 교사를 보좌하기 위해 존재하는 것이 아니라 마음이 닫혀서 꼭꼭 숨으려는 아이를 도와주고, 밝게

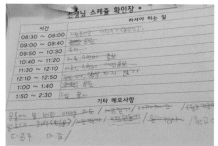

이끌어주는 것이 목적입니다.

- 아이들이 눈치채지 못하게 랜덤으로 비서팀을 구성하면서 내성적인 아이, 움츠린 아이가 마음에 맞는 친구를 사귈 수 있는 기회를 주는 등 교사의 세심한 관찰과 조율이 필요합니다.

- 비서가 담당하는 일은 딱히 정해진 것이 없으니 교사의 학급 운영 방식에 따라서 아이가 심리적으로 편안하게 할 수 있는 활동으로 정해주는 것이 좋습니다.

- 비서팀 전용 사무실을 교사 옆에 만들어주고, 아이 가까이에서 아이의 감정을 세심히 살펴보는 것을 추천합니다.

- 종종 아이들이 선생님께 전달할 내용을 비서에게 접수하면 긴급한 사항은 바로 교사에게 전달하고, 간단한 일은 비서가 직접 해결하도록 하여 직업에 대한 보람을 느낄 수 있도록 합니다.

4. 디자이너

디자이너는 학급에 필요한 것을 제작하고, 학습 준비물을 대여 및 반납하는 활동을 담당합니다. 교실에서는 아이들이 무리 짓기를 하며 자기들끼리의 그룹을 만들고, 누군가의 뒷이야기를 하며 오해와 갈등이 깊어지는 일이 종종 생기기도 합니다. 그럴 때 아이들이 좋아하는 미술 활동을 통해 다양한 친구들과 자연스럽게 어울릴 수 있는 기회를 만들어줄 수 있습니다. 무리 짓기를 하는 아이들, 교우 관계에 어려움이 있는 아이들의 직업으로 추천합니다.

> **준비물** 아트 박스, 디자이너 명찰

놀이 방법

1 디자이너의 활동에 필요한 아트 박스를 준비합니다.
2 학급에 필요한 다양한 만들기 작업 활동을 합니다.
3 작업에 따라 오리는 팀, 붙이는 팀 등 작업팀을 나누어 활동합니다.
4 자료실에서 미술 준비물을 가져오거나 미술 작품을 게시합니다.

- 디자이너가 작업을 할 때 내성적인 아이, 소극적인 아이를 다른 아이들과 함께 작업할 수 있도록 그룹을 만들어주면 좋습니다. 특히 뭉치는 그룹이 다른 아이들을 자연스럽게 같은 작업팀으로 만들어주면 아이들은 만들기 작업을 함께하면서 서로의 관심사를 공유하며 조금씩 친해지기 시작합니다.
- 디자이너는 아이들이 좋아하는 미술 활동을 통해서 폭넓은 교우 관계를 만

들어가도록 도와줄 수 있는 좋은 직업
놀이입니다. 그래서 가위질을 잘 못해
도 누구나 디자이너가 될 수 있도록 지
지해주는 것이 좋습니다. 가위질을 못
하는 아이에게는 풀칠부터, 풀칠도 어
려운 아이에게는 오려온 종이를 분류하
는 활동부터 하도록 해서 아이가 할 수
있는 단계부터 시작하도록 도와줍니다.

- 저학년은 가위로 오리는 것도 어렵기
  때문에 오리기, 붙이기, 만들기 등 작업
  순서에 따라 역할을 세분화해주고, 각
  자 하고 싶은 것을 스스로 선택하게 해
  주는 게 좋습니다.

- 디자이너만의 특별한 자부심을 느끼게
  해주는 아트 박스를 만들어주면 놀이
  활동에 흥미가 높아집니다. 아트 박스
  는 풀, 가위, 자, 색종이 등 기본 작업 도
  구들로 구성되어 있습니다. 학기 초에
  새 학용품을 활용해서 아트 박스를 만
  들어주고, 디자이너 작업을 할 때만 이
  용할 수 있게 해주면 아이들이 소중하
  게 관리합니다.

5. 학급 공무원

학급 공무원은 각종 신청서를 수합하는 역할을 담당합니다. 신청서를 제출하기 위해서 공무원인 아이에게 다가오게 되므로 소심한 아이에게 추천합니다. 또한 신청서를 수합하고, 출석 번호 순서대로 확인하고 정리하는 활동은 꼼꼼한 모습을 장점으로 세워줄 수 있어 친구들 눈에 참견하고 지적하는 모습으로 비춰져 교우 관계에 어려움을 겪는 아이에게도 직업으로 추천할 수 있습니다.

> **준비물** 학급 명렬표, 학급 공무원 명찰, 바구니

놀이 방법

1 학급 공무원 명찰과 학급 명렬표를 준비합니다.
2 학급 공무원은 신청서를 정리할 바구니를 놓아두고 신청서를 수합합니다.
3 학급 명렬표를 보고 출석 번호 순서로 정리합니다.
4 신청서, 안내문 등을 낸 사람과 안 낸 사람으로 나누어 체크한 뒤 선생님께 전달합니다.

- 신청서를 걷는 동안 종종 갈등이 생기기도 하므로 소심한 아이, 내성적인 아이가 학급 공무원 직업놀이를 하고 싶어 할 때는 교사가 갈등 상황을 직

접 해결하며 도움을 주는 과정이 필요합니다. 점차 친구들과의 의사소통이 익숙해지기 시작하면 자기 생각을 표현할 수 있는 기회를 단계적으로 열어줍니다. 그래야 아이가 대화를 나누고, 갈등을 해결하며, 생각을 전달하는 방법을 스스로 배워갈 수 있습니다.

- 성격이 꼼꼼한 아이 두 명을 학급 공무원 팀으로 정하면 처음에 갈등을 일으킬 수 있습니다. 따라서 너그러운 아이와 꼼꼼한 아이 두 명을 한 팀으로 정해주고, 꼼꼼한 아이에게는 명단을 체크하는 등 좀 더 세심함이 필요한 역할, 너그러운 아이에게는 신청서를 수합하는 역할을 주는 것이 좋습니다.

- 신청서를 수합하는 과정에서 다른 친구들에게 명령, 지적, 비난 등의 행동을 하지 않도록 지도합니다. 수합물에 따라서 개인 정보가 노출되는 경우도 있으니 사전에 교사가 수합물의 종류를 꼼꼼히 확인하는 것이 필요합니다.

- 출입문에 대봉투를 붙여두고 아이들이 직접 제출하게 하기, 수합물 바구니를 들어오는 입구에 놓기 등 공무원이 수합물을 걷기 위해서 제시하는 다양한 아이디어를 존중하고 직접 실천해볼 수 있도록 합니다.

6. 학급 변리사

학급 변리사는 아이들의 다양한 생각을 모으고 분별하는 역할을 담당합니다. 다른 사람의 입장을 생각해보는 힘을 키울 수 있어 자기중심적인 생각을 지닌 아이, 따지기 좋아하는 아이에게 추천하는 직업입니다. 혹은 평소 엉뚱해서 친구들에게 놀림을 받던 친구가 변리사 활동을 하면 반 친구들이 엉뚱한 면을 창의적인 모습으로 받아들이면서 자연스럽게 교우 관계가 좋아지기도 합니다. 또 교실 안에서 하고 싶은 활동이 있는 친구들이 먼저 변리사인 아이에게 다가오게 되고, 교사와 수시로 의견을 나누는 활동이기 때문에 친구가 먼저 다가와 말을 걸면 자기 생각을 표현할 수 있는 소심한 아이에게도 추천할 수 있습니다.

> **준비물** 학급 변리사 일지, 사무소 간판, 학급 변리사 명찰

놀이 방법

1 변리사 일지와 사무소 간판을 준비합니다.

2 틈새 시간을 이용해서 변리사 사무소를 오픈합니다.

3 친구들의 다양한 생각과 의견을 신청받습니다.

4 다양한 아이디어 중에서 최종적으로 우리 반 모두를 행복하게 할 아이디어를 선택합니다.

- 학급 변리사 직업놀이에서는 아이들이 어떤 아이디어를 내는지가 중요합니다. 교사가 '우리 반을 행복하게 하는 아이디어'라고 주제를 정하면 '만약 A라는 이벤트를 했을 때 소외되는 친구는 없는지, 오히려 친구 사이를 나빠지게 하는 건 아닌지' 등을 생각해보고, 모두가 행복해지는 아이디어를 선택하도록 안내합니다.

- 변리사는 친구들의 다양한 생각을 귀담아 듣고, 아이디어를 '선택'하는 활동입니다. 친구들의 모든 아이디어를 접수하고 그에 대한 다양한 질문들을 통해 여러 가지 관점, 깊은 생각을 이끌어내는 것을 도와줍니다. 가령 친구가 마니또 행사를 하고 싶다고 의견을 내면 "마니또 행사를 하면 용돈을 너무 많이 쓰지 않을까?"라고 한번 더 생각해볼 수 있도록 도와주는 역할입니다.

- 평소 교사에게 "이거 하고 싶어요!"라고 수시로 말하는 아이들에게 학급 변리사 활동의 기회를 주면 교사도 마음의 여유가 생깁니다. 그리고 변리사 활동을 하는 아이도 많은 친구들의 생각을 들으면서 '이런 문제점이 있구나!' 하고 다양한 관점을 통해 다른 친구들의 입장을 이해하는 법을 스스로 배울 수 있게 됩니다. 의견을 제시하는 아이들도 변리사 친구가 자신이 낸 아이디어의 문제점에 대해 다양한 관점을 제시하고 함께 토의하는 과정을 통해 생각의 폭을 넓힐 수 있습니다.

- 학급 변리사 직업놀이의 목적을 안내하고, 말투와 억양에 대한 지도를 해야 합니다. 반대를 위한 반대가 아니라 우리 반 모두를 행복하게 하는 아이디어를 찾기 위한 건전한 토의 및 토론이기 때문에 친구의 의견에 대해 반대하는 마음이 아닌, 궁금한 것을 물어보는 태도로 친절하게 말하는 것의 중요성을 알려주는 것이 좋습니다.

7. 학급 은행원

학급 은행원은 학급 화폐를 발행하고, 월급으로 화폐를 지급하는 역할을 담당합니다. 학급 화폐를 월급으로 받아가기 위해 친구들이 은행원인 아이에게 수시로 다가오게 되므로 소극적인 아이에게 추천합니다. 또한 월급을 확인하고 화폐를 관리하는 활동은 정확하고 공정한 모습을 장점으로 세워줄 수 있어 옳고 그름을 따지는 모습으로 교우 관계에 어려움을 겪는 아이에게도 직업으로 추천할 수 있습니다.

> **준비물** 학급 화폐, 학급 금고, 학급 은행 간판, 학급 은행 도장, 학급 은행원 명찰

놀이 방법

1 학급 금고와 학급 은행 도장 등을 준비합니다.
2 학급 화폐를 발행합니다. 발행한 화폐에는 위조 지폐 방지를 위해 도장을 찍습니다.
3 찢어진 화폐, 뒤죽박죽 섞여 있는 화폐 정리하기 등 학급 금고를 수시로 관리합니다.
4 직업놀이를 한 아이에게 월급으로 학급 화폐를 지급합니다. 통장을 사용할 경우에는 통장에 확인 도장을 찍어줍니다.

- 학급 은행원은 성실함, 책임감, 꼼꼼함 등을 격려해줄 수 있는 활동입니다. 따라서 소심한 아이, 내성적인 아이, 자신감 없는 아이들이 은행원 활동을 할 때는 내면의 장점을 격려해줌으로써 자신감을 키워줄 수 있습니다.
- 학급 은행원은 친구에게 월급을 주면서 친구가 한 일을 검사하고 확인하는

역할이 아니라 친구가 월급 계산을 어려워할 때 도와주거나, 친구가 노력한 것을 따뜻하게 격려하는 역할임을 알려줍니다.

- 은행원을 맡은 아이는 꼼꼼하고, 정확한 일 처리를 해야 하기 때문에 다른 아이들과 갈등을 일으키는 일이 종종 발생합니다. 이럴 때 은행원 역할을 하면서 친구들과 소통하는 방법, 융통성 있게 문제를 해결하는 방법, 사고의 유연성 등을 배울 수 있도록 교사가 도와주는 게 중요합니다. 문제 상황이 생겼을 때 아이들의 잘잘못을 따지기보다는 아이들과 대화로 해결하기, 실수는 웃으며 넘겨주기 등 유연하게 문제 상황에 대처하는 교사의 모습이 아이들에게 가장 큰 교육이 된다는 것을 기억해주세요

8. 학급 외교관

학급 외교관은 다른 반 심부름이나 다른 반과의 다툼이 발생했을 때 해결을 돕는 역할, 세계에 관한 정보를 나누는 일 등을 담당합니다. 이곳저곳의 일에 건전하게 참견할 수 있는 활동이기 때문에 다른 사람의 관심을 받고 싶어 하거나, 오지랖이 넓은 아이에게 추천하는 직업입니다.

> **준비물** 학급 외교관 일지, 학급 외교관 명찰

놀이 방법

1 학급 외교관 명찰을 착용하고 외교관 일지를 준비합니다.

2 쉬는 시간 틈틈이 다른 반 심부름 활동을 합니다.

3 우리 반과 다른 반 사이의 다툼은 없는지 살핍니다.

4 다른 반 아이들과의 소소한 다툼이 생기면 다툼 해결을 돕기 위한 활동을 합니다.

- 참견하기 좋아하는 아이가 자신이 가진 에너지를 다른 친구의 다툼을 부채질하는 나쁜 참견이 아닌, 다른 사람의 갈등을 해결해주는 좋은 참견으로 긍정적으로 발산하도록 도와줘야 합니다. 또한 갈등을 중재할 때 한쪽의 편

을 드는 것이 아니라 서로 다른 입장을 중재하도록 이끌어주는 것이 중요합니다.

- 학급 외교관은 다른 반 아이들과 다툼이 있을 때 조사하는 역할을 하는데 이때 조사에서 끝내는 게 아니라 분쟁을 해결하는 과정까지 참여하는 게 중요합니다. 참견하기 좋아하는 아이들은 넓은 오지랖으로 다른 반에 아는 친구들도 많기 때문에 교사가 모르는 아이들만의 다양한 정보를 알고

있는 경우도 있습니다. 또한 분쟁을 해결하는 과정을 통해 다른 사람의 입장을 이해하고, 자기중심적인 생각에서 벗어나 상대방의 의견에 귀를 기울이는 방법도 자연스럽게 배울 수 있습니다.

- 학급 외교관에 대한 자긍심을 높여주기 위한 방법으로 1학년부터 6학년까지 모두 쉽게 참여할 수 있는 재미있는 외교관 시험을 운영할 수 있습니다. 예를 들어 "컴퓨터실은 어디에 있나요?" 같은 문제를 맞추게 합니다. 선발을 위한 시험이 아니기 때문에 모두 통과하게 되지만, 이를 통해 더욱더 책임감과 자부심을 갖고 의젓하게 외교관 활동을 하게 됩니다.

- 교사는 학급 외교관으로 뽑힌 아이에게 인사하는 법, 노크하는 법, 걷는 방법 등을 차근차근 알려주는 것이 좋습니다. 그 이유는 외교관의 품위에 대해 배우면서 자신의 행동과 말투를 좀 더 의젓하게 하기 위해 노력하기 때문입니다. "외교관은 우리 반의 얼굴이에요. 그러니 외교관의 품위를 지켜

서 예의 바르게 행동을 한다면 더욱 좋겠지요."라는 교사의 말 한마디에 6년간 고쳐지지 않던 뛰어다니는 습관도 스스로 고치려고 노력하는 아이도 볼 수 있었습니다.

- 세계에 관심이 많은 아이에게도 학급 외교관 직업놀이를 추천할 수 있습니다. 자신이 관심 있는 세계 이야기에 관한 클래스를 열고, 세계 소식을 전해줄 수 있는 시간을 마련해줍니다.

9. 뽑기 가게 매니저

뽑기 가게 매니저는 학급의 간식이나 선물을 뽑기 기계를 이용해서 판매하는 역할을 담당합니다. 먹을 것은 모든 아이의 관심사이므로, 아이가 뽑기 기계를 갖고만 있어도 학급의 모든 친구들이 먼저 다가와 말을 건네게 됩니다. 따돌림, 무기력함, 내성적인 기질 등 다양한 원인으로 극도로 움츠려 있고 친구들 속으로 들어가기 어려워하는 아이에게 추천하는 직업입니다.

> **준비물** 캡슐 뽑기 기계, 간식 꾸러미, 뽑기 가게 간판, 뽑기 가게 매니저 명찰, 메뉴판

놀이 방법

1 뽑기 기계와 뽑기 가게 간판을 준비합니다.
2 캡슐 안에 간식 이름을 적어서 넣습니다.
3 뽑기 기계 안에 캡슐을 넣어둡니다.
4 뽑기 기계를 이용하고 싶은 아이들은 뽑기 기계 이용 아이템을 구입합니다.
5 아이들은 뽑기 가게 매니저에게 아이템을 내고, 뽑기 기계를 이용해서 간식을 뽑습니다.

6 매니저는 해당하는 간식을 주고 다시 캡슐을 기계에 넣습니다.

- 교사가 아이들이 좋아하는 맛있는 간식을 미리 준비한 후 뽑기 가게 매니
저에게 간식 꾸러미를 전달합니다. 그리고 매니저가 자율적으로 캡슐에 넣
을 간식을 정할 수 있도록 합니다. 무기력한 아이가 매니저가 된 경우 규칙
을 엄격하게 정하고 통제하면 심리적 스트레스를 받기 때문에 하고 싶은
대로, 스스로 해볼 수 있는 자율성을 존중해주는 것이 중요합니다.
- 뽑기 기계는 캡슐 머신을 이용하는 기계를 추천합니다. 캡슐 안에 간식의
종류를 종이에 써서 기계에 넣은 뒤 뽑아서 나온 캡슐을 열어보는 재미가
있습니다.
- 아이들은 '운'이라는 요소를 좋아하기 때문에 간식의 종류 중에 '랜덤 간식'
을 만들어주면 좋아합니다. 작은 박스 안에 다양한 간식을 넣어두고, 손을
넣어 직접 뽑는 방식으로 운영합니다.
- 뽑기 가게 간판과 메뉴판은 디자이너와 창의 작가에게 제작을 의뢰합니다.
그 과정에서 소심하거나 내성적인 아이가 매니저인 경우 여러 친구들과 자
연스럽게 대화를 나눌 수 있습니다.

10. 탐정

탐정은 분실물을 찾는 활동을 합니다. 수업 시간에 산만해서 집중이 어려운 아이와 느린 아이는 성취감을 경험하지 못해 자존감이 낮은 경우가 많습니다. 탐정 활동은 연필 한 자루를 찾기 위해 집중해서 생각할 수 있고, 시간의 제약 없는 작은 성공의 경험을 통해 성취감과 자신감을 키워줄 수 있어 자존감이 낮은 아이, 집중력이 부족한 아이, 느린 아이의 직업으로 추천합니다.

> **준비물** 분실물 바구니, 탐정 돋보기, 탐정 일지, 탐정 수첩, 탐정 명찰

놀이 방법

1 탐정의 상징인 돋보기를 준비합니다.
2 분실물 바구니에서 이름 없는 물건의 주인을 찾아줍니다.
3 단서가 무엇인지 추측해보고, 단서를 탐정 수첩에 기록합니다.
4 이 물건을 최초로 주운 사람은 누구인지, 어느 자리에서 주웠는지 등을 조사합니다.
5 물건의 주인을 찾아준 뒤 탐정 일지에 기록합니다.

- 산만하고 집중력이 부족한 아이들이 탐정 직업놀이를 통해서 친구들의 물건을 찾아주었을 때 교사가 적극적으로 칭찬하고 격려해준다면, 산만하다는 단점보다는 호기심이 많고 추리를 잘한다는 장점이 돋보이면서 교우 관계에 긍정적인 영향을 주게 됩니다.
- 탐정 돋보기는 물건의 주인을 찾는 데 꼭 필요한 도구는 아니지만 아이들

은 돋보기 하나만 손에 들어도 자신이 셜록 홈스 같은 전문가라는 자부심을 갖게 됩니다. 따라서 돋보기는 아이들에게 탐정 직업에 대한 자부심과 즐거움을 주기 위한 도구로 활용합니다.

- 탐정 직업놀이 방법을 설명할 때 명탐정 셜록 홈스가 어떻게 추리하는지 그 과정을 함께 알아보면서 '단서'의 중요성에 대해서 배워봅니다. 연필을 한 자루 주워서 "이 연필 주인 누구야? 찾아가!"라고 하거나 "이거 네 연필이야?"라고 모든 아이들을 찾아다니며 물어보는 것은 탐정 직업놀이의 올바른 방법이 아니라는 것을 가르쳐줘야 합니다. 만약 연필을 주웠다면 '단서 1. 주운 연필의 위치는 어디였지?', '단서 2. 연필에 그려진 그림으로 보았을 때 우리 반에 누가 이런 디자인을 좋아할까?', '단서 3. 비슷한 연필을 사용하고 있는 사람이 누가 있지?'처럼 단서를 찾고, 추리하는 과정을 연습하도록 교육합니다. 처음 한두 번은 어렵지만 한 달 이상 탐정으로 활동

하다보면 정말 주인을 찾기 어려운 물건도 추리를 통해 주인을 찾아낼 수 있습니다.

- 추리를 할 때는 단서를 적는 탐정 수첩을 활용하도록 합니다. 물건의 주인을 찾아주는 것보다 더 중요한 것은 탐정 직업놀이를 통해서 집중력이 부족한 아이가 골똘히 생각하고, 추리하면서 집중하는 능력을 높이고, 학교생활에 관심을 갖도록 도와주는 것입니다. 이렇게 추리하는 과정을 경험한 아이들은 다른 친구들의 생활에 관심이 매우 높아지고 이는 곧 학교생활에 대한 관심과 집중으로 연결됩니다.

11. 학급 군인

학급 군인은 교실의 안전을 위해 보초를 서거나 힘쓰는 역할을 담당합니다. 이러한 활동은 집중력이 짧아도 할 수 있고, 몸을 움직이면서 신체적인 에너지도 발산할 수 있어 산만하거나 에너지가 넘치는 아이의 직업으로 추천합니다.

준비물 학급 군인 명찰, 장갑

놀이 방법

1 학급 군인 명찰을 착용합니다.
2 쉬는 시간에 다른 반 학생이 교실에 들어오거나, 위험한 일이 생기지 않도록 보초를 섭니다.
3 대청소 및 학급 행사 등에서 책상 및 의자 이동을 담당합니다.
4 체육 시간에 매트 나르기, 교과서 옮기기 등 학급에서 무거운 물건을 옮기는 일이 있을 때 군인이 출동해서 도와줍니다.

- 스포츠 선생님이 체육 시간에 매트를 옮길 때, 디자이너가 미술 시간에 서예 재료를 가지러 갈 때처럼 무거운 물건을 옮길 일이 있을 때 군인이 함께 가도록 하여 다양한 친구들과 자연스럽게 어울리는 기회를 만들어주는 것이 좋습니다. 이때 다른 친구들에게 봉사하고 노력하는 아이의 장점을 교사가 격려해줍니다.
- 평소 산만하거나 공격성을 보이는 아이들의 경우 교사에게 주의나 지적을

받는 경우는 많지만 친밀한 대화를 나눌 기회는 부족합니다. 그럴 때는 '교사 근처에서 보초 서기' 활동을 통해 교사가 학급 군인인 아이들에게 관심을 보여줄 수 있습니다. 아이들의 수고를 인정해주고 관심과 지지를 보내주세요.

- 학급 군인은 매일 정해진 시간에 활동하기보다는 자신이 하고 싶을 때, 군인이 할 일이 생겼을 때만 가끔 활동할 수 있도록 심리적 부담을 낮춰주는 것이 좋습니다. 계속 움직이고 싶은 산만한 아이들이 주로 군인에 지원하는데 이 아이들에게는 매일 성실하게 하는 활동은 부담이 되고, 스트레스를 줄 수 있기 때문입

니다. 자신이 하고 싶을 때만 활동하게 되면 산만하고 집중력이 부족한 아이도 책임감 있는 모습으로 성실하게 참여할 수 있습니다.

- 각 부대 이름과 구호를 정해줍니다. '호랑이 부대', '402 부대'처럼 이름을 불러주면 소속감이 생기고, 아이들 간의 결속력이 높아지게 됩니다.
- 재미있는 자격 시험을 통해 군인에 대한 자부심을 느낄 수 있도록 합니다. 체력 테스트와 '절도 있는 모습으로 인사하기' 테스트가 좋습니다. 윗몸 일

으키기를 하거나 절도 있게 '충성'이라고 외치며 경례하는 테스트는 사실 모든 아이가 합격하지만 군인으로서의 자긍심을 느끼는 데 도움이 됩니다.

12. 환경 지킴이

환경 지킴이는 교실 청소를 담당합니다. 아이가 학급을 위해 성실하게 봉사하는 모습과 끈기, 배려심 등의 인성적인 장점을 교사가 지지하고 격려해줄 수 있어 위축되어 있고, 자신감을 키워주고 싶은 아이에게 추천하는 직업입니다.

준비물 환경 지킴이 일지, 학급 청소 계획표, 환경 지킴이 명찰

놀이 방법

1 환경 지킴이 명찰을 착용합니다.
2 아침 시간, 쉬는 시간 틈틈이 교실 청소를 합니다.
3 분리수거 활동을 합니다.
4 학급 대청소 날에는 청소 분담 팀을 짜고, 청소를 계획하는 활동을 합니다.

활동 TIP

- 인내, 봉사, 배려, 성실, 책임, 끈기 등의 인성적인 측면을 찾아서 아이들에게 장점을 만들어줄 수 있는 활동이 바로 환경 지킴이입니다. 이때 교사가 청소를 열심히 하는 아이에게 "청소 깨끗이 잘했네."라고 청소의 결과를 칭찬하기보다 "배려심이 있구나. 봉사하는 마음이 멋지다."라고 인성적인 측면을 칭찬해주면 아이의 자존감을 키워줄 수 있습니다. 이렇듯 교사가 아이

의 인성적인 부분을 격려할 때 환경 지킴이가 청소하는 사람이 아닌 봉사심이 깊은 아이, 배려심이 깊은 아이가 될 수 있습니다.

- 자신감 없는 아이가 환경 지킴이를 할 때는 아이들이 등교하기 전 아침 청소 시간을 통해 교사가 아이와 함께 청소를 하며 간식과 차를 마시는 등 아이의 이야기를 들어주는 특별한 시간을 가지는 것이 좋습니다. 그동안 힘들었던 아이의 이야기를 들어주고 따뜻하게 격려해준다면 움츠려 있는 아이의 자신감을 키워줄 수 있습니다.

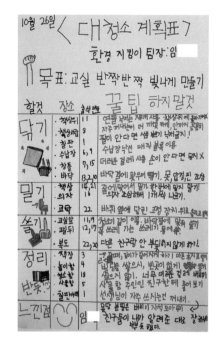

- 청소는 '끈기'가 필요한 활동입니다. 1년 동안 꾸준히 환경 지킴이 활동을 한 아이에게는 교사가 '끈기'라는 장점을 만들어줄 수 있습니다. 환경 지킴이를 열심히 한 아이는 '끈기왕', '배려왕'으로 선정합니다.

- 직업놀이 중 지킴이 활동에는 환경 지킴이, 성장 지킴이, 건강 지킴이, 에너지 지킴이, 시간 지킴이가 있습니다. 이 중 성장 지킴이는 우유를 나눠주는 활동, 건강 지킴이는 급식을 준비하고 정리하는 활동을 합니다. 에너지 지킴이는 교실 불을 켜고 끄는 활동, 시간 지킴이는 수업 시작을 알리는 종을 치는 활동을 합니다. 지킴이 활동은 학급을 위해 꾸준히 봉사하는 활동이라는 공통점이 있습니다. 아이들에게 '끈기'라는 장점을 만들어줄 수 있는 직업놀이로 추천합니다.

13. 안전 보안관

안전 보안관은 복도와 교실에서 친구들의 안전을 지켜주고, 문단속 등 학급 보안에 관한 활동을 합니다. 뛰어노는 걸 좋아하는 아이들이 질서를 담당하는 안전 보안관 직업놀이를 통해 기본생활습관을 지키고, 안전한 생활 습관을 기르도록 도와줄 수 있습니다. 또한 시간의 제약 없이 할 수 있는 활동이므로 느린 아이에게도 직업으로 추천합니다.

준비물 안전 보안관 활동 일지, 안전 조끼, 안전 보안관 명찰

놀이 방법

1 안전 조끼와 명찰을 착용합니다.
2 쉬는 시간에 복도의 질서를 지키기 위해서 복도에서 캠페인 활동을 합니다.
3 교과 이동 시간에 이동할 때 맨 뒤에서 친구들의 안전을 담당합니다.

4 교실 이동 시에 학급의 문단속을 담당하고, 학급 열쇠를 관리합니다.

활동
TIP

- 평소 규칙을 잘 안 지키거나 산만한 아이들의 경우 복도를 다닐 수 있는 안전 보안관이 되고 싶어합니다. 이때 "보안관이 되면 규칙을 잘 지켜야 해요."라며 아이의 어깨에 무거운 책임감을 얹어주는 것은 좋지 않습니다. 산

만한 아이들이 안전 보안관 활동을 하면서 질서 의식, 책임감 등을 스스로 배워나갈 수 있도록 아이들이 노력하고 있을 때를 포착하여 격려해주는 것이 중요합니다. 보안관 활동을 해보면서 질서의 중요성을 배우고, 상대방의 마음을 느끼게 되니 시간을 갖고 아이들을 기다려주세요.

- 학급 임원이나 평소 질서를 잘 지키는 아이들과 평소 질서를 잘 안 지키는 아이들이 함께 활동하지 않도록 팀을 분리해주는 것이 좋습니다. 질서를 잘 지키는 아이들이 지적하는 행동을 할 수 있기 때문입니다.

- 안전 보안관이 뛰어다니는 아이들의 이름을 적어서 선생님께 내거나 벌을 주는 방법은 친구들끼리 갈등이 생기거나 사이가 나빠질 수 있습니다. 그래서 잘못을 기록하고 벌을 주는 것보다는 "복도에서 뛰지 않습니다.", "줄을 바르게 서주세요."같은 캠페인 활동을 통해 서로를 존중하는 방법으로 운영하는 것이 더 좋습니다.

- 안전 보안관은 아침, 쉬는 시간, 점심시간 등 일과시간 내내 활동하기 때문에 순환 근무제로 운영하고, 쉬는 시간을 적절히 활용하도록 하는 것이 좋습니다.

14. 칠판 관리사

칠판 관리사는 칠판에 글씨를 적고 지우는 역할을 담당합니다. 칠판에 자신의 이름을 적거나 지울 일이 있을 때 다른 친구들이 먼저 칠판 관리사인 아이에게 다가오게 되고, 교사가 칠판 관리사인 아이와 수시로 대화할 일이 많아 소극적이고 내성적인 아이에게 추천하는 직업입니다.

준비물 칠판 부착용 자석, 칠판 관리사 명찰, 분필, 보드마카

놀이 방법

1 칠판 관리사 명찰을 착용합니다.

2 오늘의 할 일, 날짜, 시간표 등을 칠판에 매일 기록합니다.

3 칠판에 적어서 안내할 내용이 있을 때, 적힌 내용을 지워야 할 때 칠판 관리사에게 요청하면 처리해줍니다.

4 분필, 보드마카 등의 여분을 확인해서 필요한 경우 받아옵니다.

5 칠판에 부착해야 하는 작품이나 안내문이 있을 때 자석으로 부착합니다.

활동
TIP

- 학급에 소극적인 아이가 있을 때 두 명이 짝을 지어 칠판 관리사 활동을 하는 것을 추천합니다. 두 명이 칠판에 간단한 낙서도 하고 글씨도 쓰면서 소

곤소곤 이야기를 나누게 되고, 이런 기회를 통해 단짝 친구를 만들 수 있습니다.

- 아이들이 칠판에 적을 내용이 있으면 칠판 관리사에게 부탁해야 하므로 친구들에게 먼저 다가가기 어려운 내성적인 아이, 소심한 아이들이 친구와 자연스럽게 소통할 수 있도록 도움을 줄 수 있는 활동입니다.
- 칠판 관리사인 아이들이 날짜나 시간표를 쓰면서 예쁜 그림을 함께 그려놓을 때 "멋지다!"라는 격려의 한마디를 보내준다면, 소극적인 아이들은 칠판을 도화지 삼아 자기 표현을 할 수 있는 자신감을 얻게 됩니다.

15. 세스콤

세스콤은 교실에 출몰한 벌레 잡기 및 교실 방역과 소독을 담당합니다. 벌레를 잡으면 다른 친구들과 선생님으로부터 용기 있는 모습을 칭찬받는 등의 긍정적인 피드백을 받을 수 있어 성취감을 느낄 수 있습니다. 평소 "싫어요!", "안 할래요!" 등의 부정적인 말과 행동으로 다른 아이들에게 평판이 좋지 않은 아이들의 직업으로 추천합니다.

> **준비물** 세스콤 명찰, 장갑, 소독제

놀이 방법

1 세스콤 명찰을 착용합니다.

2 교실에 벌레가 출몰하면 장갑을 착용하고 벌레를 잡습니다. 말벌 등 위험한 벌레는 잡지 않도록 지도합니다.

3 잡은 벌레는 교사와 함께 안전하게 처리합니다.

4 벌레를 잡은 후에는 반 친구들 모두에게 관심과 인정을 받을 수 있도록 교사가 공개적으로 지지하고 칭찬해줍니다.

5 사물함과 신발장에 소독약을 뿌리거나 손 소독제 사용을 안내합니다.

활동 TIP

- 세스콤은 1~2명이 한 팀이 되도록 소수 정예로 팀을 나눠주는 게 좋습니다. 그래야 아이가 용기를 내서 세스콤에 지원했을 때 많은 친구들의 인정을 한 몸에 받을 수 있기 때문입니다. 여러 명이 지원할 경우에는 담당 요일을 지정해주는 방식으로 운영하고, 추후에 승진을 통해 세스콤 팀장으로

임명해주면 자존감을 높이는 데 도움을 줄 수 있습니다.

- 직업을 설명할 때 세스콤은 위험한 벌레가 출몰하면 우리 반을 안전하게 지키기 위해서 용감하게 나설 수 있는 사람만이 할 수 있는 아주 어렵고 힘든 일이라고 설명해줘야 합니다. 그래야 다른 친구들이 용기 있는 친구라는 긍정적인 시선으로 바라보게 됩니다.

- 아이가 벌레를 잡으면 "이건 용기 있는 나만 할 수 있어!"라는 영웅 심리 같은 자부심을 느낄 수 있도록 반 아이들 앞에서 공개적으로 지지하고 칭찬해주는 것이 중요합니다. 그래야 아이의 자신감을 키워줄 수 있습니다.

- 소독약과 손 소독제는 정해진 방법으로 안전하게 사용할 수 있도록 지도합니다.

16. 렌트 회사

렌트 회사는 학급 공용 물품을 빌려주는 역할을 담당합니다. 필요한 물건을 빌려야 하는 친구들이 먼저 렌트 회사 담당자인 아이에게 다가와 말을 건네게 되므로 교우 관계에서 자신감이 부족하고, 친구에게 다가가지 못하는 아이에게 직업으로 추천합니다.

> **준비물** 렌트 물품 박스, 연필깎이, 이면지, 대여 신청서, 렌트 회사 명찰

놀이 방법

1 렌트 물품 박스를 준비합니다.

2 렌트 회사 담당자는 공용 물품에 '학급 물품'이라는 이름표를 붙입니다.

3 교육 활동 중에 필요한 학용품이나 종이, 공책 등이 없는 경우 렌트 회사에서 대여하여 사용합니다.

4 대여 신청서를 작성하여 렌트 회사 담당자에게 제출하면 필요한 물건을 대여할 수 있습니다.

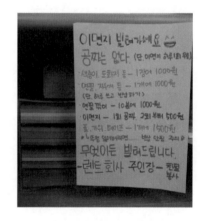

5 물건을 대여한 뒤 사용이 끝나면 즉시 반납합니다.

6 렌트 회사 담당자는 연필을 항상 깎아 두고, 연필깎이의 통을 확인하여 비워둡니다.

7 렌트 물품 박스에 보충할 물건이 있을 경우 담임 선생님에게 말합니다.

- 렌트 회사는 아이들의 기본생활습관 형성과 함께하는 직업놀이입니다. 아이들이 스스로 교과서를 챙겨오고, 연필을 깎아오는 등의 기본생활습관을 형성하도록 지도하는 데 교사의 말보다 더 힘이 있는 것은 자율의 힘입니다. 렌트 회사에서는 학교생활에서 필요한 물품을 빌려주지만 비용을 지불해야 합니다. 공짜는 없습니다. 아이들은 자신이 노력해서 받은 월급을 소중하게 생각하기 때문에 필요한 교과서와 준비물을 스스로 챙겨오려는 마음을 갖게 됩니다.

- 렌트 회사는 물건을 빌려주는 활동으로 학급에서 큰 '권한'을 갖게 됩니다. 학급에서 가장 힘이 약한 아이, 친구들이 무시하거나 함부로 대하는 아이가 누구인지 찾아보고, 그 아이에게 렌트 회사의 직업놀이를 넌지시 추천해주세요.

- 렌트 물품 박스에는 연필, 지우개, 풀, 가위, 테이프, 자, 색연필, 사인펜 등 학급의 공용 물품을 구비해둡니다.

- 교사는 렌트 회사의 대여 신청서를 수시로 확인하면서 어떤 아이들이 자주 대여를 하는지 살펴보고, 어떤 사정이 있는지 확인해보는 것이 좋습니다. 학용품을 자주 못 챙겨오는 아이들의 경우 가정 환경에 따라서 특별한 사

정이 있을 수 있으므로 교사의 관심이 필요하기 때문입니다.

- 한 학기 또는 학년이 끝날 때 쓰다 남은 공책을 버리는 아이들이 있는데 이렇게 버려지는 공책을 모아서 사용하지 않은 뒷부분을 렌트 물품 박스에 보관해두면 공책을 놓고 온 아이들에게 나누어줄 수 있습니다. 교육 활동에 따라서 한번 사용하고 버리는 종이가 필요한 경우가 있으니 이를 대비해서 이면지를 준비해두는 것도 좋습니다.

17. 음악 DJ

음악 DJ는 아이들이 듣고 싶은 신청곡을 접수받아서 선곡하는 역할을 담당합니다. '음악'이라는 소통의 통로를 만들어줌으로써 친구들과 자연스럽게 어울릴 수 있게 됩니다. 친구와 대화를 나누는 것에 어려움을 겪는 아이에게 추천하는 직업입니다.

> **준비물** 신청곡 일지, 선곡표, 뮤직 박스, 음악 DJ 명찰

놀이 방법

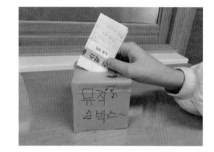

1 신청곡 일지와 뮤직 박스를 준비합니다.

2 아이들은 자신이 듣고 싶은 신청곡의 노래 제목, 가수 이름을 신청곡 일지에 기록합니다.

3 음악 DJ는 오늘의 음악 방송에서 틀어줄 노래를 선곡합니다.

4 선곡한 노래를 선곡표에 정리하여 담임 선생님께 전달합니다.

5 교사는 선곡표에 있는 노래를 쉬는 시간 등을 이용해서 틀어줍니다.

6 음악 DJ는 흘러나오는 노래의 제목과 가수의 이름을 알려줍니다.

활동 TIP

- 음악을 신청할 수 있는 자격을 반 전체가 아닌 음악 DJ에게만 주면 음악을 듣고 싶은 아이들은 DJ에게 다가가서 자신의 신청곡을 부탁하게 됩니다.

이런 식으로 음악 DJ를 담당하는 아이의 낮아진 자존감을 세워주고, 움츠린 마음을 펼칠 수 있도록 교사가 도와줄 수 있습니다.

- 음악 DJ가 친구들에게 다양한 음악을 추천해주는 활동을 통해 서로의 감성을 공유하는 시간을 가질 수 있습니다.

- 음악 DJ가 "이번 주 음악 신청 주제는 '친구'입니다."와 같이 음악 주제를 정하면 아이들은 친구에 관한 다양한 노래를 신청하고, DJ는 신청곡 중에 선곡하는 활동도 추천합니다.

- 뮤직 박스는 신청곡을 적은 종이를 넣어두는 박스입니다. 음악 DJ는 1주일에 한 번, 뮤직 박스에서 랜덤으로 신청곡을 한 곡 선정합니다. 3번 이상 신청곡으로 들었던 노래는 다시 선정될 수 없다는 규칙을 만들어 같은 노래를 또 듣고 싶을 때에는 뮤직 박스를 이용하게 합니다. 이때 뮤직 박스에서 뽑힌 음악은 무조건 들을 수 있는 것으로 정합니다.

- 아이들이 뮤직 비디오를 보여 달라고 하는 경우가 종종 있습니다. 그러나 뮤직 비디오에 따라서 아이들 수준에 맞지 않는 내용이 포함된 경우도 있고, 노래보다는 가수 얼굴을 보며 평가하는 일이 생기기도 하므로 되도록 영상은 보여주지 않고 노래만 들을 수 있도록 합니다.

18. 정리 컨설턴트

정리 컨설턴트는 친구들이 정리하는 과정을 도와주는 역할을 담당합니다. 정리하는 것을 좋아하는 아이가 정리 컨설턴트 직업을 통해 친구들에게 도움을 줌으로써 다른 사람으로부터 인정과 격려를 받을 수 있어 자존감이 낮은 아이에게 직업으로 추천합니다.

> **준비물** 정리 컨설턴트 명찰, 여유 바구니, 지퍼백, 물티슈

놀이 방법

1 정리 컨설턴트 명찰을 착용합니다.

2 정리 컨설턴트는 일대일 맞춤 정리를 신청받습니다. "제가 사물함, 책상 정리 도와드립니다. 도움이 필요한 사람은 저에게 신청해주세요."

3 아이들은 우리 반의 정리 컨설턴트 중에서 한 명을 찾아가서 도움을 요청합니다. "민정아! 나 정리하는 데 도움이 필요해."

4 정리 컨설턴트는 쉬는 시간을 이용해서 자신이 담당하는 고객(친구)에게 정리하는 방법을 알려줍니다. "오늘 쉬는 시간에는 사물함 정리하는 방법

을 알려줄게. 책은 왼쪽에 이렇게 세워두고, 휴지는 끝부분을 이렇게 말아

서…. 내일은 책가방 정리 방법을 알려줄게."

5 정리 컨설턴트는 정리 난이도에 따라서 총 3회에 걸쳐 교육을 합니다.(난이

도 하 – 책상 서랍, 난이도 중 – 사물함, 난이도 상 – 책가방)

6 정리정돈 교육이 모두 끝나면 일대일 맞춤 정리 서비스는 종료됩니다.

7 이후 새로운 고객을 모집하고, 같은 과정으로 친구들의 정리정돈을 돕는 활

동을 합니다.

- 내성적인 아이가 정리 컨설턴트 활동을 할 때는 교사가 "사물함 검사를 정

리 컨설턴트에게 받으세요."라고 안내해주면 아이들이 사물함 검사를 요청

하면서 먼저 다가오게 됩니다. 친구들의 정리 확인을 해주며 자연스럽게 이

야기를 시작할 수 있도록 도와줄 수 있습니다.

- 움츠린 아이의 경우에는 교사의 책상이나 주변을 정리하는 기회를 만들어

주는 것이 좋습니다. 아이는 선생님을 도와준다는 보람을 느끼며 교사에 대

한 친밀감과 함께 자신이 특별하다는 생각을 갖게 되기 때문입니다. 이때

교사가 아이에게 "선생님을 도와줘서 정말 고마워. 선생님보다 정리를 더

잘하네."라고 아이를 세워준다면 자신감을 키워줄 수 있습니다.

- 정리가 어려운 친구들에게는 정리해야 하는 물건의 위치를 그림으로 그려 서 사물함에 붙여주면 도움이 됩니다.

19. 엔지니어

엔지니어는 교실에서 사용하는 물건이나 도구를 수리하고, 관리하는 역할을 담당합니다. 평소 물건을 개조하는 것에 관심이 많은 아이들은 자신이 사용하는 필기구를 개조해서 나만의 특별한 물건으로 만들기를 좋아합니다. 다른 친구들은 자신이 사용하는 연필깎이 등의 물건이 고장 났을 때 엔지니어에게 다가가서 수리를 부탁합니다. 따라서 물건을 분해하거나 개조하는 것을 좋아하는 아이들 중에 교우 관계에 어려움을 겪는 아이가 있다면 직업으로 추천할 수 있습니다.

> **준비물** 작업 매트, 안전 장갑, 학용품 개조 신청서, 엔지니어 명찰, 공구함

놀이 방법

1 엔지니어 전용 작업 매트와 안전 장갑, 공구함을 준비합니다.

2 학급에서 사용하는 연필깎이, 열쇠고리, 필기구, 학용품 등이 고장 났을 때 수리를 해줍니다.

3 분해가 필요한 경우 작업 매트 위에 천을 깔아두고 분해합니다.

4 나만의 특별한 학용품을 만들고 싶은 경우에는 학용품 개조 신청서를 작성하고, 엔지니어에게 개조를 의뢰합니다.

5 학급에서 짧아서 사용하기 어려운 몽당연필이 있을 때는 연필 뒷부분에 다 쓴 볼펜통을 연결하여 연필을 사용할 수 있도록 개조합니다.

- 손재주가 많은 아이들은 친구들의 물건을 고쳐주거나 개조하는 활동을 통해 다른 친구에게 도움을 주면서 친구들의 호감을 얻을 수 있습니다.

- 엔지니어가 다른 사람에게 일대일로 도움을 주며 성취감과 보람을 느끼고
  자신감과 자존감을 높일 수 있도록 도움을 받은 아이가 고마움을 표현하게
  합니다.
- 교사가 사용하는 물건 중에 사소하게 고장 난 물건도 엔지니어에게 의뢰해
  주세요. 그리고 잘 고쳐오면 화려한 리액션과 격려를 해주세요. 그럴 때 아
  이는 선생님에게 인정받으며 스스로를 멋지다 생각하고, 학교생활에도 의
  욕을 갖게 됩니다.
- 고학년의 경우에는 학급에 필요한 물품을 제작할 때 날카로운 도구나 드
  라이버 등의 공구를 사용하게 되면 엔지니어의 도움을 받을 수 있도록 합
  니다. 이때 교사가 사전에 도구의 사용법을 설명하고, 안전 지도를 하는 것
  이 꼭 필요하며 안전하게 도구를 사용할 수 있도록 교사가 곁에서 살펴보
  며 도와주는 것이 좋습니다.

20. 스포츠 선생님

스포츠 선생님은 체육 수업 전 체육 물품을 준비하고, 준비 및 정리체조를 담당합니다. 다른 교과보다 체육 시간을 좋아하는 아이가 있다면 스포츠 선생님이 되어 다른 친구들 앞에서 시범을 보임으로써 자신감을 키울 수 있습니다. 또한 친구들과 바로 대면하지 않고 학급을 위해 봉사하는 모습을 지지해줄 수 있어 교우 관계에서 어려움을 겪는 산만한 모습을 보이는 아이, 공격성을 보이는 아이에게 직업으로 추천합니다.

> **준비물** 체육 물품 바구니, 호루라기, 스포츠 선생님 명찰

놀이 방법

1 체육 시간 전 쉬는 시간에 오늘 수업에 필요한 체육 물품을 확인합니다.

2 체육 물품의 종류에 따라 바구니, 공 주머니 등에 안전하게 담아서 운반합니다.

3 체육 수업 시작과 함께 앞에서 준비체조 시범을 보입니다.

4 체육 수업 종료와 함께 앞에서 정리체조 시범을 보입니다.

5 사용한 체육 물품을 정리합니다.

- 교우 관계에서 어려움을 겪는 아이의 경우 처음부터 여러 명의 팀으로 구성해주는 것보다는 교사와 함께 일대일로 활동을 시작하는 것이 좋습니다. 교사가 아이와 함께 체육 물품 등을 준비하며 아이에게 지속적인 격려를 통해 자신감을 불어넣어 줍니다.

- 산만한 아이의 경우 스포츠 선생님을 하며 친구들 앞에서 준비체조를 하고 체육 물품을 준비하는 등의 노력을 할 때 교사가 그 모습을 공개적으로 격려해주는 것이 좋습니다. 그러면 수업을 방해하는 아이에서 수업을 도와주는 아이로 친구들의 인식이 바뀌게 됩니다.

- 공에 바람을 넣는 일처럼 아이가 쉽고 재미있게 할 수 있는 사소한 일부터 시작하게 하면 성취감을 느낄 수 있고, 스트레스 해소에도 도움을 줄 수 있습니다.

- 학급에서 사용하는 팀 조끼 외에 스포츠 선생님만의 화려한 색깔의 팀 조끼를 준비해주면 직업에 대한 자부심을 높여줄 수 있습니다. 형광색 계열의 조끼를 입으면 눈에 잘 띄기 때문에 안전상에도 도움이 됩니다.

- 체육 수업에 따라서 준비해야 할 품목이 무엇인지 정확하게 알려주는 것이 중요합니다. 공 2개, 점수판 1개, 접시콘 30개 등 종류와 수량을 말로 하면 금방 잊어버리기 쉬우므로 메모지에 적어주는 것이 좋습니다.

21. 스포츠 기획자

스포츠 기획자는 다양한 스포츠 게임을 기획하는 역할을 담당합니다. 체육 시간에 다양한 스포츠 활동을 기획하고 적용할 수 있어 평소 전략 세우기와 게임을 좋아하는 아이들 중에서 공격성이나 산만함으로 교우 관계에 어려움이 있는 아이에게 추천하는 직업입니다.

준비물 스포츠 기획자 명찰, 스포츠 기획서, 스포츠 관련 도서

놀이 방법

1 체육 교과 내용과 관련하여 진행할 수 있는 스포츠 게임을 제안합니다.
2 제안한 내용에 관해 회의를 거쳐서 수업에 활용할 수 있는 방법을 최종 선정합니다.
3 선정된 스포츠 게임을 수업 시간에 적용할 수 있도록 기획서에 구체적인 방법을 정리합니다.
4 학급 전체를 대상으로 기획서 내용을 안내하고, 궁금한 점에 대해 질문을 받습니다.

5 기획한 스포츠 게임을 진행하기 위해서 스포츠 선생님과 협력하여 게임에 필요한 준비물을 확인하고 수업을 준비합니다.

6 스포츠 기획자는 새로운 게임을 진행하는 운영자 및 심판 역할을 담당합니다. 그리고 게임이 원활하게 진행될 수 있도록 점수 계산 등을 돕습니다.

- 스포츠 활동을 좋아하지만 친구들과 다툼이나 갈등이 잦은 아이라면 교사와 단둘이 체육 수업을 기획합니다.

- 아이가 기획한 체육 수업을 진행할 때는 격려와 지지의 시간을 통해 아이가 노력한 부분을 친구들로부터 인정받을 수 있도록 해줍니다.

- 처음에는 체육 관련 스포츠 게임을 기획하는 것에서 시작해서 실내 놀이, 교실 놀이와 관련된 다양한 게임을 기획할 수 있도록 놀이의 범위를 조금씩 확장시켜줍니다.

- 스포츠 게임을 기획할 때 아이들이 참고하기 좋은 스포츠 관련 서적을 마련해주면 기존에 알고 있던 지식에서 벗어나 좀 더 다양한 게임을 기획할 수 있게 됩니다. 경쟁 위주의 방식보다는 협동하는 방식의 게임으로 기획할 수 있도록 지도하는 것이 좋습니다.

- 성별의 차이, 신체 능력의 차이가 승부에 영향을 미치지 않도록 게임에 실력과 상관없는 운의 요소를 포함하여 기획하도록 합니다. 예를 들어 달리기 시합을 할 때 중간에 가위바위보를 하게 하는 운의 요소를 넣어서 달리기 실력이 부족한 아이도 즐겁게 참여할 수 있도록 기획하는 방법을 안내해줍니다. 배드민턴처럼 실력의 차이가 크게 나타나는 종목의 경우에는 팀을 구성할 때 비슷한 실력의 친구들끼리 게임을 진행하는 방법, 팀으로 경기를 진행하는 방법 등을 안내해줍니다. 아이들이 자유롭게 게임을 기획하면 승부 위주의 경쟁적인 게임이 되기 쉬우므로 교사의 사전 지도가 매우 중요합니다.

22. 홍보팀

홍보팀은 직업놀이 활동 중 이벤트가 있을 때 다른 친구들에게 홍보하는 역할을 담당합니다. 적극적이고 주도적인 아이들이 홍보팀을 지원하는 경우가 많은데, 이 아이들이 소극적인 아이들이의 직업놀이 활동을 홍보하며 도움을 줄 수 있습니다. 다른 친구의 일에 관심이 많고, 말하기나 참견하기 좋아하는 아이에게 직업으로 추천합니다.

준비물 휴대용 마이크, 홍보용 팻말, 홍보팀 명찰

놀이 방법

1 휴대용 마이크를 준비하고 명찰을 착용합니다.

2 홍보가 필요한 경우 홍보팀에게 홍보를 요청하게 합니다.

3 홍보 요청을 받으면 칠판 관리사에게 의뢰하여 홍보 문구를 칠판에 적습니다.

4 디자이너에게 의뢰하여 홍보용 팻말을 제작합니다.

5 교실을 돌아다니며 적극적으로 홍보 활동을 진행합니다.

- 정말 소심한 아이들의 경우에는 직업놀이 활동을 어떻게 시작해야 할지 어려워합니다. 이때 홍보팀이 곁에서 큰소리로 홍보를 해주면 친구들의 관심

을 얻을 수 있고 직업놀이에 쉽게 적응하도록 도와줄 수 있습니다. 예를 들어 신청서를 수합해야 하는 공무원인 소심한 아이가 친구들에게 안내하지 못할 때 홍보팀인 아이들이 "오늘 제출해야 하는 신청서를 2교시 쉬는 시간까지 김수진 공무원에게 내주세요."라고 홍보해줍니다.

- 소심한 아이들은 홍보팀에게 직접 요청하지 못하는 경우가 많으므로 교사가 직업놀이 초기에 홍보팀의 도움이 필요한 아이들이 누구인지 살펴본 후 적재적소에 홍보팀을 배치해서 운영해주는 것이 좋습니다.

- 홍보팀은 비서팀과 다르게 1명으로도 운영이 가능합니다. 홍보팀에 지원하는 아이들은 자신감이 넘치고, 주도적인 성향의 아이들이 많아 혼자여도 충분히 잘 활동할 수 있습니다. 만약 내성적이고 소심한 아이가 홍보팀에 지원했다면 그때는 2명 이상의 팀으로 운영합니다. 또한 말로 하는 홍보보다 칠판에 그림이나 글씨를 써서 하는 홍보 활동을 하도록 해주면 내성적인 아이들도 즐겁게 참여할 수 있습니다.

- 교사가 홍보팀인 아이들이 적극적으로 홍보해주고 도와주는 모습을 격려해준다면 아이들은 다른 친구들을 위해 더욱더 열심히 홍보 활동을 해줄 것입니다.

23. 사서 선생님

사서 선생님은 학급 문고의 대출과 반납을 담당합니다. 책을 좋아해서 쉬는 시간에 자리에서 조용히 책만 보는 아이도 사실 친구들과 소통하는 방법을 잘 모르는 경우가 많습니다. 아이들은 책을 빌리기 위해 사서 선생님에게 먼저 다가가 말을 걸게 되므로 책은 좋아하지만 친구들에게 먼저 다가가는 것이 어려운 아이에게 직업으로 추천합니다.

준비물 대출 일지, 학급 대출 카드, 도서 목록표, 사서 선생님 명찰

놀이 방법

1 사서 선생님 명찰을 착용합니다.

2 새 학년이 되면 학급 문고를 구성합니다. 사서 선생님은 학급 문고에 기증된 책을 분류하고, 번호표를 붙이는 작업을 합니다.

3 책의 번호와 제목을 정리하여 학급 도서 목록표를 만듭니다.

4 학급 대출 카드를 제작합니다. 학급 대출 카드에는 출석 번호, 이름, 대출일, 책 번호, 반납일 등을 기록할 수 있도록 합니다. 미술 시간을 활용해서 각자 자신의 대출 카드를 만들어보게 하는 것이 좋습니다.

5 교사는 학급 도서 이용방법에 관한 교육을 실시합니다. 대출 기간, 1회 대출 권수, 연체 조건, 대출 이용 가능 시간 등을 안내합니다.

6 대출할 때는 정해진 시간에 사서 선생님에게 가서 대출을 신청하고 책을 대출합니다.

7 반납할 때는 반드시 사서 선생님에게 책을 반납하고, 사서 선생님은 반납 여부를 확인합니다.

- 소극적인 아이, 내성적인 아이들이 사서 선생님이 되면 쉬는 시간에 묵묵히 책을 정리하는 모습을 공개적으로 지지하고 격려해주세요. 다른 친구들도 이 아이들의 성실한 모습을 보게 되면서 교우 관계 개선에 도움을 줄 수 있습니다.
- 대부분의 아이들이 학교 도서관이나 개인 도서 등을 이용하기 때문에 학급 문고는 교사의 도움이 없으면 잘 운영되기 어렵습니다. 수업 시간 중 남는 시간이나 아침 독서 시간 등을 활용해서 아이들이 학급 문고를 적극적으로 이용할 수 있도록 도와주는 것이 필요합니다.

24. 아이템 관리자

아이템 관리자는 학급에서 사용하는 아이템을 교사 대신 관리하는 역할을 담당합니다. 아이템을 관리하는 일이 중요하긴 하지만, 잘하지 못해도 괜찮다고 교사의 생각을 바꾸면 사소하지만 작은 권한으로 학교 적응을 도와줄 수 있는 아이들이 있습니다. 자신의 목소리를 내는 것이 어려운 아이, 자신감이 부족한 아이, 교우 관계에 어려움을 겪는 아이에게 직업으로 추천합니다.

> **준비물** 아이템 포켓, 랜덤 포켓, 아이템 일지, 안대, 아이템 관리자 명찰

놀이 방법

1 아이템 포켓을 통행에 불편을 주지 않는 장소에 아이들이 잘 볼 수 있도록 걸어둡니다.

2 정해진 시간에 아이템 마켓의 오픈을 알립니다. "자, 아이템 마켓 10분 동안 오픈합니다."

3 아이템을 사고 싶은 아이들은 줄을 서서 순서대로 원하는 아이템을 선택한 뒤 아이템 관리자에게 가격을 지불하고 구입합니다.

4 자신이 구입한 아이템 목록을 아이템 일지에 작성하면, 아이템 관리자는 확인 서명을 합니다.

5 아이템 관리자는 받은 학급 화폐를 모아서 한꺼번에 학급 은행 금고에 넣습니다.

6 아이들이 랜덤 아이템을 구입하
   여 사용하는 경우 아이템을 뽑을
   사람은 안대를 쓰고 랜덤 포켓에
   서 아이템을 뽑도록 합니다. 이
   때 아이템 관리자는 랜덤 포켓을
   들고 있습니다.

7 아이템 관리자는 아이들이 포켓
   에서 뽑은 아이템을 리필해서 랜덤 포켓에 넣어둡니다.

활동 TIP

- 아이템 관리자는 하루에도 몇 번씩 아이들이 다가와서 아이템을 구입하기
  위해 말을 걸기 때문에 무척 바쁜 하루를 보냅니다. 학급에서 내성적이거나
  움츠린 아이가 아이템 관리자가 된다면 친구들과 자연스럽게 대화하게 됩
  니다.

- 아이템을 판매할 때 아이에게 권한을 주는 방법이 바로 랜덤 포켓입니다.
  랜덤 포켓은 아이템 관리자가 마음대로 다양한 아이템을 골라서 주머니에
  넣어두는 것입니다. 랜덤 아이템을 구입한 아이들은 랜덤 포켓에 손을 넣어
  그중 하나를 골라야 하는데, 이때 아이템 관리자가 어떤 아이템을 넣어주느
  냐가 중요합니다. 그래서 좋은 아이템을 넣어달라고 아이템 관리자를 조르
  게 됩니다. 이렇게 아이에게 권한을 실어주면 친구들에게 존중받도록 도와
  줄 수 있습니다.

- 아이템을 쉬는 시간마다 판매하면 아이템 관리자가 쉬는 시간에 쉴 수 없
  으므로 하루에 1회만 판매하도록 하는 것이 좋습니다.

- 색깔 있는 A4 용지를 이용하면 가격별로 아이템을 쉽게 구분할 수 있습니다. 또 아이들이 오가며 쉽게 볼 수 있는 곳에 아이템 포켓을 게시해 아이들의 아이템 구매 욕구를 자극시키는 것도 홍보의 방법이 될 수 있습니다.

25. 우편 배달원

우편 배달원은 학교 유인물을 나눠주거나 편지를 수합하여 배달하는 역할을 담당합니다. 편지를 수합하여 나눠주며 다른 친구들에게 말을 건넬 수 있고, 교사가 수시로 유인물에 관해 아이와 의견을 나눌 수 있어 학교 적응 및 교우 관계에 어려움을 겪는 아이에게 직업으로 추천합니다.

> **준비물** 학급 우체통, 학급 우표, 스탬프, 우편 배달 일지, 우편 배달원 명찰

놀이 방법

1 우편 배달원은 명찰을 달고 판매할 학급 우표와 수합된 편지에 찍어줄 스탬프를 준비합니다. 학급 우체통은 아이들이 잘 보이는 곳에 세워둡니다.

2 친구 사랑 주간, 어린이날, 어버이날, 스승의 날, 학기 말 등에 편지를 쓰는 활동을 할 때 우표를 판매합니다.

3 친구들이 편지 봉투에 구입한 우표를 붙였는지 확인합니다.

4 친구들의 편지를 수합한 후 스탬프를 찍어서 나누어 줍니다.

5 평소 친구에게 편지를 보내고 싶을 때에도 학급 우체통에 편지를 넣습니다. 우편 배달원은 우체통에 있는 편지를 수합하여 편지 받는 사람에게 배달합니다.

6 학급 편지가 없을 때는 학교에서 발행하는 가정 통신문 및 학교 신문, 학급 신문을 나누어줍니다.

- 친구들과 소통이 어려운 아이라도 편지를 수합하고 나눠주는 활동은 심리적 부담 없이 시작할 수 있습니다.

- 우편 배달원은 우표를 판매하고, 수합된 편지에 스탬프를 찍고, 편지를 배달하는 역할을 합니다. 학급 우표는 교사가 디자인하여 출력해주거나, 미술 시간에 아이들이 직접 우표를 만들거나, 학급의 디자이너나 창의 작가가 디자인하여 발행하는 방법 등 다양한 방식으로 만들 수 있습니다.

- 우표의 가격을 책정해서 우편 배달원이 우표를 판매하도록 하는데, 이때 우표의 가격을 낮춰서 아이들이 쉽게 우표를 이용할 수 있도록 해주는 것이 좋습니다. 우표 발행은 우편 배달원에게 다른 친구들이 다가와서 말을 건네고, 자연스럽게 소통할 수 있도록 유인하는 장치이기 때문입니다.

26. 식물 관리사

식물 관리사는 학급의 식물을 키우고 관리하는 역할을 담당합니다. 식물에 물을 주고 관리하는 일을 담당하면 학년 초에 교우 관계가 어려워도 혼자 불편하게 앉아 있지 않게 됩니다. 그리고 아이들은 교실에 있는 식물에 관심이 많기 때문에 식물을 주제로 삼아 친구들과 이야기를 나눌 수 있어 친구들과의 의사소통에 어려움을 겪는 아이에게 직업으로 추천합니다.

준비물 식물, 화분, 분무기, 강낭콩 등의 씨앗, 식물 관리사 명찰

놀이 방법

1 식물 관리사 명찰을 착용합니다.

2 학급에서 키울 식물을 정한 후에 모종이나 씨앗으로 구입합니다.

3 식물 관리사는 교사와 함께 모종을 화분에 옮깁니다.

4 식물 관리사는 식물의 특징을 조사하고 햇빛을 쬐는 시간, 물을 주는 횟수 등을 정리하여 식물 키우기 자료를 만듭니다.

5 식물에 대해 주의할 점이 있는 경우 안내사항을 적어 화분 주변에 게시합니다.

6 식물에 물을 주고, 햇빛을 충분히 보게 하고 싶을 때는 학교에서 적당한 곳을 찾아서 주말 동안 화분을 놓아둡니다.

7 식물 주변을 수시로 환기해줍니다.

- 아이들은 열매를 맺거나 화려한 꽃이 피는 식물을 좋아합니다. 아이들이 관

심 있는 식물을 키워야 친구들이 다가오게 되므로 강낭콩, 봉숭아, 방울토마토, 상추, 고추, 해바라기, 나팔꽃 등의 식물을 기르는 것을 추천합니다.

- 처음부터 모종이나 화분을 구입해서 키우는 것보다는 강낭콩처럼 씨를 심어서 싹이 트는 과정을 처음부터 관찰하도록 하는 것이 좋습니다. 싹이 트고 자라는 과정을 보면서 식물의 성장에 대한 이야기가 친구들과의 대화 주제가 될 수 있기 때문입니다.

- 식물 관리사에게 식물이 자라는 과정을 사진으로 찍은 뒤 식물 사진 전시회를 열게 하면, 식물 관리사인 아이가 친구들 앞에서 이야기를 할 수 있는 기회를 만들어줄 수 있습니다.

- 여건이 된다면 아이들이 직접 자신이 키울 식물 모종을 선택할 수 있도록 근처 가게에서 함께 식물을 보고, 구입하는 것도 좋습니다. 그렇게 하면 함께 식물을 구입하는 과정에서 친구들과 친해질 수 있는 기회를 자연스럽게 만들어줄 수 있고, 아이들에게 좀 더 의미있는 소중한 식물이 될 수 있습니다.

27. 공정 심판

공정 심판은 놀이 시간에 보드게임을 대여하고 게임 방법과 규칙을 안내한 뒤 게임 심판 역할을
담당합니다. 평소 친구들에게 참견을 잘하는 아이가 이 직업을 갖게 되면 옳고 그름에 대해 분별
하는 것을 좋아하는 아이의 장점을 격려해줄 수 있습니다. 또한 놀이 시간에 심판이 필요할 때
다른 친구들이 먼저 공정 심판인 아이에게 다가올 수 있어 놀이 시간에 적극적으로 어울리지 못
하는 아이, 내성적인 아이에게 추천하는 직업입니다.

> **준비물** 보드게임 신청서, 공정 심판용 조끼, 타이머, 공정 심판 명찰

놀이 방법

1 공정 심판용 조끼와 명찰을 착용합
   니다.
2 놀이 시간에 보드게임을 사용할 경
   우 공정 심판에게 신청하고 대여합
   니다.
3 공정 심판은 보드게임 방법 및 규칙
   을 안내합니다.

4 게임 중에는 심판 역할을 하며, 타이머가 필요한 경우 활용합니다.
5 게임을 사용한 뒤에는 잘 정리하여 공정 심판에게 확인을 받습니다.

활동
TIP

- 놀이 시간에 혼자 있는 아이가 있다면 공정 심판 활동을 통해 친구들에게

게임을 대여해주고, 규칙을 알려주는 기회를 만들어줌으로써 자연스럽게 친구들의 놀이 안으로 들어가도록 도와줍니다.

- 놀이 시간에는 많은 아이들이 보드게임을 이용하기 때문에 공정 심판이 동시에 여러 그룹의 심판을 봐야 할 때가 있습니다. 교우 관계에 어려움이 있는 아이의 경우에는 다양한 그룹을 돌아다니며 순회하는 심판 활동을 할 수 있도록 하여 여러 친구들과 소통할 수 있는 기회를 자연스럽게 만들어주는 것이 좋습니다.

- 평소 옳고 그름을 지나치게 구분하는 아이라면 다른 친구가 장난으로 하는 말과 행동을 너무 진지하게 받아들이지 않도록 가르쳐주는 것이 좋습니다.

- 여러 친구들과 어울리는 놀이 활동을 통해 상대방의 감정에 공감하는 방법, 문제 상황을 유연하게 대처하는 방법을 자연스럽게 배울 수 있습니다.

28. 고민 상담사

고민 상담사는 친구들의 고민을 들어주는 역할을 담당합니다. 아이들은 학교에서 일어나는 소소한 갈등은 물론 부모님께 혼이 났을 때 등 자신의 마음속 이야기를 털어놓으면서 자신의 감정이 무엇인지 알게 되고, 자신을 이해하는 힘을 키울 수 있습니다. 또한 또래의 입장에서 고민의 해결 방안을 제시해주는 것은 아이들에게 실질적인 도움을 줄 수 있습니다. 친구들의 고민을 들으며 다른 사람의 생각을 이해하는 경험을 할 수 있어서 공감 능력을 키워주고 싶은 아이들에게도 추천하는 직업입니다.

> **준비물** 고민 신청서, 고민 해결 게시판, 상담소 간판, 고민 상담사 명찰

놀이 방법

1 고민 상담사의 명찰을 착용하고 상담소 간판을 준비합니다.

2 고민이 있는 친구는 고민 신청서를 작성하여 상담소에 제출하고, 고민 상담사와 상담 예약을 합니다. 상담 예약 시간이 되면 고민 상담사와 일대일 상담을 진행합니다. 고민 상담사는 상담 내용의 비밀을 보장합니다.

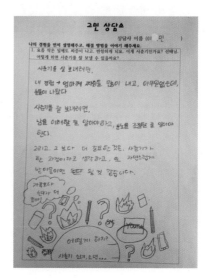

3 학급 전체를 대상으로 '6학년이 된 후 고민이 무엇인지' 등의 주제를 준 뒤 무기명으로 고민을 적도록 할 수도 있습니다. 교사는 고민 내용을 수합하여 공통적인 고민 내용을 정리하고 고민 상담사에게 전달합니다.

4 고민 상담사는 학급의 공통적인 고민에 대해 해주고 싶은 이야기, 해결 방안에 대해서 작성합니다. 고민 상담사가 작성한 고민 해결 내용은 게시판에 게시하여 학급 전체가 공유할 수 있도록 합니다.

- 말로 하기 어려운 경우에는 고민을 종이에 적도록 해서 글로 상담해주는 방법으로 놀이 활동을 운영할 수도 있습니다.
- 음악 DJ와 협력하여 '보이는 라디오' 이벤트를 열어줍니다. 창체 시간을 활용하여 무기명으로 고민 신청을 받아서 사연을 읽어주는 활동을 하면, 아이들은 해결책을 제시해주지 않더라도 고민을 함께 듣고 나누면서 그 과정에서 서로 위로를 주고받습니다. "언니가 내가 아끼는 지우개를 허락도 없이 사용하고, 잃어버려서 속이 상해요."라는 사연을 읽어주면 여기저기서 "나도 그런적 있어!"라는 이야기가 터져 나오는데, 이 과정에서 아이들은 자연스럽게 공감과 위로의 방법을 배우게 됩니다. 특히 공감 능력이 부족한 아이들이 다른 사람의 입장과 처지를 이해하는 데 도움이 될 수 있습니다. 또 사춘기 고민으로 우울해 있는 아이들의 우울감 극복에도 도움을 줄 수 있습니다.

02
소통과 배려를 배우는,
협력하는 직업놀이

—

1단계 직업놀이를 통해 학급 구성원 모두가

자신의 의견과 목소리를 낼 수 있는 자신감과 자존감을 키웠다면,

2단계 직업놀이에서는 협력하고 토의하는 다양한 경험을 통해

서로의 다른 생각을 이해하고, 협력하는 즐거움을 느끼며

타인에 대한 배려 및 소통하는 능력을 키울 수 있습니다.

여럿이 모여 직업놀이를 수행할 때 수반되는 다양한 갈등을 현명하게 해결할 때

아이들은 교실이라는 작은 사회 안에서 한 단계 더 성장하게 될 것입니다.

29. 마음 변호사

마음 변호사는 아이들 간의 소소한 다툼이 발생했을 때 친구들의 이야기를 경청하고 공감하는 활동입니다. 교사가 아이들의 사소한 다툼에 개입하면 오해나 원망이 생기는 경우가 있습니다. 아이들 스스로 해결할 수 있는 작은 다툼은 아이들이 자치적으로 해결할 수 있도록 서로 마음을 터놓는 환경을 만들어주는 것이 좋습니다. 마음 변호사 활동을 통해 아이들은 소통과 공감하는 방법을 배우게 됩니다.

> **준비물** 마음 변호사 일지, 마음 변호사 수첩, 마음 변호사 명찰

놀이 방법

1 교실에 사건이 발생하면 교사는 따돌림이나 학교 폭력처럼 교사가 해결해야 할 문제인지 아니면 아이들이 스스로 해결할 수 있는 문제인지를 판단합니다.

2 아이들이 자치적으로 해결할 수 있는 문제라고 판단되면 이 사건을 담당할 마음 변호사를 각각 지정하게 합니다. 마음 변호사는 팀별로 순서를 정해서 돌아가며 활동하는 것이 원칙이지만 자신이 원하는 변호사를 지정할 수도 있습니다.

3 마음 변호사는 자신이 담당하는 친구와 조용한 곳에서 이야기를 나눕니다. 이때 교사는 두 팀이 서로의 이야기를 듣지 않도록 복도와 교실 등 공간을 각각 지정해줍니다.

4 변호사는 의뢰인의 이야기를 잘 들으면서 변호사 수첩에 메모합니다. 어떤 이유로 화가 난 건지, 어떻게 하고 싶은지, 지금 마음은 어떤지를 물어보고 변호사 수첩에 적습니다.

5 의뢰인과 이야기를 충분히 나눈 후 변호사끼리 만나서 들은 내용을 서로 확인하는 '오해 풀기(변호사 회의)' 시간을 갖습니다.

6 오해 풀기 과정에서 궁금한 점은 상대편이 아닌 자신의 의뢰인에게 직접 확인합니다.

7 변호사는 의뢰인이 어떻게 하고 싶은지를 물어보고, 상대편 변호사에게 의뢰인의 생각을 잘 전달합니다.

8 대부분은 의뢰인이 변호사에게 속상한 마음을 털어놓으면서 감정이 풀리기 때문에 사건이 마무리됩니다. 그러나 서로의 생각이 달라서 대화가 원만하게 되지 않는 경우에는 교사가 변호사를 불러서 현재까지의 상황에 관한 이야기를 전해 듣습니다. 그리고 시간이 더 필요한 경우에는 다음날까지도 충분히 이야기할 수 있도록 기다려줍니다. 아이들의 상한 마음이 풀어지고, 감정이 해결되는 데는 하루, 이틀, 혹은 그 이상의 시간이 필요한 경우도 있

습니다. 학교 폭력 등 교사가 개입해야 하는 갈등과 다툼이 아니라면 아이들의 속상한 마음과 감정이 해결될 때까지 아이들에게 따뜻한 관심을 갖고 마음 변호사 활동 과정을 살펴보면서 충분히 기다려주는 것이 좋습니다.

- 아이들은 변호사를 논리적으로 따지고, 상대편의 잘못을 지적하고, 자신의 의뢰인을 편들며 논쟁하는 사람이라고 생각합니다. 그러나 우리 반의 마음 변호사의 역할은 친구의 이야기에 경청하고, 공감하며, 마음을 풀어주는 것임을 먼저 안내합니다. 평소 자기중심적으로 생각하는 아이들은 마음 변호사 활동을 통해 공감, 경청 능력을 키울 수 있습니다.
- 소심하고 내성적인 아이들의 경우 친구들의 마음을 잘 헤아리고, 배려심이 깊다는 장점이 있습니다. 마음 변호사 활동을 통해 이 아이들의 장점을 북돋아 준다면 아이의 자존감을 높여줄 수 있습니다.
- 변호사는 한 명이 아닌 팀으로 활동하며, 동성보다는 이성으로 팀을 구성하는 것이 더 좋습니다.
- 학급에서 사건이 자주 발생한다면 여러 팀을 만들어서 순서를 정해 돌아가며 활동하게 합니다.
- 친한 친구를 마음 변호사로 지정하면 무조건 친구의 편을 들어주지는 않을까 염려되지만 변호사를 맡은 아이는 객관적으로 사건을 해결하려고 노력하기 때문에 큰 문제가 되지 않습니다. 오히려 친밀한 사이이기 때문에 의뢰인이 자신의 속마음을 털어놓기 쉽고, 이미 변호사가 의뢰인의 성격을 파악하고 있어서 사건을 해결할 때 의뢰인의 마음과 행동의 이유에 대해서 잘 전달할 수 있다는 긍정적인 부분이 더욱 큽니다.

- 마음 변호사는 다툰 아이들이 "이제 마음이 괜찮아졌어."라고 말할 때까지 관심을 두고 끝까지 이야기를 들어주어야 합니다. 그러기 위해서는 교사 또한 변호사에게 사건을 맡겨두고 방치하는 것이 아니라, 관심을 두고 상황을 살펴보아야 합니다.

- 사건이 종결되는 기준은 두 아이의 마음이 모두 풀리는 순간입니다. 잘잘못을 따지기보다는 두 아이의 마음이 풀리고, 오해가 해결되면 사건을 종결시킵니다.

- '변호사'라는 직업을 들으면 학급 재판을 열어서 원고와 피고를 정하고 그들을 변호하는 일이라고 연상하기 쉽습니다. 그러나 아이들을 학급 재판에 세우는 것은 아이에게 수치심을 느끼게 할 수 있습니다. 잘못된 행동으로 인해 낙인이 찍히거나 문제를 해명하기 위한 변명과 남 탓으로 교우 관계가 깨지는 등의 문제가 발생할 수 있기에 어떤 다툼이 생겨도 학급 재판을 열지 않는 것이 좋습니다.

- 마음 변호사의 활동 단계는 다음과 같습니다.

  ① 마음 부딪히기 : 서로의 마음이 부딪혀 소소한 다툼이 발생하는 상황

  ② 마음 듣기 : 변호사 2명씩 짝을 지어 담당하는 친구에게 찾아간 뒤 분리된 공간에서 친구의 이야기 들어주기

  ③ 공감하기 : 자신도 이와 비슷한 경험이 있었다면 그 이야기를 친구에게 전하기. "나도 예전에 누가 그래서 화났던 적 있었어. 네 맘 이해해."

  ④ 오해 풀기(변호사 회의) : 친구가 어떻게 하고 싶은지, 상대편 친구가 어떻

게 해줬으면 좋겠는지에 대한 의견을 묻고, 들은 의견을 상대편 변호사에게 전달하고 이야기 나누기

⑤ 마음 나누기 : 자신이 담당한 친구에게 상대방 친구의 마음을 전하기. 의뢰인에게 하는 변호사의 마지막 질문은 "사과할래?"가 아니라 "네 마음은 괜찮아졌어?"가 되어야 하고, 이후 서로의 마음이 풀리면 사건은 종료됨.

30. 반 의원

반 의원은 학급의 다양한 문제에 대해 토의 및 토론하고, 학급 규칙을 만들어가는 활동입니다. 교실에서는 매일 여러 가지 문제 상황이 일어나는데 학급 회의는 주도적이고 적극적인 소수의 아이들이 이끌어가며, 정해진 시간에만 이루어집니다. 수시로 발생하는 문제에 대응해 즉시 회의를 열기도 어렵습니다. 그래서 학급 문제가 발생하는 즉시, 다양한 기질 및 특성의 아이들이 각자 자신의 입장에 따라 생각을 나누는 토의 및 토론을 통해 학교생활과 관련된 문제를 스스로 해결하고 그에 따른 규칙을 만들어갈 수 있도록 도와주는 방법으로 비공식적인 미니 회의를 진행하는 반 의원 직업놀이를 소개합니다.

준비물 반 의원 회의록, 반 의원 명찰

놀이 방법

1 회의 안건이 생기면 쉬는 시간 틈틈이 비공식적인 미니 회의를 진행합니다.

2 반 의원 회의록을 작성합니다.

3 회의 결과를 학급 전체 친구들에게 안내하고, 다양한 의견을 수렴합니다.

4 필요한 경우 2차 반 의원 회의를 통해 의견을 보완하고, 회의 결과를 학급 전체에게 알린 후에 전체 의견을 수렴하여 최종적으로 학급 규칙을 결정합니다.

- 반 의원은 학급 임원과 학급의 다양한 그룹을 대표할 수 있는 아이들로 구성하는 것이 좋습니다. 예를 들어 다툼과 갈등이 잦은 아이, 내성적인 아이, 산만한 아이, 자신감이 없는 아이, 평소 공부에 전념하지만 개인적인 성향이 강한 아이, 운동을 잘하지만 욱하는 성향이 강한 아이 등 다양한 특성을 가진 아이들로 구성합니다. 그래야 각자의 입장에서 다양한 의견을 말할 수 있기 때문입니다.
- 학급 회의에서 큰 목소리를 내는 아이들은 학급 규칙을 잘 지키는 아이들입니다. 그래서 "수업 시간에 떠들지 맙시다. 떠든 경우에는 벌점을 받도록 합니다."와 같이 상벌 위주의 의견을 제안합니다. 그럼 평소 수업 시간에 떠드는 아이들은 '넌 안 떠든다 이거지. 두고 봐.'라는 생각을 하며 친구들 간에 서로의 입장을 이해하지 못해 보이지 않는 갈등이 생기게 됩니다. 이러한 문제점을 해결하기 위해서는 떠드는 아이도 자신의 입장을 말할 수 있어야 하며, 상벌 중심이 아닌 문제 해결에 초점을 둔 회의를 열어야 합니다.
- 반 의원의 인원은 5~7명이 적당합니다. 너무 많으면 회의 시간이 길어지고 너무 적으면 다양한 의견을 수렴할 수 없기 때문입니다. 반 의원의 지원자

가 많을 때는 반 의원 1팀, 2팀으로 나눠서 1팀은 여자 회장, 남자 부회장, 학급 그룹 대표 3명, 2팀은 남자 회장, 여자 부회장, 학급 그룹 대표 3명으로 구성하는 것이 좋습니다.

- 처음 반 의원을 선정할 때는 지금까지의 학급 회의를 떠올리며 아이들이 지원을 꺼립니다. 이럴 때는 국회의원을 예시로 들면서 국회의원이 나라의 중요한 일을 결정하는 것처럼 반 의원은 학급의 중요한 일을 결정하는 역할이라는 것을 알려주면 도움이 됩니다. 이런 활동을 통해 아이들은 학급의 의사결정 과정에서 자신의 목소리를 낼 수 있다는 것이 얼마나 중요한 일인지 경험하게 됩니다.

- 회의 장소는 다른 아이들이 있는 교실이 아닌 복도 등 비공식적인 공간으로 정합니다. 이렇게 비공식적으로 회의가 진행될 때 반 의원인 아이들이 자신의 솔직한 의견을 말할 수 있게 됩니다.

31. 반 청장

교실 속 직업놀이를 이끌어가는 주체는 아이들입니다. 직업놀이와 관련해서 발생하는 문제를 해결하고, 직업놀이의 준비부터 실행 과정까지의 모든 단계를 아이들이 이끌어가도록 도와주는 활동인 반 청장 직업놀이를 소개합니다.

준비물 직업놀이표, 전용 도장, 반 청장 사무소, 반 청장 명찰

놀이 방법

1 반 청장은 직업놀이에 관해 궁금한 점이나 불만 등의 민원을 접수받고 해결합니다.

2 새로운 직업놀이가 운영될 때 해당 직업에 대해 안내합니다.

3 특정 직업놀이에 지원자가 많을 때 담당하는 요일과 하는 일 등을 나누는 과정을 도와줍니다.

4 직업놀이 과정에서 발생하는 모든 문제를 해결할 때 교사와 조율 및 협의하는 역할을 합니다.

- 직업놀이의 시작과 끝에 반 청장의 의견이 반영되는 만큼 반 청장의 권한
  이 매우 큽니다. 따라서 학업 능력, 교사의 신뢰, 주도적인 성격, 친구들의
  인기와 상관없이 학급과 친구들에게 대한 관심이 중요한 자격 요건입니다.
  학급에 대한 관심을 갖고 노력하려는 마음만 있다면 누구든지 반 청장이
  될 수 있으므로 자신감이 부족한 아이, 산만한 아이 등 리더의 경험이 필요
  한 아이에게 반 청장의 기회를 주는 것도 좋습니다.

32. 세무사(국세청장)

직업놀이의 목적 중 하나는 공동체 의식을 배우는 것입니다. 학급 공동의 목적을 이루기 위해서 자기 소득의 일부를 세금으로 내고, 공동체를 위해 기여하는 경험은 아이들에게 앞으로 살아가는 데 필요한 민주시민 의식, 공동체 의식을 배울 수 있는 기회를 줍니다.

준비물 국세청 금고, 세금 명부, 세금 주머니, 세무사(국세청장) 명찰

놀이 방법

1 세무사는 세금 걷는 날을 사전에 안내합니다. "내일 5교시 창체 시간에 세금을 걷겠습니다."
2 세금 주머니를 들고 교실을 순회하며 세금을 걷습니다. 걷은 세금은 세금 명부에 체크합니다.

3 걷은 세금의 총액을 계산하여 이 상이 없는지 확인한 후 국세청 금고에 보관합니다.

- 직업놀이에서 세금 제도의 목적은 공동체 의식을 경험하기 위함입니다. 우리 모두에게 필요한 자원을 얻거나 공공의 목적을 위한 활동을 하기 위해서 모두 함께 노력해야 한다는 공동체 의식을 함양하고자 세금 제도를 도입합니다. 따라서 세금의 액수나 납부 방법 등이 중요한 것은 아닙니다. 우

리 반 아이들이 경험할 수 있는 학급을 위한 작은 기부라고 생각하고, 공동체를 위해서 어떻게 세금 제도를 활용할 수 있을까를 고민해본다면 학급 특색에 맞는 다양한 운영 방법을 찾게 될 것입니다.

- 자기중심적으로 생각하는 아이에게 세무사(국세청장)의 직업을 추천합니다. 세무사는 내가 아닌 우리를 먼저 생각하는 직업입니다. 친구들의 소중한 세금을 학급을 위해 어떻게 사용할지 고민하는 과정에서 자연스럽게 더불어 살아가는 지혜를 배울 수 있게 됩니다.

- 세무사로서 성실하게 활동한 아이는 국세청장으로 승진할 수 있는 자격이 주어집니다. 저학년의 경우에는 세무사 활동을 성실하게 활동해 온 아이에게 국세청장이 되는 기회를 줄 수 있고, 고학년의 경우에는 국세청장이 되기 위한 국세청장 자격시험 제도를 이용할 수도 있습니다. 세무사는 세금을 걷는 일과 걷은 세금을 계산해서 금액을 맞춰보는 활동을 하고, 국세청장은

걷은 세금을 보관하는 국세청 금고를 관리하고, 최종적으로 세금의 사용처와 사용 여부를 결정하는 역할을 합니다.

33. 공정 거래 위원장

아이들이 스스로 계획하고 운영하는 학급을 만들어가기 위해서는 자치 기구와 학급 행사를 운영하는 과정에서 발생하는 갈등과 문제까지도 스스로 해결할 수 있도록 하는 것이 중요합니다. 교사가 학급 자치 및 행사에서 발생하는 소소한 문제에 개입하고 관리 및 감독 역할을 한다면 자치 기구의 교육 목적이 빛을 잃을 수 있습니다. 아이들의 학급 자치를 도와주는 활동인 공정 거래 위원장을 소개합니다.

> **준비물** 결재 도장, 공정 거래 관리표, 문서 보관함, 공정 거래 위원장 명찰

놀이 방법

1 학급 행사를 기획하고 추진할 때는 반드시 공정 거래 위원장의 결재를 받게 합니다.

2 공정 거래 위원장은 학급 행사에서 발생할 수 있는 문제점을 예상하고, 보완할 수 있도록 의견을 제안합니다.

3 학급 자치 기구 및 학급 행사 등에서 발생하는 다양한 문제를 접수받습니다.

4 접수받은 문제의 내용을 확인하고 해결을 돕는 역할을 합니다.

- 똑똑하고 공평한 아이지만 친구들 눈에는 잘난 척하고 따지기 좋아하는 아이로 보인다면 공정 거래 위원장의 직업놀이를 통해 아이의 장점을 돋보이게 해줄 수 있습니다. 다양한 친구들의 입장을 고려해서 합리적인 의사결정을 할 수 있는 아이의 능력을 맘껏 발휘하게 해준다면 스스로에 대한 믿음과 함께 친구들의 신뢰도 쌓아가게 될 것입니다.

- 공정 거래 위원장이 스스로 판단하기 어려운 문제는 교사가 함께 상의하고, 아이들이 생각의 폭을 넓혀갈 수 있도록 도와줍니다. 이때 교사가 해결 방안을 알려주면 스스로 생각하기보다는 교사가 원하는 방법대로 처리하려는 태도를 보이게 됩니다. 교사는 공정 거래 위원장이 상황을 객관적으로 파악하고, 좋은 대안을 제시할 수 있도록 도와주는 다양한 발문을 통해서 스스로 생각할 수 있도록 도와주는 것이 좋습니다.

- 공정 거래 위원장은 문제 상황을 파악하고, 공정하게 해결하는 방법에 대해 의견을 제안합니다. 예를 들어 학급 파티를 기획하고 준비하는 경우 준비

과정에서 다양한 문제 상황 및 갈등이 발생하게 됩니다. 이럴 때 문제 상황을 중재하는 조정 기구의 역할을 합니다.

- 학급의 자치 기구가 제대로 정착하도록 하기 위한 중요한 직업놀이이기 때문에 공정 거래 위원장의 역할에 대해 놀이 교육을 실시할 때는 문제의 상황을 객관적으로 바라보기, 친한 친구의 편을 들어주지 않기, 지적이나 비난의 표현이 아닌 좋은 방안을 제시하기 등의 활동 방법을 알려줘야 합니다.

34. 수학 박사

공부는 잘하지만 잘난 척하거나 자기중심적인 행동으로 친구들과 잘 어울리지 못하는 아이가 있다면 학습에 대한 자신감을 키워주면서 배려심도 배울 수 있도록 교과 관련 직업을 소개해주는 것이 좋습니다. 잘난 척하는 아이가 아닌 친구들에게 지식을 나눠주는 멋진 아이가 될 수 있도록 도와줄 수 있는 수학 박사 직업놀이를 소개합니다.

> **준비물** 채점용 빨간색 색연필, 포스트잇, 수학 박사 명찰, 수학 박사 간판

놀이 방법

1 쉬는 시간 및 교과 시간을 활용하여 수학 박사 직업놀이 활동을 운영합니다.
2 교사가 오늘 배울 수학의 개념과 원리에 대해 설명한 후 교과서에 있는 문제를 풀어보는 시간에 수학 박사인 아이들이 앞에 나와서 문제를 풀고, 풀이 과정을 설명합니다.

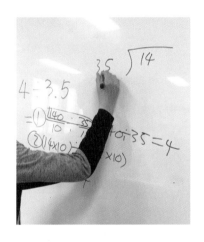

3 수학 박사가 풀이 과정을 설명하면 다른 아이들이 질문을 하며 함께 토의를 진행합니다.
4 친구의 질문에 대답하기 어려울 때는 '생각 바톤 이어달리기'로 다른 수학 박사가 대신 설명을 이어갑니다.
5 수학 박사는 오늘 배운 수학 활동지 또는 익힘책 등의 내용을 확인하고, 채점해줍니다.

6 친구들이 질문하는 내용에 대해 설명해주고 모르는 문제, 틀린 문제의 풀이를 도와줍니다.

7 수업을 마친 후에는 이벤트로 수학 퀴즈를 만들어서 게시판에 붙여 놓습니다.

활동 TIP

- 수학 박사가 풀이 과정을 설명할 때는 정답을 맞히는 것보다 서로 질문을 주고받으며 토의하는 활동을 이끌어가는 역할을 하는 것이 중요합니다. 아이들이 서로 질문을 주고받으며 토의하는 과정에서는 '저게 진짜 맞아?'라고 풀이 과정을 의심하고 고민하면서 계속 스스로 생각하게 됩니다. 이렇듯 아이들이 학습의 참여자에서 학습의 주체가 될 때 학습에 대한 자신감과 자기 주도성을 키울 수 있습니다. 또 친구의 실수를 통해 배우기도 하고, 교사의 설명만으로 해결이 안 되었던 궁금증이 해소되기 때문에 수업에 좀 더 집중하고 재미를 느끼게 됩니다.

- 가끔 수업에 관심 없던 아이가 호기심을 갖고 참여하고 싶어할 때는 수학 박사 아르바이트에 도전해볼 수 있도록 합니다. 이런 활동을 통해 수학에

자신이 없던 아이도 조금씩 학습에 대한
자신감을 갖게 됩니다.

- 앞에 나온 아이가 정답을 맞히면 교사는
"정답을 잘 맞혔군요."라는 말 대신 "생
각을 나눠주고, 용기를 내주어서 고마워
요."라고 격려를 해줍니다. 틀렸을 때는
"답이 틀렸는데, 누가 다시 풀어볼까?"
대신 "○○이가 용기를 내서 생각의 주
사위를 던져주었는데, 생각 바톤을 이어
받아 함께 생각을 나눠줄 친구를 지원

받습니다. 우리 ○○이가 생각 바톤을 누구에게 전해주고 싶은지 이름을 불
러주세요."라고 말해줍니다. 그러면 아이들은 너도나도 자기를 뽑아달라고
지원합니다. ○○이는 기분 좋은 마음으로 다음 주자에게 생각 바톤을 넘기
고 자리로 돌아갈 수 있습니다. 이때 자리로 돌아가는 친구에게 반드시 "모
두에게 생각을 나눠줘서 고마워요." 하고 격려의 박수를 보내줘야 합니다.
그래야 자신이 괜히 앞에 나와서 창피하게 틀렸다고 생각하지 않게 되니까
요.

- 처음 수학 박사를 해보는 아이들은 채점하는 활동을 할 때 자신이 친구들
보다 우월하다는 생각으로 친구를 지적하거나 비난하는 말과 행동을 할 수
있습니다. 따라서 교사는 어떤 마음과 태도로 친구들에게 가르쳐야 하는지
를 알려주는 것이 좋습니다. 문제를 틀렸을 때 "야! 이거 틀렸어. 다시 풀어
와!"라고 말하면 친구의 마음이 속상할 수 있으므로 "아쉽게 2문제가 틀렸
네. 다시 풀어보고, 도움이 필요하면 이야기해줘."라고 친절하게 설명하는
방법을 안내해주세요.

- 수학 박사가 채점하는 활동을 할 때는 3명 이상이 동시에 활동하는 것이 좋습니다. 아이들이 채점을 받기 위해 줄을 서서 기다리는 시간을 줄일 수 있고, 수학 박사끼리의 선의의 인성 경쟁을 통해서 부족한 배려심을 키울 수 있기 때문입니다. 수학 박사 5명이 동시에 수학 익힘책을 채점하는 활동을 하면 아이들은 어떤 수학 박사에게 채점을 받으러 갈지 선택할 수 있습니다. 당연히 이기적인 행동을 하거나 지적하는 말투로 얘기하는 수학 박사보다는 친절하고 따뜻하게 대해주는 수학 박사의 인기가 많겠지요. 이렇듯 다른 친구들의 행동을 통해 배려와 친절을 자연스럽게 터득하게 됩니다.
- 교사가 채점해야 하는 중요한 학습지나 평가지가 아닌 수업 시간에 간단히 풀어보는 퀴즈 등의 활동지를 활용해서 수학 박사 직업놀이를 운영합니다.
- 이와 같이 운영할 수 있는 직업으로는 사회 박사, 과학 박사 등이 있습니다.

35. 종이접기 선생님

종이접기를 잘하든 못하든 실력과 상관없이 누구나 종이접기 선생님이 되어 각자의 실력대로 종이접기 클래스를 개설해서 친구들을 가르칠 수 있습니다. 아이들이 한 시간 동안 다양한 수준의 종이접기를 동시에 배울 수 있도록 해주는 즐거운 종이접기 선생님 직업놀이를 소개합니다.

> **준비물** 종이접기 클럽 일지, 작품집, 색종이, 클래스 간판, 종이접기 선생님 명찰

놀이 방법

1 학급에서 종이접기를 좋아하는 아이들의 신청을 받아 종이접기 선생님으로 임명합니다.
2 종이접기 클래스 모집을 시작합니다. "다음 주에 종이접기 클럽을 개설하고 싶은 종이접기 선생님은 내일까지 신청해주시기 바랍니다."
3 종이접기 클래스 신청이 마감되면 샘플을 전시합니다. "초급반은 대문 접기, 중급반은 배 접기, 고급반은 학 접기, 최상급반은 미니카 접기, 전문가반은 드래곤 접기입니다. 예시 작품을 전시해두었으니 확인하고, 원하는 클래스에 수강 신청해주세요!"
4 아이들은 자신이 배우고 싶은 종이접기 클래스에 수강 신청을 합니다.
5 종이접기 시간이 되면 종이접기 선생님은 초급, 중급 등 순서대로 앉아서 자신의 클래스 간판을 세우고, 수강생이 오면 수업을 시작합니다.

- 산만하거나 집중력이 부족한 아이, 자기중심적인 행동을 하는 아이들의 경우 종이접기 선생님 활동을 하면서 가르치는 경험을 통해 집중하는 방법, 친구를 배려하는 방법을 스스로 배울 수 있게 됩니다. 종종 어떤 클래스에는 수강생이 몰리고, 어떤 클래스에는 수강생이 없는 경우가 있는데, 교사는 수강생이 없는 클래스의 홍보를 도와줄 수 있습니다. 내성적이고 소극적인 아이들에게 종이접기 선생님의 기회를 주면 친구들과 자연스럽게 친해지고 소통할 수 있는 기회가 생깁니다.

- 종이접기 선생님은 종이접기를 잘하는 아이들이 하는 것이 아니라 종이접기를 좋아하는 아이들이 하는 직업놀이입니다. 그 아이의 종이접기 수준에 맞는 클래스를 열어주면 되기 때문에 종이접기의 실력은 중요하지 않습니다. 일반적으로 아이들은 잘하는 사람이 다른 친구를 가르칠 수 있다고 생각하는데, 교사가 아이들의 실력과 수준에 맞는 클래스를 개설해준다면 모든 아이가 종이접기 선생님이 될 수 있습니다. 이때 교사는 전문가반이나

최상급반의 종이접기 클래스에서 함께 가르치거나, 기초반 아이들과 함께 종이접기의 기본 접기를 가르치면서 도움이 필요한 클래스의 보조 교사로 활동할 수 있습니다.

- 저학년의 경우 봄, 여름 등의 통합 교과 수업에 따라서 종이접기 클래스의 주제를 정해주면 아이들이 주제에 어울리는 다양한 작품을 연구해서 준비해옵니다. 아이들이 만든 작품을 게시판에 전시하면 우리 반만의 특별한 학급 환경을 구성할 수 있습니다. 종이접기 클래스에서 배운 작품을 모아둘 수 있도록 클리어파일, 지퍼백 등을 활용합니다.

- 각자 자신의 수준에 따라 미니 클래스를 열어서 선생님이 되어보는 활동은 기초부터 고급까지 수준별로 배우고 싶은 아이들이 다양한 종이접기를 한 시간 동안 모두 배울 수 있다는 장점이 있습니다. 참여하는 아이들이 다양한 경험을 할 수 있고, 모두가 선생님이 될 수 있어 자신감과 자존감이 높아집니다.

- 이와 같이 운영할 수 있는 직업으로는 컴퓨터 선생님, 줄넘기 선생님, 배드민턴 선생님 등이 있습니다.

36. 아나운서

아나운서는 말하기를 좋아하는 아이들, 소리 내어 글을 읽는 것을 좋아하는 아이들에게 추천하는 직업놀이입니다. 학급 소식 뉴스를 전해주거나 국어 시간에 소리 내어 책 읽기 등의 활동을 통해 다른 사람 앞에서 발표하는 기회를 만들어줄 수 있습니다.

> **준비물** 아나운서 전용 마이크, 아나운서 명찰

놀이 방법

1 학급 신문이 발행되면 학급 전체를 대상으로 기사의 내용을 말로 전해줍니다.

2 국어, 사회 등의 교과 시간에 소리 내어 책을 읽어줍니다.

3 모둠 활동 시 발표자로서 활동 내용을 말로 전해줍니다.

4 학급에서 운영하는 다양한 프로그램을 진행합니다.

- 자신감이 부족하거나 소극적인 아이 중에는 책을 읽거나 발표를 할 때 목소리가 작은 아이들이 종종 있습니다. 그럴 때 아이가 관심 있는 분야의 책이나 정보를 정리해서 대본으로 준비하여, 아이가 말을 할 수 있는 기회를 만들어줍니다. 이때 중요한 것은 즉석에서 생각이나 감정을 말하는 게 아니라 주어진 대본이나 책을 보고 말하는 것부터 시작하는 것입니다. 주어진 대본을 읽고 말하는 활동이 생각을 말하는 활동으로까지 이어져 아이의 자신감을 키워줄 수 있습니다.

- 아이가 작은 목소리로 말을 할 때 다른 친구들이 잘 안 들린다고 불만을 표시하면 작은 목소리는 더욱 집중해서 들으면 잘 들린다고 안내하여 아이들의 집중과 관심을 높여주도록 지도합니다.
- 아이들은 말을 잘하는 사람만 아나운서를 할 수 있다고 생각합니다. 그래서 교사는 아나운서 직업놀이를 소개할 때 친구들에게 이야기해주는 것을 좋아하는 사람, 새로운 소식이 있으면 친구들한테 말해주고 싶은 사람 등 말하기를 좋아하는 사람이라면 누구나 아나운서가 될 수 있다는 것을 안내해 줘야 합니다.
- 중간 놀이 시간에 아이들이 보드게임을 하고 있을 때나 체육 시간에 스포츠 게임을 진행할 때 아나운서가 게임 진행 상황을 생중계해주는 역할을 할 수 있습니다.
- 수업 시간 중 모둠별로 발표하는 시간에 아나운서는 발표를 진행하는 역할을 할 수 있습니다. 아이가 친구들 앞에서 말하는 것을 좋아해서 아나운서 활동을 매일 하고 싶어 할 때는 아침 독서 시간을 활용해서 책을 읽어주는 시간을 만들어주는 것이 좋습니다.
- 이와 같이 운영할 수 있는 직업으로는 동화책 선생님 등이 있습니다.

37. 학급 기자

학급 기자는 글쓰기를 좋아하는 아이들, 다른 친구들에게 관심이 많은 아이들에게 추천하는 직업놀이입니다. 친구들과 학급에 관련된 소식, 학습 내용 등 다양한 주제로 글을 쓰고 자기를 표현할 수 있는 기회를 만들어줄 수 있는 활동입니다.

준비물 학급 기자 수첩, 인터뷰용 마이크, 학급 기자 명찰

놀이 방법

1 학급 신문에 들어갈 기사 선정 회의를 진행합니다.

2 선정된 주제에 따라 자료를 수집하여 기사로 작성합니다.

3 회의를 열어 작성한 기사에 수정할 내용이 있는지 검토합니다.

4 검토가 끝난 내용을 기사로 작성하고, 신문의 디자인을 완성합니다.

5 학급 신문이 완성되면 발행 날짜와 작성자 이름을 표시하고, 게시판에 게시합니다.

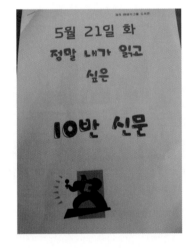

6 학급 신문을 게시하고 난 이후에는 기자들이 모여서 이번 신문의 아쉬운 점과 잘된 점에 대해 평가하는 시간을 갖고, 다음 신문 주제와 기사 거리를 논의합니다.

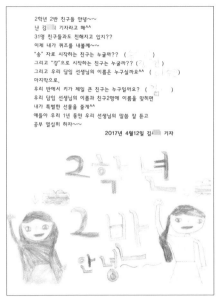

2학년 2반 친구들 안녕~~
난 김OO 기자라고 해^^
31명 친구들과도 친해지고 있지??
이제 내가 퀴즈를 내볼께~~
"송" 자로 시작하는 친구는 누굴까?? (   )
그리고 "강"으로 시작하는 친구는 누굴까?? (   )
그리고 우리 담임 선생님의 이름은 누구실까요^^ (   )
마지막으로,
우리 반에서 키가 제일 큰 친구는 누구일까요? (   )
우리 담임 선생님의 이름과 친구2명에 이름을 맞히면
내가 특별한 선물을 줄게^^
얘들아 우리 1년 동안 우리 선생님의 말씀 잘 듣고
공부 열심히 하자~~

2017년 4월12일 김OO 기자

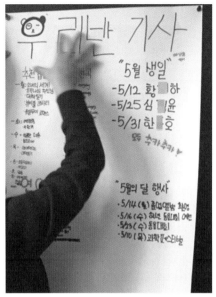

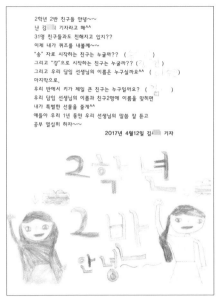 활동 TIP

- 수줍음이 많은 아이들의 경우 친구들 앞에서 자신의 생각을 말하는 것은 어려워해도 글로 생각과 감정을 표현하는 것은 쉽게 시작할 수 있습니다.
- 친구들이 가장 관심 있는 기사는 우리 반 아이들의 의견을 모아서 설문조사를 진행한 결과를 가지고 작성하는 기사입니다. 초보 기자들에게 '우리 반 친구들이 가장 좋아하는 노래 BEST 5'같은 주제로 설문조사를 진행해서 기사를 써보도록 안내합니다.
- 기자인 아이들이 자신의 관심 분야에 따라서 학급 신문의 주제를 정해서 과학 신문, 역사 신문, 독서 신문, 퀴즈 신문 등 다양한 형식으로 작성하도록 하는 것도 좋습니다. 동물을 좋아하는 아이가 동물에 관한 다양한 기사를 작성하는 과정은 어려운 글을 쓰는 과정이 아니라 좋아하는 것을 표현

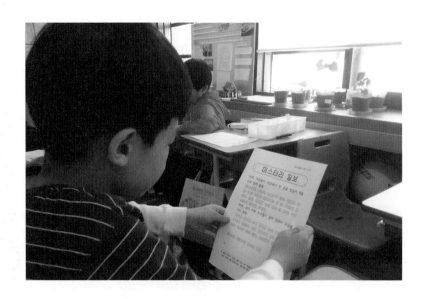

하는 활동이 될 수 있기 때문입니다.

- 학급 신문에 간단한 수수께끼나 십자말풀이, 퀴즈 등을 넣은 후에 교사가 이벤트 상품을 제공해주면 학급 신문에 대한 관심을 높여줄 수 있습니다.
- 기사를 쓸 때는 조사한 내용만 쓰지 말고 반드시 내 생각과 의견을 한 줄이라도 적도록 지도합니다. 자료를 조사해서 정보를 정리하는 형식의 기사보다는 간단하게라도 자신의 생각을 글로 표현하는 연습은 아이들에게 자기표현의 힘을 길러줄 수 있습니다.

38. 창의 작가

아이들의 창작 활동을 교사가 매일매일 격려해주고 지지해주면 자신이 관심 있는 창작 활동을 통해 성취감과 자신감을 키울 수 있습니다. 서로의 재능을 발견하고, 존중할 수 있는 아이들로 이끌어주는 창의 작가 직업을 소개합니다.

> **준비물** 작품 게시판, 작품 모음집, 클리어파일, 창의 작가 명찰

놀이 방법

1 쉬는 시간 및 교과 시간을 활용하여 창작 활동을 진행합니다.

2 완성된 작품은 교실 내 지정된 작품 게시판에 전시합니다.

3 친구들에게 작품을 소개합니다.

활동 TIP

- 아이가 자신만의 그림을 창의적으로 표현하는 활동을 지지해주면서 학급과 관련한 그리기 활동으로 연결해주면 다른 친구들과 소통할 수 있는 기

회를 자연스럽게 만들어줄 수 있습니다.

- '캘리그라피 작가'는 친구들이 만든 학급 명언 및 학급 안내문으로 손 글씨 쓰기, '일러스트 작가'는 우리 반 친구들의 얼굴을 캐릭터로 그려 생일날 선물하기, '만화가'는 연재되는 만화의 최신화를 교실 뒤편에 게시하고 기존의 내용은 클리어파일에 모아서 아이들이 수시로 읽을 수 있도록 작품집을 만들어 놓아두기, '소설가'는 상상 속 이야기를 쓰거나 기존의 이야기를 바꿔서 소설을 흥미진진하게 읽을 수 있도록 결정적인 장면에서 이야기를 마무리 짓는 센스 있는 소설 연재하기 등 아이들에게 창작할 수 있는 다양한 기회를 주는 것이 좋습니다. 아이들은 자신의 얼굴이 그려진 세상에 하나뿐인 선물을 받기 위해 생일을 손꼽아 기다리고, 연재되는 만화와 소설을 기대하며 창의 작가들의 활동에 관심을 보입니다.

- 교육 과정의 교과 및 창체 등과 연계하여 교실 속 작가로서 작업할 수 있는 다양한 기회를 만들어줌으로써 아이들의 꿈을 키워줄 수 있습니다. 아이들의 작품 활동에 대한 긍정적인 피드백으로 격려와 지지하기, 친구의 노력에 대해서 감사함과 고마움을 느낄 수 있는 다양한 활동 기회 만들어주기, '작가'라는 직업 명칭으로 불러주기 등 아이들의 창의성과 예술성을 키워주는 방안을 염두에 두고 직업놀이를 운영해야 합니다.

- 디자이너는 학습 준비물 대여 및 반납을 담당하고, 학급 안에서 필요한 만들기 및 그리기 활동을 통해 학급의 게시판과 자료 등을 관리하는 것이 주된 업무이고, 단순하고 반복적인 오리기, 붙이기 등의 활동을 통해서 친구들과 대화의 물꼬를 트도록 도와주는 활동입니다. 반면 창의 작가는 자신의 생각을 자유롭게 표현하는 아티스트라고 볼 수 있어요. 따라서 학급에서 소외되는 아이를 그림으로 희화화하여 놀리는 행동, 인기 있는 친구들만을 위해 그림을 그려주는 행동 등이 발생할 수 있으므로 이를 방지하게 위해 1단계 직업놀이를 통해 아이들의 자존감이 높아지고, 서로를 존중하는 태도를 지니게 된 이후인 2단계 직업놀이에서부터 시작하는 것이 좋습니다.

혼자만의 직업놀이에서
함께하는 협력놀이로

교실에서 아이들이 서로 협력하기 어려운 첫 번째 이유는 협력하기 힘든 아이들을 모아 놓았기 때문입니다. 예를 들어 공격적이고 산만한 아이가 극히 내성적이고 소심한 아이, 또는 꼼꼼하고 책임감이 강한 아이와 함께 놀이 그룹이 되었다고 생각해보면 아이들이 협력하기 어렵겠죠.

두 번째는 협력의 경험이 부족하기 때문입니다. 놀이를 할 때도, 체육 시간에 게임을 할 때도 협력해야 하니 아이들에게 협력의 경험이 많다고 생각할 수 있습니다. 그러나 아이들은 서로 의견이나 생각이 일치하지 않을 때 의견 합치를 위한 토의 활동의 경험이 부족합니다. 교실에서 공동의 목표를 놓고 다양한 게임과 놀이를 할 때의 과정을 생각해볼까요? 당장 게임을 잘하기 위해 분주하게 순서나 규칙을 정하기는 하지만, 문제에 대해 각자 의견을 나누면서 충분히 토의하는 시간은 아예 없거나 혹은 굉장히 짧습니다. 이렇듯 토의의 경험이 부족하기 때문에 협력이 잘되지 않는 것입니다.

1단계 직업놀이에서 한 명의 아이가 다양한 직업을 가지고 개별적으로 활동하며 자존감과 자신감을 키웠다면, 2단계 직업놀이에서는 같은 직업군의 아이들이 소그룹으로 모여 공동의 목표를 세우고, 토의하는 협력놀이를 진행합니다. 직업별로 협력놀이를 진행하면 관심사와 성향이 비슷한 아이들끼리 모여 있어 서로를 이해하고 존중하며 원만하게 협력하는 것을 볼 수 있습니다. 또한 다른 직업군과의 협력놀이를 통해 새로운 친구들과의 협력도 가능합니다. 이렇듯 다양한 친구들과 두루두루 잘 지내게 되는 것이 협력놀이가 가진 가장 큰 장점입니다.

협력놀이의 운영 단계

—

협력놀이는 아래와 같이 총 7단계로 운영됩니다.

1. 협력과제 제시

- 교사가 '봄맞이 대청소'처럼 직업에 따라서 할 수 있는 과제를 직업별로 골고루 제시합니다. 1년 동안 주기적으로 진행되는 과제를 제시하면 아이들이 반복되는 경험을 통해서 스스로 운영할 수 있는 자율의 힘이 커집니다.
- 교과 수업과 연계하여 과제를 제시하면 학습에도 도움을 줄 수 있습니다.

2. 협력과제를 위한 소그룹 팀원 모집

- 과제와 관련된 직업인 아이들을 대상으로 팀원을 모집합니다. '봄맞이 대청소'의 경우 환경 지킴이 중에서 하고 싶은 사람을 모집합니다.

3. 협력과제 안내

• 교사는 '대청소를 할 때 책상은 밖으로 옮기지 않고 뒤로 민다'처럼 제시한 과제의 아웃라인을 잡아주고, 방법을 안내합니다. 또 대청소에서 책상 옮기는 위치는 교사가 정해서 알려주고, 각 구역별 청소를 담당할 사람은 아이들이 정하게 하는 등 교사가 정해줘야 할 부분과 아이들이 스스로 정할 수 있는 부분을 구분해서 안내해줍니다.

• 교실 도면에 대청소와 관련된 중요한 내용을 정리하여 주는 등 과제를 안내할 때 말로 하기보다는 정리된 표나 그림으로 제시해서 아이들의 이해를 도와줍니다.

4, 협력놀이 팀장 선정

• 과제를 안내한 뒤에는 팀장을 선정합니다. 직업에 이미 팀장이 있는 경우에는 팀장이 진행하고, 팀장이 없는 경우에는 과제에 가장 높은 흥미를 보이는 아이를 팀장으로 선정하는 것이 좋습니다. 과제를 진행하는 동안 갈등도 발생하고, 시간도 많이 소요되기 때문에 정말 하고 싶은 아이가 팀장이 되는 것이 좋습니다.

• 팀장은 새로운 팀원을 뽑고, 직업놀이 활동 방법을 교육하고, 문제가 발생했을 때 교사 및 친구들과 함께 논의할 수 있는 일종의 협의체입니다.

5. 협력놀이 팀원 회의

• 팀장이 정해지면 팀원들과 모여서 틈틈이 회의를 합니다.

• 과제의 내용에 따라서 팀원 간에 갈등이 생길 수 있습니다. 참여하지 않는 팀원에 대해서 팀장이 강요하기보다는 참여를 권유해보고, 그래도 하기 싫어하면 팀원의 의견을 존중할 수 있게 합니다. 회의 과정에서 의견의 충돌

로 갈등이 생길 때는 아이들이 스스로 결정할 수 있도록 조언을 해줍니다.

6. 협력놀이 활동

• 회의가 끝나면 본격적으로 협력과제를 수행하기 위한 활동을 시작합니다. 계획한 대로 진행이 되지 않아서 갈등이 발생이 되는 경우가 있으므로 결과보다는 노력한 과정이 중요하다는 것을 지속적으로 지도하고, 아이들이 교사의 도움을 필요로 할 때는 적극적으로 협력해줍니다.

7. 격려 회의

• 활동이 모두 끝나면 학급 전체를 대상으로 과제를 수행한 팀원에게 고마움을 표현하는 시간을 갖습니다. 격려 회의를 통해서 간단한 다과와 함께 과제를 수행하는 과정에서 좋았던 점, 힘들었던 점 등을 나누고 서로를 격려해줍니다.

협력놀이를 운영할 때의 주의점

—

협력해서 해낸 결과물은 교사의 검사를 거치지 않고 친구들에게 먼저 보여줄 수 있어야 합니다. 예를 들어 바리스타가 협력놀이로 '새로운 음료 메뉴 개발하기'를 하는데 "우리 이번에 새로운 메뉴에 미숫가루도 넣을래? 우유 타서 먹으면 맛있잖아. 달달하게 설탕도 넣자.", "설탕 같은 거 넣으면 선생님한테 혼날 걸?", "그래, 그럼 설탕은 넣지 말자." 이렇게 진행되는 토의보다는 "단 거 먹기 싫어하는 애들도 있잖아.", "그럼 설탕은 넣어달라는 사람만 넣어주는 걸로 하자.", "그래. 설탕은 필수가 아니라 선택으로 표시하자." 이런 식으로 토의되는 것이 바람직합니다.

　아이들이 교사의 눈치를 보는 것은 교사의 마음에 드는 결정을 해서 칭찬 받기 위함입니다. 주로 지금까지 교사에게 인정을 받아온 아이들이 이런 행동을 보입니다. 따라서 아이들에게 너희들 스스로 내린 결정이 중요하고, 어떤 결정을 내릴 때는 선생님이 아닌 반 친구들의 입장에서 친구들이 무엇을 좋아할까 무엇을 싫어할까를 생각해보는 것이 중요하다고 알려줘야 합니다. 그러면 아이들은 점점 교사가 아닌 친구들을 생각하기 시작하면서 친구들을 배려하는 법을 배우게 됩니다.

직업별 협력놀이
15가지

1. 마음 의사의 협력놀이

1단계 직업놀이에서 가벼운 상처 치료해주기, 보건실 동행하기 활동을 통해 마음 의사 직업놀이에 익숙해진 아이들은 2단계 직업놀이에서 치료 매뉴얼 제작, 의료 상자 관리 등의 소그룹 협력놀이에 참여합니다.

협력과제1 치료 매뉴얼 제작

- 활동 주기 : 월 1회
- 종이에 찔린 경우, 모기에 물린 경우 등 아픈 상황에 따른 치료 방법을 매뉴얼로 제작하여 학급 병원에 게시해둡니다.

협력과제2 의료 상자 만들기 및 의료 상자 관리하기

- 활동 주기 : 주 1회
- 학급 병원에 구비해야 하는 의료 물품의 종류와 재고를 파악하고, 필요한

물품을 담아서 학급 의료 상자를 만듭니다. (의료 물품 예시 : 반창고 큰 것과 작은 것, 모기 물린 데 바르는 파스, 빨간 약, 상처 치료 연고, 압박 붕대, 멍 연고, 체온 계, 청진기, 비타민, 부목 대신 사용 가능한 나무젓가락 등)

- 의료 상자를 보관하는 위치를 정하고, 치료를 한 후에는 정해진 위치에 보관합니다.

협력과제3 우리 반 치료 통계표 제작 및 의료 교육 실시

- 활동 주기 : 주 1회
- '손가락 다침 2회, 멍 5회, 모기 물림 7회' 등 일주일 동안 우리 반 친구들이 치료받은 내용을 토대로 통계표를 만들어 붙입니다.
- 통계표 내용을 토대로 우리 반 친구들이 조심해야 할 것을 교육하는 활동을 합니다. (예시 : "종이에 손가락을 찔리는 일이 많았습니다. 책을 넘길 때는 뾰족한 부분에 찔리지 않도록 조심하세요.", "등굣길에 넘어져서 멍이 든 경우가 있었으므로 등교할 때는 넘어지지 않도록 뛰지 말아야 합니다.")

2. 학급 공무원의 협력놀이

1단계 직업놀이에서 신청서 수합하기 등의 활동을 통해 학급 공무원 직업 놀이에 익숙해진 아이들은 2단계 직업놀이에서 자기 점검표 제작, 수합 방법 회의 등의 소그룹 협력놀이에 참여합니다.

협력과제1 자기 점검표 제작하기

- 활동 주기 : 월 1회
- 제출해야 하는 것들과 하루에 해야 할 일을 스스로 점검할 수 있는 점검

표를 제작합니다.

- 필요한 친구들에게 나누어주고 점검표를 확인합니다. 다 쓴 아이들에게
  는 새로운 점검표를 나누어줍니다.

협력과제2 수합 방법에 관한 회의

- 활동 주기 : 주 1회
- 수합해야 하는 신청서와 과제물 등을 수합하는 방법 등에 대해 토의합
  니다. (예시 : 아침에 등교하자마자 신청서를 제출하도록 입구에 바구니를 놓는다. 한
  명씩 수합하러 다닌다.)
- 토의 결과에 따라 실천합니다. 만약 출입문에 대봉투를 붙여놓고 아이들
  이 등교할 때 직접 수합물을 제출하게 하기로 결정했다면 대봉투를 뒷문
  에 부착하게 합니다.

3. 학급 은행원의 협력놀이

1단계 직업놀이에서 월급 주기 등의 활동을 통해 학급 은행원 직업놀이에
익숙해진 아이들은 2단계 직업놀이에서 새 화폐 발행, 훼손된 화폐 정리, 학급
수표 발행 등의 소그룹 협력놀이에 참여합니다.

협력과제1 새 화폐 및 학급 수표 발행하기

- 활동 주기 : 월 1회
- 새 화폐를 발행하기 위해서 은행원은 필요한 화폐 단위를 회의를 통해
  결정합니다.
- 화폐 단위가 결정되면 화폐의 크기와 디자인에 대해 회의합니다.

- 대량으로 발행해야 하는 화폐는 크기와 디자인을 교사에게 전달하여 출력물로 제작하고, 소량으로 발행하는 화폐(학급 수표 등)는 디자이너에게 의뢰하여 직접 만들어 제작합니다.
- 새로 발행한 화폐에는 학급 은행 도장을 찍고, 발행 날짜를 표기합니다.

협력과제2 훼손된 화폐 정리 및 화폐 사용 교육 실시, 위조 지폐 방지

- 활동 주기 : 주 1회
- 훼손된 화폐를 찾은 후에 학급 전체를 대상으로 훼손된 화폐의 종류를 안내합니다. 이때 화폐에 낙서하기 등의 행동이 잘못된 것임을 아이들이 인지할 수 있도록 화폐를 깨끗하게 사용하는 방법에 대해 교육합니다.
- 훼손된 화폐는 재사용할 수 없도록 잘게 찢은 후 처리합니다.
- 위조 지폐 방지를 위한 다양한 아이디어 회의를 한 후 그 결과에 따라 정해진 방법으로 화폐에 표시를 합니다. 가장 쉬운 방법은 교사 도장 등을 활용해서 위조 지폐를 방지하는 것이지만 아이들이 스스로 위조 지폐 예방을 위한 다양한 방법을 생각해 보도록 기회를 열어주는 것을 추천합니다.

4. 환경 지킴이의 협력놀이

1단계 직업놀이에서 교실 청소 등의 활동을 통해 환경 지킴이 직업놀이에 익숙해진 아이들은 2단계 직업놀이에서 대청소 계획 세우기, 분리수거 안내 매뉴얼 제작하기, 환경 교육 및 홍보 영상 제작 등의 소그룹 협력놀이에 참여합니다.

협력과제1 대청소 계획 세우기 및 대청소 소그룹 지도

- 활동 주기 : 월 1회
- 환경 지킴이는 '교실 바닥의 먼지를 잡아라!' 같은 이달의 대청소 미션을 정합니다.
- 대청소 미션을 달성하기 위해서 어떤 역할이 필요한지, 필요한 도구와 수량 등을 회의를 통해 정합니다. (예시 : 바닥 쓸기와 바닥 닦기 역할이 필요함. 빗자루 10개, 걸레 8개, 고무장갑 2개가 필요함.)
- 대청소 소그룹을 정하고 청소 계획표를 세웁니다. 저학년은 교실 도면을 활용하고, 고학년은 대청소 역할 분담표를 활용할 수 있습니다.
- 환경 지킴이는 한 명씩 소그룹의 모둠장이 되어서 소그룹의 대청소 활동을 이끌어갑니다.
- 대청소 전에 모둠원에게 각각 청소 역할을 설명하고, 청소 시 주의할 점을 안내합니다.
- 대청소가 시작되면 환경 지킴이는 자신이 맡은 소그룹과 함께 청소를 하며, 자신이 맡은 구역의 청소가 마무리되면 환경 지킴이 팀장에게 청소가 끝났음을 알립니다.
- 환경 지킴이 팀장은 전체 청소가 마무리되었는지 확인하고, 담임 선생님에게 알립니다.

협력과제2 분리수거 안내 매뉴얼 제작 및 환경 교육

- 활동 주기 : 주 1회
- 우리 반의 분리수거 문제점에 대해서 토의하고, 문제점을 정리합니다.
- 문제점 개선을 위해 우리 반에 맞는 분리수거 방법을 정합니다. (예시 : 유리와 금속 등 거의 배출되지 않는 종류는 기타로 분류하여 한 박스에 모은다. 종이류

는 배출량에 비해 박스가 작아서 넘치는 일이 많으므로 종이류 박스를 큰 것으로 교체한다.)

- 분리수거 방법에 대한 매뉴얼을 제작하여 쓰레기통 근처에 게시하여 모든 아이들이 수시로 볼 수 있도록 합니다.
- 분리수거 매뉴얼에 대한 안내 및 플라스틱 사용, 종이 낭비 문제 등에 관한 환경 교육을 실시합니다.

5. 디자이너의 협력놀이

1단계 직업놀이에서 간단히 오리고 붙이는 활동을 통해 디자이너 직업놀이에 익숙해진 아이들은 2단계 직업놀이에서 학급 우체통 및 학급 보상판 만들기, 쓰다 남은 공책으로 리폼 공책 만들기 등의 소그룹 협력놀이에 참여합니다.

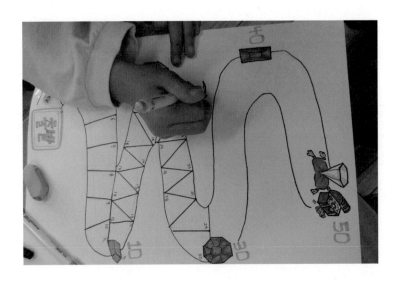

협력과제1 학급 우체통 및 협동 학습을 위한 학급 보상판 만들기

- 활동 주기 : 월 1회
- 학급 우체통을 어떤 재료와 방법으로 만들지 토의합니다. (예시 : 종이 상자를 이용해서 편지를 넣고 뺄 수 있도록 만든다.)
- 학급 온도계 등의 학급 보상판에 어떤 목표를 정할지, 어떤 형태로 만들지에 관해 토의합니다. (예시 : 말판 형태로 제작한다.)
- 우리 반 아이들이 좋아할 만한 이벤트를 곳곳에 배치하기 위한 방법을 토의합니다. (예시 : 말판에서 '5칸마다 체육하기' 등의 이벤트를 배치한다.)
- 완성한 학급 보상판을 직접 관리합니다.

협력과제2 리폼 공책 제작하기

- 활동 주기 : 학기별 1회
- 지금까지 쓰다 만 공책들을 모두 가져오도록 안내합니다.
- 디자이너는 헌 공책을 모아 공책 내지에 따라서 분류 작업을 합니다. 공책의 표지와 사용한 부분을 뜯어서 제거합니다.
- 공책의 크기를 정한 뒤 크기에 맞게 재단하고, 디자인하여 리폼 공책을 완성합니다.

- 디자이너는 완성한 리폼 공책의 표지에 친구의 이름을 직접 써줍니다.

　・

6. 바리스타의 협력놀이

1단계 직업놀이에서 간단한 음료수를 만드는 활동을 통해 바리스타 직업놀이에 익숙해진 아이들은 2단계 직업놀이에서 음료 제조 매뉴얼 제작하기, 신메뉴 및 세트 상품 개발하기 등의 소그룹 협력놀이에 참여합니다.

협력과제1 음료 제조 매뉴얼 제작하기

- 활동 주기 : 월 1회
- 아이스티 등 음료 제조 매뉴얼을 제작할 때 종이컵 1컵의 물에 아이스티 가루를 몇 스푼 넣어야 하는지 등 적당한 양을 정합니다.
- 가루가 녹지 않을 때는 어떤 방법으로 녹여야 하는지를 매뉴얼에 정리합니다.
- 논의를 통해 예약 주문받기, 종이에 기록해서 주문하기 등의 주문 방법과 1회 최대 주문 인원 등을 정합니다.

협력과제2 신 메뉴 및 세트 상품 개발하기

- 활동 주기 : 월 1회
- 현재 판매하고 있는 음료수에 과자, 사탕, 초콜릿, 빵 등을 더해서 세트 상품을 개발합니다. (예시 : 세트A - 음료 1잔 + 과자 1종, 세트B - 음료 1잔 + 과자 1종 + 사탕 1종 등)
- 오전에 판매하는 브런치 메뉴, 체육 시간 이후에만 판매하는 에너지 보충 메뉴, 여름에만 판매하는 우유 팥빙수 등 다양한 종류의 메뉴를 개발합

니다.

- 개발한 상품의 홍보를 위해 광고지를 만들어 붙이고, 새로운 메뉴판을 제작합니다.

7. 사서 선생님의 협력놀이

1단계 직업놀이에서 학급 문고 대출 및 반납 등의 활동을 통해 사서 선생님 직업놀이에 익숙해진 아이들은 2단계 직업놀이에서 월별 새 학급 도서 등록, 학급 책방 활동 등의 소그룹 협력놀이에 참여합니다.

협력과제1 월별 새 학급 도서 등록 및 인기 도서 추천

- 활동 주기 : 월 1회
- 이번 달 학급 도서 주제를 정하고, 학급 도서 신청을 받습니다. 도서를 분류하고, 청구번호를 붙입니다.
- 도서 등록이 완료되면 대출 이용에 대해 안내합니다. 새로운 도서에 대한 안내문을 제작하여 홍보합니다.
- 월별 인기 도서를 선정하고, 대출 랭킹 및 추천 도서 안내판을 제작하여 게시합니다.
- 인기 도서를 기증한 친구에게는 학급 문고의 기념품을 증정합니다.

협력과제2 '책을 읽어드립니다' 학급 책방 행사 진행하기

- 활동 주기 : 주 1회
- 이번 주에 읽어줄 책을 선정하기 위한 도서 선정 회의를 진행합니다.
- 선정된 책에 관한 정보(작가, 출판 연도, 간단한 줄거리 등)를 안내하며 이번 주

'책을 읽어드립니다' 행사를 홍보합니다.

- 행사에 참여하는 사람들을 위해 학급 책방 입장권을 제작합니다.

- 행사에 참여한 친구들에게 책을 읽어줍니다. 그리고 읽어준 책과 관련된 그림이 그려진 책갈피 등 관련 기념품을 제공합니다. 이때 기념품은 창의 작가에게 의뢰하여 제작할 수 있습니다.

8. 음악 DJ의 협력놀이

1단계 직업놀이에서 음악 선곡 등의 활동을 통해 음악 DJ 직업놀이에 익숙해진 아이들은 2단계 직업놀이에서 보이는 라디오 진행 등의 협력놀이에 참여합니다.

협력과제1 '보이는 라디오' 진행하기

- 활동 주기 : 월 1회

- 비밀 사연, 최애 음악 신청 등 '보이는 라디오' 프로그램을 기획합니다.

- 비밀 사연 진행을 위해 사연 상자를 만들어서 일주일 동안 사연 신청을

받고, 최애 음악 신청 진행을 위해 일주일 동안 음악 신청을 받은 뒤 음악을 선곡합니다.
- '보이는 라디오' 진행 당일에는 라디오 부스를 만들고 음악 DJ를 위한 마이크를 준비합니다.
- 음악 DJ는 선정된 사연과 신청곡을 들려주면서 서로의 고민을 나눕니다.

9. 학급 변리사의 협력놀이

1단계 직업놀이에서 아이디어 선별하기 등의 활동을 통해 학급 변리사 직업놀이에 익숙해진 아이들은 2단계 직업놀이에서 아이디어 대회 개최 및 실천 등의 소그룹 협력놀이에 참여합니다.

협력과제1 '우리 반을 행복하게 하는 아이디어 대회' 개최 및 실천

- 활동 주기 : 월 1회
- 학급 변리사는 이번 달 '우리 반을 행복하게 하는 아이디어 대회'의 기간 및 주제를 공지합니다.
- 접수된 아이디어 중에서 우리 반 아이들 모두가 함께 즐길 수 있는 것을 선정합니다.
- 선정된 아이디어 결과를 발표하고, 당첨된 친구에게는 축하의 박수와 함께 격려를 보내줍니다.
- 선정된 아이디어는 학급 변리사 회의를 진행하여 구체적인 운영 방법을 결정한 후 아이디어를 제안한 친구와 함께 의논하여 실천합니다.

10. 엔지니어의 협력놀이

1단계 직업놀이에서 고장 난 물건 수리 등의 활동을 통해 엔지니어 직업놀이에 익숙해진 아이들은 2단계 직업놀이에서 사춘기 동굴 제작 등의 소그룹 협력놀이에 참여합니다.

협력과제1 사춘기 동굴 제작 및 동굴 관리

- 활동 주기 : 월 1회
- 대형 박스를 이용해서 동굴을 제작합니다. 한 명이 편하게 앉아 있을 수 있는 크기로 제작해야 하므로 여러 개의 박스를 분해하고 합치는 과정이 필요합니다.
- 제작한 박스 동굴은 교실 한켠에 두고, 사춘기 동굴에 들어가고 싶은 친구들의 신청을 받습니다.
- 동굴에 들어가고 싶은 사람은 정해진 시간 동안(10분이 적당함) 동굴에 들어가서 쉴 수 있으며, 반드시 혼자만 들어갈 수 있습니다.
- 종이 박스는 이용하는 과정에서 찢어지거나 훼손되기 쉬우므로 엔지니어는 수시로 동굴을 보수하고 관리하는 활동을 합니다.

11. 정리 컨설턴트의 협력놀이

1단계 직업놀이에서 친구들의 정리를 일대일로 도와주는 활동을 통해 정리 컨설턴트 직업놀이에 익숙해진 아이들은 2단계 직업놀이에서 교실 정리 프로젝트 등의 소그룹 협력놀이에 참여합니다.

협력과제1 교실 수납장 정리하기

- 활동 주기 : 주 1회
- 학급의 비품을 관리하는 수납장 정리 계획을 세웁니다.
- 미술용품, 체육용품, 청소용품 등 학급 물품을 정리할 공간을 정하기 위해 회의를 진행합니다.
- 물품을 분류하고, 각 공간에 알맞은 용품을 정리합니다.
- 수시로 물품을 정리하며 유지 및 관리하는 활동을 합니다.

12. 창의 작가의 협력놀이

2단계 직업놀이에서 개인적인 창작 활동을 통해 창의 작가 직업놀이에 익숙해진 아이들은 학급 친구들과 함께하는 작가 활동, 디자인용품 제작하기 등의 소그룹 협력놀이에 참여합니다.

협력과제1 친구들 얼굴 캐리커처 그려서 선물하기

- 활동 주기 : 주 1회
- 반 친구들 중에서 캐리커처 선물을 받고 싶은 아이들의 신청을 받습니다.
- 틈틈이 친구들 얼굴 캐리커처 그림을 그립니다. 교사가 아이들의 얼굴 사진을 찍어서 출력해주면 활동에 도움이 됩니다.
- 캐리커처가 완성되면 그림 하단에 날짜를 적고, 작가 친필 사인을 한 후 당사자에게 선물합니다. 이때 개인적으로 선물을 주는 것보다 학급 전체 앞에서 작가의 노력에 대해 격려한 뒤 선물을 전달하면 작가인 아이에게 긍지와 보람을 줄 수 있습니다.
- 캐리커처를 받은 친구와 작가가 함께 찍은 폴라로이드 사진을 그림과 함

께 선물하거나, 학급 운영비로 구입한 액자에 그림을 넣어서 주면 더 좋
습니다.

- 선물을 받은 아이는 창의 작가에게 고마운 마음을 전달합니다.

협력과제2 공방을 오픈하여 디자인용품 제작하기

- 활동 주기 : 월 1회
- 학급에서 학급 통장과 화폐를 이용한다면 머메이드 도화지 등 두꺼운 색
  도화지를 활용하여 지갑을 제작합니다. 지갑의 칸이 1개인 것, 2개인 것
  등 다양한 종류의 제품을 제작하고, 표지에는 다양한 그림으로 디자인하
  여 세상에 하나뿐인 학급 지갑을 만들 수 있습니다.
- 지갑뿐만 아니라 여름에는 부채를 제작하고, 미니어처나 손 팔찌 등 다양
  한 디자인용품을 제작하거나 기존의 물품(공책 등)에 캐릭터 등 다양한 그
  림을 그려주는 디자인 활동을 할 수 있습니다.

13. 학급 기자의 협력놀이

2단계 직업놀이에서 기사 쓰기 등의 활동을 통해 학급 기자 직업놀이에 익
숙해진 아이들은 학급 신문 발행, 학급 문집 제작 등의 소그룹 협력놀이에 참
여합니다.

협력과제1 학급 신문 발행하기

- 활동 주기 : 월 1회
- 학급 신문 발행 방법에 관한 회의를 합니다.
- 이달의 기사 선정을 위한 회의를 열어 선정된 기사를 작성하기 위해 인

터뷰, 자료 조사 등을 실시합니다.

- 기자들은 기사 초안을 작성해오고, 최종 기사를 선정하는 회의를 진행합니다.

- 학급 신문을 제작하여 발행한 후 배부합니다.

협력과제2 학급 문집 제작하기

- 활동 주기 : 학년 말 1회

- 학급 문집에 들어가야 하는 글감의 주제에 대한 아이디어 회의를 진행합니다. (예시 : 6학년 때 기억에 남는 일, 미래의 나에게 보내는 편지, 우리 반의 별별 랭킹, 친구 소개하기 등)

- 반 전체에게 글감의 주제를 안내하고, 학급 회의를 통해 최종 글감을 선정합니다.

- 학생 한 명당 작성해야 하는 글의 종류와 마감 기한을 안내하고, 정해진 기간 안에 모든 글을 수합한 후 순서를 정리하여 쪽수를 적습니다.

- 학급 문집에 들어갈 사진을 선정해서 출력합니다. 이때 교사는 여러 친구들이 골고루 나오는 사진을 선정하기, 친구의 표정이나 몸짓이 어색한 경우 당사자에게 사진을 선정해도 괜찮은지 의견을 물어보기 등 주의할 점을 안내합니다.

- 학급 문집의 목차를 작성하고, 표지의 컨셉을 정한 뒤 디자인합니다.

- 작성한 글을 모두 스캔하고, 전체 인원수에 맞춰 출력합니다.

- 완성된 표지와 스캔한 글을 묶어서 학교에 있는 스프링 제본기로 제본하여 학급 문집을 완성합니다.

- 완성한 문집의 맨 뒤에 문집을 제작하며 느낀 소감을 짧게 적고, 친구들의 이름을 적어서 학년 말에 친구들에게 선물로 나누어줍니다.

14. 사회 박사, 수학 박사 등의 교과 학습 협력놀이

2단계 직업놀이에서 교과 시간에 친구를 가르치는 활동을 시작한 아이들은 다양한 방법으로 교과와 관련된 소그룹 협력놀이에 참여합니다.

협력과제1 학습 자료 미니북 제작

- 활동 주기 : 월 1회
- 이번 달에 학습한 내용 중에서 중요한 내용을 선정하는 회의를 진행합니다.
- 선정한 내용을 토대로 학습 내용을 정리하는 방법과 정리할 부분 등을 정합니다.
- 토의한 내용을 바탕으로 학습 자료 미니북을 제작합니다.
- 제작한 미니북은 필요한 사람에게 나누어 줍니다.

15. 줄넘기 선생님, 배드민턴 선생님 등의 스포츠 협력놀이

2단계 직업놀이에서 기초부터 고급까지 수준별로 클래스를 열어 친구들을 가르치는 활동을 시작한 아이들은 자신이 좋아하는 종목의 스포츠 클럽을 개설하여 소그룹 협력놀이에 참여합니다.

협력과제1 스포츠 클럽 진행하기

- 활동 주기 : 주 1회
- 학급에서 줄넘기, 배드민턴 등을 좋아하는 아이들의 신청을 받아 해당 종목 스포츠 선생님으로 임명합니다.
- 자신이 원하는 스포츠 클럽을 개설하고 모집을 시작합니다. 배드민턴 스

포츠 클럽을 개설할 경우 기초반, 초급반, 중급반, 고급반, 전문가반 등으로 구분하고, 기초반에서는 라켓 잡기 및 라켓으로 셔틀콕 맞추는 연습하기, 초급반은 서브 연습하기 등 각 반에서 수업하는 내용을 정합니다.

- 각 클럽의 코치와 반에 관한 안내문을 붙이고, 자신이 원하는 클래스에 수강 신청을 하도록 안내합니다. 수업 중 실력이 향상된 수강생은 다음 레벨로 올려보냅니다.

03
도전과 용기를 배우는,
성취하는 직업놀이

―――

3단계 직업놀이인 '성취하는 직업놀이'는 1단계인 '성장하는 직업놀이'를 통해

자존감과 자신감을 회복하고, 2단계인 '협력하는 직업놀이'를 통해

같은 직업군의 친구들과 소통하며 배려를 배운 아이들이

다양한 직업군의 아이들과 함께 모여 학급 행사를 하나의 프로젝트로 만들어

진행하는 과정입니다. 아이들은 3단계 직업놀이에서

학급 행사를 처음부터 끝까지 스스로 기획하고, 실행하며,

도전하고 성취하는 경험을 통해 자기 주도성을 키워갑니다.

또한 다양한 직업을 가진 친구들과 토의 및 토론을 하며 논의하는 과정과

학급 구성원 모두의 만족을 고려해야 하는 상황 속에서

타인에 대한 폭넓은 배려심과 갈등 해결 능력, 의사결정 능력 등을 키울 수 있습니다.

39. 파티 플래너

파티 플래너는 학급 행사를 계획하고 즐겁게 만들어가며 함께 소통하고 배려하는 방법을 배워가는 직업입니다. 서로를 깊이 알아가는 '친구 박람회' 등 1년 동안 수많은 파티와 학급 행사를 진행할 수 있습니다. 다양한 학급 행사를 기획하고, 운영하는 파티 플래너를 소개합니다.

> **준비물** 파티 플래너 명찰, 가랜더 및 파티용품

놀이 방법

1 창의적 체험활동 시간에 학급 파티 및 행사를 담당합니다.
2 학급 파티를 함께 준비할 팀원을 모집합니다.
3 쉬는 시간을 활용하여 행사 기획 및 준비 회의를 진행합니다.

4 틈틈이 팀원과 역할을 분담하여 학급 행사에 필요한 준비를 합니다.
5 학급 행사 당일에 파티를 운영합니다.

활동 TIP

- 아이들은 교사의 지시를 수동적으로 따르는 파티보다 스스로 기획하고 만들어가는 파티를 더 좋아합니다. 파티를 계획하고, 필요한 용품을 준비하고, 담당 역할을 나누면서 아이들은 눈에 보이지 않는 많은 것을 배우게 됩니다. 그래서 가능한 많은 아이들이 파티를 경험할 수 있도록 창체 시간을

활용해서 다양한 파티를 준비합니다. 파티 플래너가 학급 행사를 준비할 때는 반드시 아이들의 창의력과 상상력을 마음껏 펼칠 수 있도록 열린 기회를 만들어주는 것이 중요합니다.

- 아이들끼리 행사를 준비하다 보면 의견 충돌을 비롯해 여러 갈등이 생깁니다. 따라서 교사는 아이들이 스스로 갈등을 잘 해결할 수 있도록 기준과 원칙을 정해주고, 중간중간 아이들의 활동을 확인하면서 도와줘야 합니다.

- 파티 플래너가 처음인 아이들은 친구가 실수했을 경우 잘못을 지적하는 행동을 보일 수 있습니다. 교사는 실수한 아이가 비난받지 않도록 문제를 순발력 있게 해결해줘야 합니다. 파티가 잘 끝나는 것보다 중요한 것은 아이들의 마음이니까요.

- 파티를 끝낸 후에는 파티 플래너들과 간단한 다과를 먹으며 격려 회의를 통해 아이들을 격려하고, 수고하고 노력한 과정에 대해 칭찬해주는 시간을 갖습니다.

40. 경매사

학년 말이 되면 학급 행사로 경매 파티를 개최합니다. 경매 파티의 목적은 친구들의 어릴 적 추억을 공유하면서 새 학년이 되는 헤어짐을 앞두고 우리 반 친구들에 대한 추억을 남기기 위한 것입니다. 1년의 소중한 추억을 공유하며 친구들 마음속에 행복한 추억을 저장하는 경매 파티를 준비하고 진행하는 경매사를 소개합니다.

준비물 경매 물품 신청서, 경매 번호판, 마이크, 경매사 명찰

놀이 방법

1 경매 물품 신청 접수 기간을 안내하고, 물품 신청을 받습니다. 경매 물품은 경매 파티 3일 전부터 가져오도록 안내합니다.

2 신청받은 경매 물품의 작동 여부를 꼼꼼히 확인한 후 물품에 이상이 없는지 점검합니다.

3 물품 신청이 마감되면 경매 시작가와 호가를 결정합니다.

4 물품의 종류를 구분하여 경매 순서를 정합니다. 정해진 경매 순서 및 호가를 게시판에 공지합니다.

5 본격적인 경매 파티를 준비하기 위해서 경매 번호판을 제작합니다.

6 경매 파티 입장권 가격과 경매 파티 시간 및 방법을 안내합니다.

7 경매 파티 당일에는 입장권을 판매하고, 입장권을 손목에 착용한 사람은 자신의 경매 번호에 해당하는 자리에 앉습니다.

8 경매사는 경매 순서 1번인 학생을 호명하고, 경매 물품에 관한 추억을 이야기하도록 안내합니다. 경매 물품에 대한 설명이 끝나면 친구들의 질문을 받습니다.

9 시작가는 3만원부터, 호가는 5천원씩(시작가와 호가는 물품에 따라 상이함)으로 경매를 시작합니다.

10 자신의 번호판을 들고 "3만원!", "3만 5천원!"처럼 원하는 가격을 부릅니다. 가장 높은 가격을 부른 친구가 낙찰을 받습니다.

11 경매 물품을 기부한 친구가 낙찰받은 친구에게 직접 물품을 전달합니다.

12 경매사는 경매 순서 2번인 학생을 호명하고, 동일한 방법으로 경매를 진행합니다.

- 자칫 물건을 사고파는 경제 활동 중심의 경매 행사로 흘러가게 되면 서로

더 값비싼 물건, 탐나는 물건에 관심을 갖고 '물건'이 행사의 주인이 되는 학급 행사가 되기 쉽습니다. 경매 파티의 목적은 친구들과의 추억을 공유하는 것입니다. 친구들의 어린 시절과 관련된 추억이 깃든 물건들에 대한 이야기를 듣는 것만으로도 아이들은 서로에 대해 깊이 알아가게 됩니다. 따라서 아무리 좋은 물건이라도 추억이 없는 새 물건은 경매 물품으로 사용할 수 없습니다.

- 처음 경매 파티 진행은 교사가 시범을 보여주는 것이 좋습니다. 아이들은 호가의 개념을 잘 모르기 때문에 교사가 경매 진행 상황에 따라서 호가를 올리기도 하고, 내리기도 하면서 경매 진행 시범을 보입니다. 교사가 물품 5개 정도를 시범으로 먼저 보여주면 그 이후에는 경매사가 스스로 진행할 수 있습니다.

- 경매 순서를 정할 때 물품을 신청받은 순서대로 하게 되면 비슷한 종류의 물품이 연달아 나오는 일이 발생합니다. 경매에 흥미를 더하기 위해서는 물품의 종류가 겹치지 않게 순서를 적절히 배치해야 합니다. 또한 아이들에게 인기가 많을 것으로 예상되는 물품은 경매의 시작, 중간, 끝에 골고루 배치하고, 가격이 높을 것으로 예상되는 물품은 경매 순서 뒷부분에 배치합니다.

- 아이들이 자신의 물품을 설명할 때 모든 아이들이 관심을 받을 수 있도록 교사의 적절한 리액션이 필요합니다. 그리고 교사도 추억이 깃든 애장품을 내고 경매 파티에 참여하면 분위기를 고조시키는 데 도움이 됩니다.

41. 가수와 댄서

장래희망으로 춤과 노래, 입담으로 사람들에게 즐거움을 주는 연예인이 되고 싶어하는 아이들이 많습니다. 마음껏 끼와 재능을 펼칠 수 있는 기회의 장을 만들어주는 가수와 댄서 직업놀이를 소개합니다. 1년 동안 다양한 학급 행사의 오프닝 공연을 준비하며 친구들의 사이가 돈독해집니다.

> **준비물** 블루투스 스피커, 마이크, 악기, 보면대

놀이 방법

1 학급 행사가 정해지면 가수와 댄서는 오프닝 축하 공연을 준비합니다.

2 오프닝 공연의 노래와 춤, 연주 등을 정하기 위한 기획 회의를 합니다.

3 선곡이 끝나면 쉬는 시간 틈틈이 안무를 맞추고 연습합니다.

4 학급 행사 당일에는 음악과 함께 멋진 춤과 노래, 연주를 선보이며 끼와 재능을 펼칩니다.

5 공연이 끝난 후 가수와 댄서는 친구들과 기념 촬영을 하고 사인을 해줍니다.

활동
TIP

- 우리 반의 가수와 댄서가 정해지면 팀 이름을 정해줍니다. 그리고 자신의 사인을 만들어서 공연이 끝난 후 사인을 해주는 시간을 마련해줍니다. 학급

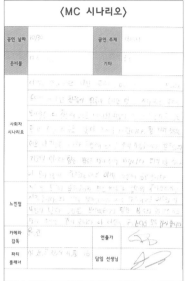

친구들의 인기를 몸으로 느끼기 시작하면 처음에는 부끄러워 하던 아이들이 당당하고, 멋지게 끼를 펼치는 모습을 볼 수 있습니다.

- 가수와 댄서로 활동하기 위해서는 연습 장소와 공연 의상이 필요합니다. 친구 집에 모여서 연습하거나, 보호자 없이 놀이터 등에서 연습하는 일이 생기지 않도록 학교 이외의 장소에서 연습하는 것을 금지하는 것이 좋습니다. 또 공연에서 입을 옷을 맞추기 위해 돈을 걷는 일이 생길 수 있는데, 행사를 위해 새로 구입하지 않고 집에서 활용할 수 있는 도구와 옷을 이용하도록 합니다.

- 학급 행사를 준비하며 함께 운영할 수 있는 직업으로는 개그맨, 연주가, 카메라 감독, MC, 지휘자 등이 있습니다.

다양한 주제로 진행하는
프로젝트 직업놀이

아이들이 자율적, 자발적으로 학급 행사에 참여하도록 하기 위해서는 학급 행사를 하나의 프로젝트 직업놀이로 운영하는 것이 좋습니다. 프로젝트 직업놀이는 다양한 직업군의 아이들이 모여 2주 이상의 준비 기간을 거쳐서 스스로 계획하고, 준비하고, 실행하는 직업놀이를 의미합니다.

일반적인 교실에서는 아이들이 자율적으로 학급 행사를 기획, 준비, 실행하도록 하면 학급 임원 등 소수의 아이들이 주도하는 활동이 되거나 다툼과 갈등이 일어나는 활동이 되기 쉽습니다. 그러나 직업놀이 교실에서는 학급 전체 아이들이 스스로 학급 행사를 기획하고 운영할 뿐만 아니라 협력과 자율을 배워가는 경험의 시간이 될 수 있습니다.

아이들이 자율적으로 참여하고, 모든 아이에게 소중한 의미가 담긴 우리 반의 축제가 되는 학급 행사를 만드는 일은 어렵지 않습니다. 직업놀이에서는 아이들이 직업이라는 매개체를 통해 서로 도움을 주고받으면서 공동의 목표를 세우고, 힘을 합쳐서 협업하고, 하나의 프로젝트를 완성해가는 과정이 자연스럽게 연결되기 때문입니다.

학급 행사의 첫 번째 프로젝트는 교사가 아이들과 함께 운영하여 아이들에게 프로젝트 준비 방법, 실행 방법 등을 하나씩 전수해주는 것이 좋습니다. 두 번 정도 교사가 아이들과 함께 프로젝트를 운영하며 공동 프로젝트 운영자로 참여하게 되면 아이들은 프로젝트를 기획하고 운영하는 전 과정을 배우게 됩니다. 이후에 아이들이 직접 프로젝트를 만들고 운영할 수 있도록 단계별로 지도해줍니다.

프로젝트 직업놀이 4단계

—

1. 프로젝트 제안 및 팀장 세우기

다음 달 학급 행사를 준비하기 위해서 아이들에게 프로젝트 제안을 받고, 팀장을 선정합니다. 프로젝트 팀장은 해당 프로젝트를 처음 제안한 사람이 맡습니다. 그 이유는 프로젝트를 어떻게 운영하고 싶은지 가장 많이 생각한 사람이 바로 첫 제안자이기 때문입니다. 그러니 그 아이가 지닌 기질이나 능력과 상관없이 프로젝트를 기획하고 실행할 수 있는 자격이 충분합니다. 만약 교사가 보기에 이 아이가 프로젝트를 이끌어가기 어려울 것이라는 생각이 든다면 이 아이를 적극적으로 도와서 함께 진행할 수 있는 친구들을 자연스럽게 프로젝트 팀원으로 구성해주는 것이 좋습니다.

프로젝트를 성공적으로 끝냈다는 결과보다 프로젝트를 준비하는 과정에서 아이들은 더 많은 것을 배우게 됩니다. 소극적이고, 이기적인 아이들도 프로젝트 팀장을 경험하면서 주도적이고, 공동체를 배려하는 아이로 자랄 수 있습니다. 이렇듯 프로젝트 팀장으로 리더가 되어보는 것은 아이들에게 매우 의미 있는 경험입니다. 따라서 가능한 많은 아이들이 팀장의 경험을 할 수 있도록 아이의 능력과 성격 등에 관계 없이 모든 아이에게 기회를 열어주는 것이 좋습니다.

2. 프로젝트 계획서 작성하기

프로젝트에 대한 아이디어가 있다고 해서 바로 실행에 옮길 수는 없습니다. 프로젝트를 제안하고 싶은 아이는 교사에게 프로젝트 계획서를 받아서 작성합니다. 그리고 직업놀이 안의 학급 변리사 및 다양한 학급 자치 기구와 협의하여 프로젝트에 대한 구체적인 계획을 세우고, 내용을 보완해갑니다. 그 후 최종적으로 교사와 협의를 진행합니다.

교사는 프로젝트 계획서를 보면서 이 프로젝트의 목적은 무엇인지, 어떤 프로젝트를 머릿속에 그리고 있는지, 우리 반에 어떠한 영향을 주게 될지 등을 아이와 함께 충분히 토의합니다. 그리고 부족한 부분은 설명해주고, 계획서를 보완하도록 하면서 아이가 머릿속에 프로젝트를 구체적으로 그려갈 수 있도록 도와줍니다.

교사가 보기에 다소 엉뚱한 프로젝트라고 하더라도 이런 프로젝트는 안 된다고 하기 보다는 어떤 부분을 보완하여 고민하면 좋을지 등의 구체적인 방향을 제시해줌으로써 다시 생각해볼 수 있도록 도와주는 것이 좋습니다. 큰 용기를 내서 선생님께 의견을 말했는데 바로 거절당한다면 이 아이는 다시는 선생님께 자신의 의견을 말하지 못할 수도 있기 때문입니다. 프로젝트 계획서 작성 예시는 다음과 같습니다.

〈고마워! 파티 프로젝트〉-1학기

프로젝트 주제	1학기동안 수고한 ○○들에게 고마운 마음 전달하기
프로젝트 팀장	김 민

팀장 역할: 〈고마워 파티〉를 총기획하고, 팀원을 이끌어 같은들 돕는 특별한 파티만들기 (비밀 파티)

팀원	직업	하는 일	준비사항
김 민	MC	파티진행	마이크
	파티플래너	전체 프로젝트 기획 및 진행	파티 계획서 작성
왕 린	PD	촬영	카메라
	파티플래너		파티 계획서 작성
한 ○		기획 및 준비사항 확인	계획서 확인
	군인	책상 옮기기	
○ 인	디자이너	초링페이퍼 제작	초링페이퍼 제작
	비서		비서일지
서 ○	카메라감독	촬영	카메라
		준비및 뒷정리 총감독	정리박스
○ ○	바리스타	음료 제조 및 배달	
	인테리어디자이너		인테리어 계획안
서 재	보안원	비밀파티 주의사항 안내	안 내판
	음악디렉터	음악선곡 및 디제잉	음악 선곡표

〈학급 캠핑 프로젝트〉

프로젝트 주제	교실에서 캠핑하면서 친해질 수 있는 처음 만남
프로젝트 팀장	○ 민

팀장 역할: 캠핑을 총 기획하고, 팀원을 이끌어 안전하고 행복한 학급을 만들기

팀원	직업	하는 일	준비사항
○ 민	디자이너		디자인 박스
	레크리에이션		
	디자이너		
	제과제빵사		
	보안관		
	PD		
	레크리에이션		
	요리사		
	군인		
	비서		비서 일지

3. 프로젝트팀 구성하기

프로젝트 계획서가 최종 통과되면 프로젝트 팀장은 팀원을 구성합니다. 이때 전적으로 팀장에게 권한을 맡길 수도 있지만, 아이의 성향이나 교우 관계 등에 따라서 교사가 개입해야 하는 경우도 있습니다. 프로젝트 팀장이 된 아이가 내성적인 성향이라면 팀원 중에 주도적인 성향이 너무 강한 아이가 있을 경우 팀장이 된 아이가 자신의 목소리를 내는 것이 어려울 수 있습니다. 이럴 때는 내성적인 아이가 팀장의 역할을 잘 할 수 있도록 아이들의 특성을 고려해서 팀 구성을 하는 데 교사가 도움을 줄 수 있습니다.

프로젝트팀이 구성되면 교사는 아이들이 스스로 프로젝트를 운영해나갈 수 있도록 믿고 격려해주면서 촉진자 및 안내자로서 퍼실리테이터(여러 사람이 일정한 목적을 가지고 함께 일을 할 때 효과적으로 그 목적을 달성하도록 일의 과정을 설계하

고 참여를 유도하여 도움을 주는 사람)와 같은 역할을 맡는 것이 좋습니다.

4. 프로젝트 실행 및 격려하기

팀장은 자신이 기획한 프로젝트의 의도를 팀원들과 공유하며 프로젝트의 방향을 정합니다. 그리고 회의를 통해 구체적인 프로그램을 결정하고 실행합니다. 프로젝트가 모두 종료되면 격려 회의를 진행하며 프로젝트를 통해 배운 점과 느낀 점을 나눕니다. 교사는 아이들의 수고와 봉사 그리고 도전하는 용기에 대해 격려해줍니다.

프로젝트 직업놀이
10가지

1. 학급 영화관

　교사와 아이들이 함께 처음으로 시작하기 좋은 학급 행사입니다. 아이들에게 친숙하여 쉽게 도전해볼 수 있습니다. 영화 선정부터 영화관 운영 시간 및 자리 배치, 영화 티켓 가격, 간식 종류 등을 아이들이 스스로 결정하게 합니다. 교사는 아이들이 고민하고 결정해야 하는 내용이 무엇인지 안내를 해주며, 아

이들이 의사결정 하는 과정에서 공동 프로젝트 운영자로 참여합니다. 교사가 보여주는 영화는 단순한 영화 관람에 그치지만 스스로 영화관 프로젝트를 기획하면서 하나의 프로젝트를 수행하게 하면 뿌듯한 성취감을 맛볼 수 있습니다.

2. 친구 박람회

학기 초, 새 친구에게 먼저 다가가는 방법이 고민인 아이들은 물론 학기 중 친구에 대해 깊이 알아가고 싶은 아이들과도 할 수 있는 활동입니다. '친구 박람회'는 친구의 감성을 공유하는 프로그램, 친구와 고민을 나누는 프로그램 등을 통해 서먹했던 친구를 알아갈 수 있는 학급 행사입니다. 따라서 혼자가 아닌 둘이 짝이 되어 활동합니다. 코너별 프로그램은 친구의 고민 들어주는 코너, 친구와 함께 찰흙으로 도자기 만드는 코너, 친구와 짝꿍 그림 디자인하는 코너, 친구와 함께 이어폰을 한쪽씩 귀에 꽂고 음악 듣는 코너, 친구와 간식 먹으며 대화를 나누는 휴식 코너, 친구와 영화 보는 코너 등으로 운영할 수 있습니다.

3. 흥미 오픈 클래스

'흥미 오픈 클래스'는 내가 요즘 관심 있는 것을 다른 사람에게 가르치는 경험을 통해 2시간의 수업 시간 동안 한 명의 아이가 25가지의 새로운 흥미와 관심을 탐색할 수 있도록 기회를 만들어주는 학급 행사입니다. 재능은 타고난 소질이지만 흥미는 어떤 대상에 대하여 갖는 관심을 의미합니다. 아이들은 자신에게 무슨 재능이 있는지 찾는 것은 어려워해도 자신이 어떤 것에 관심이 있는지는 쉽게 파악합니다. 그리고 아이들이 다양한 분야에 흥미를 느끼려면 새로운 것을 경험할 수 있는 충분한 기회가 필요합니다. 흥미 오픈 클래스 활동은 새로운 경험을 서로 나누고, 다양한 흥미를 탐색하며, 자신의 장점과 친구의 장점은 물론 재능까지도 발견할 수 있도록 도와줄 수 있습니다.

4. 경매 파티

'경매 파티'는 한 학년을 마치며 나의 소중한 추억이 담긴 애장품을 소개하고 친구와 추억을 나누는 학급 행사입니다. 경매사는 경매 파티를 진행하고 경매 물품을 소개할 때 서로의 추억을 나누게 합니다. 경매 물품을 낙찰받은 사람과 경매 물품을 기부한 친구는 함께 기념사진을 촬영하며 추억을 간직하는 시간을 갖습니다.

5. 고마워 파티

한 학기 동안 학급을 위해 봉사한 친구들에게 고마운 마음을 표현하고, 미안했던 친구에게는 미안한 마음 등 자신의 감정과 마음을 친구들에게 표현하고 나누면서 한 학기를 마무리할 수 있는 학급 행사입니다. 친구 사랑 퀴즈대회, 고마운 마음을 전하는 편지 읽어주기 시간, 친구와 함께 찍은 사진 감상 시간, 롤링페이퍼 및 개인 편지 전달식 등으로 구성하여 '고마워 파티' 프로그램으로 운영할 수 있습니다.

6. 꼭맞춤 스포츠 리그전

아이들이 선정한 스포츠 종목으로 스포츠 리그전을 개최합니다. 한 달 동안의 팀별 연습을 통해 협동심과 성취감을 느낄 수 있는 학급 행사입니다. 발야구, 피구, 핸드볼, 배드민턴, 탁구, 플로우 볼 등 다양한 스포츠 종목 중에서 아이들이 종목을 선정하고, 모든 아이가 스포츠 실력에 상관없이 참가할 수 있도록 스포츠 클래스를 통해 스포츠 선생님에게 기본 규칙과 패스 방법 등을 배웁니다. 그리고 남녀 및 운동 능력의 차이와 상관없이 모든 아이가 참여할 수 있도록 대회 준비 회의를 통해 게임 규칙과 요소를 변형하여 오직 우리 반을 위한 '꼭맞춤 스포츠 리그전'을 개최합니다.

7. 스스로 만드는 학예회 파티

아이들이 지닌 재능과 끼를 마음껏 펼치며 모든 아이가 적극적으로 참여할 수 있는 '학예회 파티'를 학급 행사로 준비합니다. 모든 아이의 참여를 이끄는 팀별 오디션, 팀원 및 팀장 공개 오디션 등 다양한 오디션을 통해 아이들이 성취감을 느끼고 자존감이 높아지는 경험을 할 수 있도록 합니다.

8. 마음이음 기부 프로젝트

아이들이 기부할 단체를 스스로 선정하여 자신이 갖고 있는 새 학용품을 직접 만든 필통에 담아 어려운 이웃을 돕기 위해 기부를 실천하는 학급 행사입니다. 아이들은 기부하고 싶은 단체, 기부 대상, 기부 방법, 기부 물품 등에 관한 회의를 진행합니다. 가정에서 사용하지 않는 학용품을 기부하기, 사랑의 모자 뜨기 등 아이들은 자신들이 실천할 수 있는 다양한 방법을 스스로 결정하여 실제 기부에 참여할 수 있습니다.

9. 학급 캠핑

'학급 캠핑'은 교실이라는 안전한 공간에서 캠핑의 재미를 살리면서 특별하고 의미 있는 시간을 보낼 수 있는 학급 행사입니다. 회의를 통해 학급 캠핑 프로그램을 정하고, 캠핑 당일에는 조별로 교실에 텐트를 친 뒤 학급 캠핑을 시작합니다. 이러한 활동

을 통해 새롭고 특별한 우리 반만의 추억을 만들어갈 수 있습니다.

10. 파자마 파티

'파자마 파티'는 파자마를 입고 서로의 마음속 이야기를 나누며 1년간의 행복한 추억을 기념하는 학급 행사입니다. 아침 기상 미션과 아침 밥 미션을 시작으로 고마운 마음, 미안한 마음, 서운했던 마음을 나눌 수 있는 마음 털어놓기 활동 등 다양한 친교 놀이 활동을 통해 아이들 마음속에 오래도록 남을 특별한 추억을 쌓는 시간을 갖게 됩니다.

프로젝트 직업놀이
운영 방법

실제 사회에서 직업을 갖고 경력이 쌓이면 그 분야에서 전문성을 갖춘 전문가가 되는 것처럼 학기 초부터 진행된 직업놀이를 통해 아이들은 스스로가 자기 직업의 전문가라는 믿음을 갖고 있습니다. 1단계, 2단계 직업놀이를 통해 다양한 직업 활동에 참여하면서 전문성을 갖게 된 아이들이 함께 모여서 스스로 학급 행사를 기획 및 운영하고, 모든 아이가 참여하는 즐거운 학급 행사를 만드는 활동이 바로 3단계의 프로젝트 직업놀이입니다.

이렇듯 모두가 행복한 학급 행사를 만들기 위해서는 우선 도전하는 과정을 통해 성취감을 느낄 수 있도록 전 과정을 아이들이 스스로 선택할 수 있게 해줘야 합니다. 또 스스로 노력하는 기쁨과 보람을 느낄 수 있도록 격려의 장치를 마련해주고, 누구든 하고 싶은 일에 마음껏 도전할 수 있는 기회와 무대를 제공해줘야 합니다. 이런 세 가지 원칙을 담은 프로젝트 직업놀이의 운영 방법을 소개합니다.

아이들이 스스로 만들어가는 학급 행사

—

교사 중심이 아닌 아이들이 스스로 만들어가는 학급 행사로 패러다임을 바꾸는 것은 어렵지 않습니다. 다음 4가지만 기억한다면 말입니다. 지금부터 아이들이 학급 행사를 만들어가는 과정을 '학급 캠핑'을 예로 들어 설명하겠습니다.

1. 학급 행사의 목표 및 주제는 아이들이 정한다

교사는 학년 말, 1년을 마무리하며 아이들과 특별한 추억을 나누기 위해 어떤 학급 행사를 준비하면 좋을지 아이디어와 행사 주제를 고민하게 됩니다. 학급 행사의 시작은 우리 반 아이들이어야 합니다. 우리 반 아이들의 마음과 생각을 따라 준비하는 학급 행사는 당연히 아이들이 좋아할 수밖에 없습니다.

그렇다면 학급 행사를 어떻게 정해야 할까요? 교사는 학급 행사 한 달 전 학급 행사 아이디어를 모집하는 공지를 합니다. "12월, 우리 반의 특별한 추억을 만드는 학급 행사를 진행할 프로젝트팀을 모집합니다. 아이디어를 제안해

서 선정된 사람은 프로젝트팀의 팀장이 될 수 있습니다." 이렇게 공지를 하고 나면 아이들은 다양한 아이디어를 학급 변리사에게 제안하기 시작합니다.

교사가 듣기에는 엉뚱한 아이디어도 있지만 아이들의 입장에서 생각해보면 기발하고 창의적인 아이디어가 넘쳐납니다. 우리 반의 한 친구는 "교실에서 캠핑을 하고 싶어!"라는 아이디어를 제안했고, 학급 변리사에게 아이디어가 통과되어서 그해의 학급 행사로 선정되었습니다. 그리고 캠핑 아이디어를 제안한 학생이 팀장이 되어 학급 캠핑 프로젝트팀을 구성하였습니다.

2. 학급 행사의 준비는 준비물을 나누는 것이 아니다

처음 학급 행사 프로젝트를 준비하는 아이들이 가장 먼저 하는 일은 준비물을 나누는 것입니다. "내가 음료수 가져올 테니까, 네가 컵을 가져와." 아이들이 이런 행동을 하는 이유를 곰곰이 생각해보면 지금까지 아이들이 경험한 학급 행사는 교사가 계획하고 운영하는 학급 행사로, 교사가 안내한 준비물을 챙겨오는 것이 자신들이 해야 할 일의 전부였기 때문입니다. 그래서 아이들은 준비물을 나누는 일이 학급 행사를 준비하는 일의 전부라고 생각합니다.

이러한 생각 때문인지 처음 프로젝트팀을 모집하면 가정 형편이 어려운 아이들이 지원하지 않는 모습을 보이기도 합니다. 아이들의 경험으로는 돈이 있어야 파티를 준비할 수 있기 때문에 자신은 학급 행사를 준비할 수 있는 자격이 없다고 지레 판단하기 때문입니다. 그래서 교사는 학급 행사 프로젝트팀을 모집할 때 학급 행사를 준비하는 과정에서 아이들이 해야 할 역할을 정확하게 안내해주어야 합니다.

학급 행사에 필요한 준비물은 학교 물품을 최대한 활용하도록 하고, 꼭 필요한 물품은 교사가 학급 운영비로 구입합니다. 학생들은 돈을 쓰는 일이 없으며, 방과 후에 모이는 일도 없음을 사전에 안내합니다. 또한 프로젝트팀의 회의는 쉬는 시간을 이용해서 한 달 동안 진행됩니다. 학급 행사를 준비하는 과정에서 교사와 학생의 역할을 정리하면 다음과 같습니다.

학급 행사에서 교사의 역할	학급 행사에서 아이들의 역할
1. 학급 행사와 관련된 교육 과정 재구성하기 2. 학급 행사 일정 및 날짜 안내하기 3. 학급 행사 준비물 구입하기 4. 프로젝트를 준비하는 단계에서 도움 주기 5. 프로젝트팀의 기획 및 진행, 마무리 과정에 관심을 갖고 지지와 격려보내기	1. 학급 행사 아이디어 제안하기 2. 프로젝트팀의 역할을 정하고 팀 구성하기 3. 프로젝트팀 회의를 통해 학급 행사 프로그램 기획하기 4. 프로그램을 진행하고, 운영하기 5. 학급 행사가 끝난 후에 뒷정리 및 프로젝트 마무리 회의 참여하기

3. 학급 행사의 모든 결정은 아이들 스스로 내린다

학급 캠핑을 준비하는 동안 결정해야 하는 문제는 매우 많습니다. 게임을 할 때 팀은 어떻게 나누고 게임 순서는 어떻게 정하면 좋을지, 책상 배치는 어떻게 하며 풍선은 붙일지 말지 등 수많은 결정을 아이들 스스로 해야 합니다. 이 모든 의사결정에는 정답이 없습니다. 교사는 아이들에게 어떤 결정을 해도 괜찮다는 것을 알려주되 한 사람이 제시한 의견을 그대로 따라가는 것이 아니라 서로 다양한 의견을 제안하고, 양자택일의 방법보다는 더 나은 쪽으로 새로운 의견을 제안하면서 스스로 선택하는 것이 중요함을 알려줍니다.

때로는 의견의 대립이 팽팽해서 결정을 내리지 못해 프로젝트 진행이 원활하지 않을 때가 있습니다. 그럴 때는 팀장에게 최종 결정의 권한을 주는 것도 하나의 방법입니다. 이때 교사는 다수결로 결정하거나, 반 의원에게 도움을 요청하는 방법 등 다양한 방식으로 팀장 스스로 최종 결정을 내릴 수 있도록 생각의 폭을 넓혀주는 역할을 합니다. 이렇듯 교사의 지지를 통해 아이들의 생각은 하루가 다르게 자라게 됩니다. 나중에는 교사의 도움 없이도 학급 행사를 계획하고 준비하며, 정리하고 반성하는 과정까지 스스로 할 수 있는 자기 주도적인 아이들로 성장해 가는 것을 볼 수 있습니다.

4. 프로젝트를 준비한 친구들에게 고마운 마음을 전한다

아이들 스스로 학급 행사를 준비하는 것은 아이들에게는 큰 도전입니다. 학급 캠핑을 진행하기 위해서는 엄청난 준비가 필요합니다. 많은 결정을 스스로 내리고, 계획하여 실행하는 과정에서 보이지 않는 노력과 헌신이 있었다는 것은 말로 설명하지 않아도 느낄 수 있지요. 그러나 교사가 수고했다고 말해주는 것보다 더 중요한 것은 친구들로부터 인정과 지지를 받는 것입니다. 프로젝트를 진행하면서 정말 힘들고 고생했어도, 우리 반 친구들이 나로 인해 행복했다고, 고맙다고 표현하면 아이들은 이 힘든 과정을 다시 또 하겠다고 지원합니다. 친구들이 행복해하는 모습을 보면서 느낀 기분 좋은 감정과 자신에게 고마움을 표현했을 때 느낀 뿌듯함, 그리고 그 힘든 과정을 스스로 해냈다는 성취감 때문이지요. 또다시 어려운 일을 맡아도 해낼 수 있을 거라는 자신감까지, 이 모든 것이 아이들이 도전하는 아이, 용기 있는 아이로 성장하는 힘이 되어 줍니다.

아이들에게 가장 중요한 것은 친구들로부터 받는 인정입니다. 또래의 인정은 아이들의 자존감을 높여주며, 힘든 일도 해낼 수 있는 긍정의 에너지를 만듭니다. 그래서 학급 행사 이후에는 반드시 또래의 인정과 격려를 받을 수 있도록 고마운 마음을 전하는 시간을 갖도록 합니다. 말로만 감사를 표하는 것보다 간단한 활동지나 편지 등을 통해 직접 글로 써서 전달하는 방법이 더 좋습니다. 그래야 자신이 해낸 성취와 성공의 경험은 물론 친구들의 마음도 두고두고 간직할 수 있기 때문입니다. 또 이러한 격려의 과정은 고마운 마음을 표현한 아이들에게도 큰 의미가 있습니다. 다른 사람에게 고마운 마음, 감사한 마음을 표현하는 것은 긍정적인 삶의 태도를 기르는 데 큰 도움이 되기 때문입니다. 학급 행사의 결과에 상관없이 수고한 친구들에게 고마운 마음을 표현하는 시간을 통해 서로에 대한 존중과 배려를 키우는 따뜻한 교실을 만들어갈 수 있습니다.

학교 행사 준비 과정

—

학교 행사도 어떻게 준비하느냐에 따라 교사와 아이들 모두가 행복한 파티가 될 수 있습니다. 제가 담임을 맡은 2학년 아이들은 한 학년을 마무리하는 행사로 '학예회'를 준비하면서 기획부터 안무 구성하기 등의 전 과정을 직접 운영하고, 모두가 함께 참여해서 멋진 공연을 해냈습니다. 사실 공연의 결과보다 모든 과정을 9살짜리 아이들이 스스로 해냈다는 사실이 중요하겠지요. 우리 반의 학예회는 모든 아이가 적극적으로 참여한 신나는 파티였고, 준비 과정에 참여한 아이들의 자신감을 키울 수 있는 무대가 되었습니다. 이제부터는 직업놀이와 함께하는 학예회 준비 과정을 시간별로 소개하겠습니다.

D-40. 파티 플래너 모집하기

선생님과 함께 학예회 공연에 관한 전반적인 진행 상황을 의논하고, 학예회를 총괄해서 이끌어갈 파티 플래너를 모집합니다. 하고 싶은 사람은 누구나 지원할 수 있습니다. 우리 반에서는 두 명의 친구가 파티 플래너에 지원했고, 저와 함께 공연 기획자가 되어 학예회를 총괄 기획하게 되었습니다.

D-39. 학예회 준비 과정 안내 및 종목 사전 조사하기

교사가 아이들에게 "학예회에서 하고 싶은 것을 말해보세요."라고 한다면 아이들은 무엇을 해야 할지 감을 잡지 못해 이전 학년에서 본 것이나 해본 것을 기준으로 말하게 됩니다. 학예회 종목을 선정하기에 앞서 우선 파티 플래너는 친구들이 하고 싶어 하는 종목들을 설문을 통해 사전 조사합니다.

D-38. 학예회 종목 선정하기

아이들은 자신이 경험해 본 종목 이외에는 잘 모르기 때문에 교사가 다양한 종목을 예시로 정리하여 주는 것이 좋습니다. 사전 조사의 설문 결과를 통해 우리 반 아이들이 관심 있는 종목을 정리하고, 이와 함께 교사가 추천하고 싶은 다양한 종목(댄스, 난타, 깃발 춤, 합창, 음악 줄넘기, 카드 섹션, 연극 등)도 보여줍니다. 이때 각 종목의 특징을 하나씩 알려주면서 아이들이 스스로 장단점을 파악할 수 있도록 이끌어주고, 선택의 폭을 넓혀주는 것이 중요합니다.

투표를 통해 종목이 정해지면 주말 동안 이 종목에 어울리는 음악이 어떤 것일지 생각해보도록 합니다. 우리 반의 경우 음악 줄넘기를 하고 싶다는 아이가 12명, 줄넘기를 못해서 댄스를 하고 싶다는 아이가 13명이어서 두 팀으로 나눠 음악 줄넘기, 댄스 두 종목을 하기로 결정하였습니다.

D-37. 음악 선정하기

학예회 종목이 정해지면 그에 맞는 노래를 선정합니다. 음악 줄넘기로 종목을 정했다면 음악 줄넘기 예시 작품을 다양하게 보면서 각 노래의 분위기와 안무 특징을 함께 분석해봅니다. 댄스도 마찬가지로 진행합니다. 이때 저학년이라고 해서 쉬운 동작 위주로만 보여주는 게 아니라 다양한 노래와 다양한 수준의 안무를 함께 보는 것이 중요합니다. 그래야 아이들 머릿속에 하고 싶은 음악과 안무가 조금씩 그려지고, 성취 욕구가 생기기 때문입니다. 제가 쉬운 노래를 추천하자 우리 반 아이들은 "선생님, 그건 좀 멋지지가 않고 시시해요!"라고 대답했을 정도였어요. 그러니 2학년이라고 해서 2학년 수준에 맞는 쉬운 안무만 보여주는 것보다는 어려운 것도 함께 보여주는 것이 좋습니다. 그리고 가장 중요한 것은 아이들이 노래를 듣고 신이 나야 합니다. 아이들이 듣기만 해도 신이 나고 몸이 들썩이는 음악, 자신들이 멋지다고 생각하는 음악을 찾아주는 것이 중요합니다.

D-36. 안무 구성하기

노래가 최종 결정되면 안무를 구성해야 합니다. 보통은 교사가 기존의 학예회 자료를 활용해서 안무를 정하는 경우가 많지만, 아이들이 주도적으로 운영하는 학예회를 만들기 위해서는 안무 구성도 아이들 스스로 할 수 있도록 해주는 것이 좋습니다. '아직 어린 아이들이 어떻게 안무를 스스로 짤 수 있지?'라고 생각하시겠지만 2학년 아이들도 충분히 해냈으니 믿고 맡겨주세요.

기본 안무를 구성하기 위해서는 노래에 맞는 기본 안무 영상을 다양하게 찾아봐야 합니다. 음악 줄넘기의 기본 안무 동작과 우리가 정한 노래의 안무, 다른 노래의 안무 등을 반복해서 보고, 안무 중에서 우리 반 아이들 수준에서 할 수 있는 동작을 선택해야 합니다. 이 과정은 교사가 아닌 우리 반의 안무

팀이 진행합니다. 안무에 관심 있는 아이들이 모여 안무팀을 구성하고, 직접 하고 싶은 안무를 하나씩 선정하고 만들어갑니다.

D-30. 안무 공개 및 격려 시간 갖기, 팀장 선정 및 팀원 구성하기

최종 안무가 완성되면 반 전체 아이들에게 안무를 공개합니다. 이때 안무를 구성한 리더에게 지지와 격려를 보내주는 시간을 갖는 것이 중요합니다. 그리고 리더는 자신과 함께 안무를 가르칠 팀장을 모집합니다.

음악 줄넘기 팀은 줄넘기 선생님 중에 팀장을 선정하고, 댄스 팀은 우리 반 댄서, 연예인 등의 직업 중에서 팀장을 선정합니다. 리더와 팀장은 각자 가르칠 팀원을 구성합니다. 이때 팀장이 공개적으로 팀원을 모집하는 방법은 좋지 않습니다. "야, 난 철수랑 같이 하기 싫어! 네가 철수 데려가!" 등의 말로 아이들이 상처받을 수 있으므로 팀장끼리 복도로 나가서 비공식적으로 조용히 팀원을 정하고, 그 결과를 반 친구들에게 공개합니다.

팀원은 꼭 똑같은 인원수로 정하지 않아도 됩니다. 아이들의 수준에 따라 더 많이 가르쳐야 하는 아이가 있는 팀은 소수 인원으로 정합니다. 우리 반의 경우 음악 줄넘기 팀에서 1명의 리더와 3명의 팀장이, 댄스 팀에서 1명의 리더와 2명의 팀장이 선정되었고, 각 리더와 팀장이 팀원을 정하여 자신의 팀을 꾸렸습니다.

D-29. 팀별 연습 시작하기

팀장은 팀원을 이끌고 정해진 장소에서 연습합니다. 이때 계단이나 미끄러운 장소, 사람이 다니지 않는 곳 등 위험한 장소에서 연습하지 않도록 반드시 교사와 의논하여 정해진 장소에서 안전하게 연습하도록 합니다. 처음부터 긴 시간 연습하기보다는 짧게 연습하면서 점차 연습 시간을 늘려가고, 연습 전 준비운동을 통해 신체에 무리가 가지 않도록 합니다.

또 아이들이 샌들을 신고 줄넘기를 연습하거나 지나치게 짧은 옷을 입고 춤을 추지 않도록 연습 전 아이들의 신발과 옷차림 등을 미리 안내해주고, 처음 연습을 시작할 때는 1번 동작, 2번 동작 등으로 동작을 나누고 이름을 붙인 후에 쉬운 동작부터 아이들이 배울 수 있도록 팀장에게 가르치는 순서를 정하게 하는 것이 좋습니다.

D-20. 팀별 오디션 진행하기

팀별 오디션은 팀장이 오디션을 통해 팀원들의 연습 상태를 확인하며 격려하는 활동입니다. 교사는 팀장인 아이들이 팀원에게 지적, 비난, 명령이 아닌 이전보다 노력해서 나아진 부분을 찾아서 칭찬하고, 앞으로 더 연습해야 할 부분을 알려주도록 지도합니다. 팀별 오디션은 3회 정도로 반복해서 실시합니다. 그래야 아이들이 자신이 노력한 부분을 확인받으며 성취감을 느끼고, 자신감도 키울 수 있습니다. 팀별 오디션이 끝나면 공개 오디션 날짜를 정하고 안내합니다.

D-16. 팀원 및 팀장 공개 오디션 진행하기

오디션은 실력 테스트가 아니라 성취감을 높이기 위한 격려에 목적이 있으며 아이들이 노력하고 있는 과정을 칭찬하는 자리입니다. 교사는 아이들이 다른 아이와 비교하거나 경쟁하지 않고, 나 스스로 노력한 과정을 중요하게 여길 수 있도록 아이를 지지해줘야 합니다. 약 보름 동안 진행되는 1차, 2차, 3차 및 공개 오디션 등을 통해 아이들의 노력하는 과정을 지속적으로 격려해줍니다.

또한 팀장도 똑같이 오디션을 보도록 합니다. 이는 오디션은 모두가 함께 노력하는 과정이며, 결과보다 과정이 중요하다는 것을 알려주기 위함입니다. 또한 팀장을 세워주는 과정에서 팀장이 우위에 있는 관계를 만들지 않는 방법이기도 합니다. 이를 통해 팀원인 아이들이 위축되는 것을 막을 수 있습니다.

팀장 공개 오디션의 심사는 팀원인 아이들 중에서 하고 싶은 사람을 지원받아서 진행합니다. 공개 오디션에서는 점수가 없는 심사표를 사용합니다. 노력한 부분, 발전한 부분을 찾아서 격려하는 용도로 활용하며 심사위원이 코멘트를 적어주도록 해서 자신의 부족한 부분을 알 수 있도록 합니다. 이를 통해 팀장인 아이들도 자신이 부족한 부분들이 있다는 것을 깨닫고, 경쟁이나 비교 없이 나 자신이 지난번보다 나아졌는지를 살피며 발전된 모습을 통해 자신감을 갖게 됩니다.

D-1. 학예회 총연습하기

총연습이 있는 날은 아이들에게 특별한 날입니다. 의상부터 음악까지 실제와 똑같이 연습하기 때문에 아이들은 마치 실제 공연인 것처럼 긴장합니다. 이날은 아이들 스스로 의상과 준비물을 챙기는 것, 무대에 오르고 내리는 방법, 내가 무대에 서는 위치 등을 확인할 수 있도록 안내해주는 것이 중요합니다. 총연습에서 실수한 아이들은 불안한 마음을 가질 수 있으니 교사와 친구들이 충분히 격려해주는 것이 좋습니다.

D-day. 학예회 공연 및 격려로 마무리하기

공연 당일은 아이들에게 가장 설레는 날입니다. 그동안 나 자신과의 싸움을 이겨가며 열심히 연습했기에 무대에 서는 순간이 짜릿하고, 기대되지요. 설령 무대 위에서 실수하고 틀려도 서로에게 박수를 쳐주며 멋지다고 말해줄 수 있는 우리들만의 파티가 바로 학예회입니다. 이를 통해 아이들의 자신감과 자존감이 높아지고, 성취의 기쁨을 느끼게 되었다면 아이들에게 학예회는 단순한 학교의 행사가 아닌, 도전 정신을 배우는 기회가 아니었을까요. 행사가 끝난 뒤 "오늘 이렇게 멋진 공연을 스스로 해낸 2학년 2반 친구들, 모두 정말 최고였어요!"라고 다독이며 격려로 마무리합니다.

학예회 공연을 준비하면서 가장 수고한 사람은 교사가 아닌 아이들입니다. 그중에서도 학예회 안무를 만든 아이들과 학예회를 운영하며 교사를 도와준 파티 플래너, 그리고 각 팀원을 열심히 가르쳐준 팀장이겠지요. 아이들 한 명 한 명의 수고와 노력을 구체적으로 칭찬해주면서, 반 전체 아이들에게 격려받는 시간을 가집니다. 그리고 한 명씩 자리에서 일어나 학예회를 준비하며 느낀 점과 배운 점을 발표하고, 서로의 노력에 대해 격려하고, 수고한 친구에게 큰 박수를 보내주는 시간을 갖습니다. 그래서 학예회가 의무적으로 해야 하는 학교 행사가 아니라 아이들 가슴에 남는 특별한 추억이자 끼와 재능을 펼치는 무대, 모두가 함께 즐긴 하나의 파티가 될 수 있도록 격려하며 마무리합니다.

그리고 교사는 공연 전날, 가정에 보내는 편지글을 작성하여 봉투에 담아 준비합니다. 편지글을 통해 그동안 아이들의 수고와 노력에 대해서 가정에서도 격려와 칭찬을 아낌없이 보내줄 것을 당부합니다. 학예회를 마친 뒤에는 아이들에 대한 고마운 마음과 대견한 마음을 담아 가정에 공연 전날 준비해둔 편지를 보냅니다. 이렇게 아이들의 노력과 수고에 대해 교사와 학부모, 그리고 친구들이 한마음이 되어 격려해주면 아이들은 놀라울 만큼 단단하고 용기 있는 사람으로 성장하게 됩니다.

학교 행사 준비의 세 가지 TIP

—

1. 노력에 대한 적절한 보상이 필요하다

아이들이 즐겁게 참여할 수 있는 동기를 유발하기 위해 저는 학예회 예산으로 '무지개 줄넘기'를 구입했습니다. 우리 반의 인원수만큼 구입했지만 아이들에게 처음부터 하나씩 나눠주는 것이 아니라 노력하는 과정을 통해 스스로 세운 목표에 도달하면 받을 수 있음을 안내했습니다. 자신의 노력을 레벨로 표시하여 레벨 1단계에서 시작하여 최종 단계인 VIP 단계에 이르면 무지개 줄넘기를 받을 수 있게 했지요. 레벨은 실력에 따라 올라가는 것이 아니라 내가 스스로 열심히 노력했다고 생각하면 스스로 올리는, 노력하는 과정을 나 자신에게 격려하는 장치입니다. 그래서 누구나 받을 수 있는 것이지요. 아이들은 이 무지개 줄넘기를 받기 위해서 자발적으로 매일 줄넘기를 연습했습니다. 결국 우리 반 모든 아이가 무지개 줄넘기를 받아서 학예회 공연을 할 수 있었습니다.

2. 원하는 만큼 참여하게 하라

우리 반은 음악 줄넘기 팀과 댄스 팀으로 나눠서 학예회 공연을 준비했습니다. 그런데 아이들의 참여도가 너무 높아지다 보니 둘 다 하고 싶다는 아이들이 대부분이었습니다. 두 발 뛰기를 못해서 줄넘기는 안 하겠다고 했던 아이는 매일 줄넘기 연습을 하고, 춤을 못 춰서 댄스를 안 하겠다던 아이는 매일 춤 연습을 따라 하고 있었어요. 그래서 결국 대부분의 아이들이 두 가지 종목을 모두 하게 되었습니다. 아이들이 하고 싶으면 그게 무엇이든 할 수 있도록 자리를 마련해주는 것이 직업놀이의 가장 중요한 기본 원칙이니까요.

문제는 음악 줄넘기를 강당에서 할 때 공간의 제약으로 인해서 모든 인원이 무대에 오를 수 없다는 것이었습니다. 그럼에도 불구하고 하고 싶은 아이들은 모두 할 수 있도록 하기 위한 방법을 생각했습니다. 먼저 무대 위가 아닌 무대 아래에도 서도록 사전에 아이들의 양해를 구했습니다. 또 음악 줄넘기 노래를 5분짜리의 한 곡으로 정했었는데 인원이 너무 많아져서 두 팀으로 나눠야 하는 상황이 되었습니다. 그래서 노래 두 곡을 붙여서 5분으로 편집하고, 음악이 바뀔 때 자연스럽게 팀이 교체될 수 있도록 하여 두 팀의 공연으로 구성을 변경했습니다. 늦은 밤까지 열심히 연습하고, 너무 하고 싶다고 말하는 아이들을 위해서 하고 싶은 모든 아이에게 참여의 기회를 마련해주고 싶었기 때문입니다.

3. 행사의 완성도보다 참여하는 친구들의 즐거움을 우선하라

음악 줄넘기 공연을 할 때 줄넘기를 못하지만 음악 중간에 잠깐 춤이라도 추고 싶다고 한 아이에게는 춤을 출 수 있는 자리를 마련해주었습니다. 하나의 작품으로, 공연의 완성도로 보면 이 아이가 없는 게 더 멋져 보일 수 있습니다. 하지만 공연의 완성도보다 아이가 원하는 자리에 세워주고, 성취감을 느낄 수 있도록 하는 것이 더 중요하겠지요. 아이는 음악 줄넘기 공연 중간에 잠깐 등장해서 춤을 추고 나갑니다. 그런데 표정이 너무 행복해보입니다. 이렇게 행복하게 참여하는 아이들에게 학예회는 단순한 공연이 아니라 모두 함께 즐기는 파티가 아니었을까요?

꿈과 자존감을 키우는
행복한 학급 운영

PART 3
직업놀이와 학급 운영

　　　실 속 직업놀이에서 가장 중요한 것은 바로 '모두의 적극적인 참여'
　　ㅛ　입니다. 모든 아이가 교육 활동에 적극적으로 참여하도록 이끌고,
단 한 명의 아이도 교육 활동에서 소외되지 않도록 하며, 모두에게 공평한 기
회와 참여의 문을 열어주는 것이 바로 교실 속 직업놀이입니다.

　　'적극적인 참여'란 학급에서 일어나는 다양한 일 속으로 직접 들어가서 개
입하는 것을 의미합니다. 이러한 적극적인 참여를 이끌기 위해서는 첫째, 학급
안에 나만의 자리가 있어야 하며 둘째, 격려 중심의 학급 보상 제도가 마련되
어야 합니다. 교실 안에 직업에 따른 각각의 공간을 마련해줌으로써 내 직업
에 대한 자긍심을 높여주고, 나만의 공간에서 다른 친구들의 인정을 통해 자
신감과 자존감을 키워갑니다. 다양한 직업의 공간을 마련해주기 위해서는 기
존의 교실 환경을 새롭게 디자인하여 입체적인 공간, 아이들이 중심이 되는
공간으로 바꾸는 것이 필요합니다.

　　학급 보상 제도는 교사의 교육관에 따라 다양한 방식으로 운영될 수 있는
데, 직업놀이의 학급 보상 제도는 월급 제도로 운영됩니다. 일반적으로 월급은

일에 대한 대가로 받는 돈을 의미하지만, 직업놀이의 월급 제도는 자신의 노력에 대한 격려의 방법입니다. 교사가 검사하고 확인한 후에 받는 월급이 아닌, 내가 나의 노력한 과정을 스스로 격려해주는 방식으로 운영합니다. 이렇게 운영하는 이유는 모두에게 공평한 보상이 되도록 하기 위함입니다. 또한 격려의 방법으로 월급 제도 이외에도 승진 제도와 왕 제도를 함께 운영하고, 아이들의 자율적인 참여와 놀이에 대한 몰입을 이끌기 위해 소비 제도를 운영합니다. 소비 제도는 월급 제도를 통해 받은 월급으로 자신이 원하는 다양한 경험을 할 수 있도록 만든 여러 가지 아이템을 구입하는 활동입니다.

또한 직업놀이는 아이 내면의 성장을 바탕으로 다른 사람과 함께 어울려 살아가는 대인관계 능력, 의사소통 능력을 키워주는 진로 및 인성 중심의 교육 활동입니다. 아이의 성장은 교사 혼자가 아닌, 가정과 협력하여 함께 노력하고 고민할 때 더욱더 큰 결실로 나타납니다. 따라서 직업놀이를 시작할 때는 가정에 교육 목적에 대해 안내하고, 1년 동안 함께 소통하도록 합니다.

이렇듯 교실 속 직업놀이는 학급 운영과 맞물려 함께 돌아가는 유기적인 교육 시스템입니다. 체계를 갖춘 시스템으로 운영되는 직업놀이가 1년 동안, 온종일 아이들의 삶 속에 녹아들면 아이들 내면의 성장과 변화가 눈앞에 나타나게 될 것입니다.

1
직업놀이에 적합한
교실 환경 정비하기

교실 공간의 권한 부여하기

—

지금까지 교실이라는 공간은 학습을 위한 공간이자 교사가 관리하고 운영하는 곳이었습니다. 아이들이 자유롭게 이용하기는 어려운 공간이었죠. 직업놀이에서의 교실은 저마다의 아이들을 세워주는 자리로, 학생 중심의 공간으로 운영됩니다. 직업놀이에서 학생 중심의 학급 환경을 구성하는 것은 단순히 교실에 물건이나 공간을 배치한다는 의미가 아닌, 아이들만의 자리를 만들어주는 것을 뜻합니다. 혁신적인 학급 공간을 조성하기 위해서는 소속감을 위한 디자인으로 학생 중심의 공간이 필요하다는 연구 결과(Sheninger & Thomas Murray, 2017)도 있지요.

아이들이 자신의 직업에 대한 소속감을 갖도록 하기 위해서는 직업에 관련된 작은 소품은 물론 직업놀이에 필요한 공간을 구성해주는 것이 중요합니다. 내가 자유롭게 활동할 수 있는 나만의 공간이 있다는 것은 직업놀이에 대한 몰입과 즐거움을 느낄 수 있도록 해주는 중요한 요소입니다. 특히 소심하고 내성적인 아이, 자신감 없는 아이들의 경우에는 나만의 자리를 갖는 것만으로도 움츠린 마음을 열고, 자신감을 가질 수 있습니다.

지금까지 교실에서 사용하지 않았던 공간을 활용하면 아이들을 위한 다양한 공간을 만들 수 있습니다. 특히 교실의 코너 쪽은 아이들이 심리적으로 편안해하고 좋아하는 공간입니다. 만약 칠판 앞에 피아노가 있다면 나를 바라보는 친구들의 시선이 신경 쓰이고, 마치 발표를 하는 것처럼 부담이 되기 때문에 연주하는 활동을 머뭇거리게 됩니다. 그래서 연주자들의 연주 공간은 교실 뒤쪽 코너에 배치해 아이들이 언제든 자유롭게 이용할 수 있게 합니다. 또 비서 사무실과 학급 카페는 교사 가까이에 두면 여러 가지 돌발 상황의 해결과 학교생활 적응에 도움을 줄 수 있습니다. 아이들이 먹고 싶은 음료수를 사 먹을 때 교사의 시선을 의식하지는 않기 때문에 교사 가까이에 학급 카페를 두어도 괜찮습니다.

놀이 공간은 교실의 크기 및 책상의 수에 따라서 다르게 배치할 수 있는데 가능하면 한쪽 벽으로 가까이 붙이고, 통행에 불편을 주지 않는 안쪽 공간을 활용하는 것이 좋습니다. 또 직업놀이 안내표와 아이템 포켓은 아이들이 수시로 살펴보고 찾는 공간이기 때문에 교실 뒤쪽보다는 앞쪽에 두는 것이 좋습니다. 뒷문 가까이에 두면 통행에 불편을 줄 수 있기 때문입니다. 이렇듯 교실 공간의 배치는 직업놀이의 목적과 방법, 아이들의 생활 편의성 등을 고려하여 구성하는 것이 좋습니다.

직업놀이에서 꼭 필요한 10가지 공간

1. 직업놀이 안내 게시판

직업놀이를 수시로 확인할 수 있도록 직업놀이 안내표부터 각종 공지 사항을 게시해두는 공간입니다. 앞쪽 게시판이나 칠판 한쪽에 배치하는 것이 좋습니다.

– 관리자 : 반 청장(직업놀이 안내표 게시, 새로운 직업 안내, 공지 사항 전달)

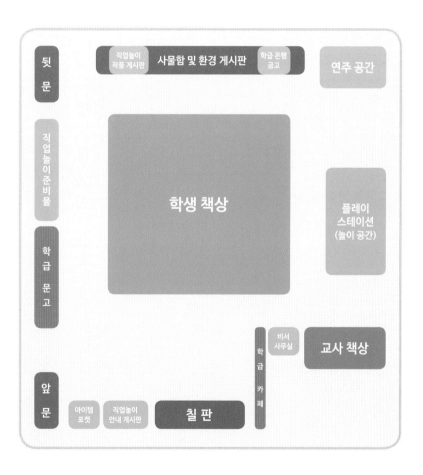

2. 직업놀이 작품 게시판

일러스트 작가, 만화가, 소설가 등 창의 작가들의 창작 작품을 게시할 수 있는 공간으로, 뒤편 게시판을 이용합니다.

– 관리자 : 디자이너(게시판에 작품 게시 및 작품 위치 선정. 창의 작가는 창작 활동만 담당)

3. 아이템 포켓

아이들이 수시로 아이템을 구경하고, 구입할 수 있도록 교실 앞쪽 벽을 이용해 게시합니다.

– 관리자 : 아이템 관리자(아이템 보충, 아이템 관리 및 판매)

4. 직업놀이 준비물 보관

직업놀이와 관련된 준비물 중 공용으로 사용하는 준비물은 아이들이 쉽게 꺼낼 수 있는 교실 옆쪽 수납장에 넣어둡니다.

– 관리자 : 정리 컨설턴트(준비물 정리)

5. 직업놀이 사무실

1) 교사 근처에 비서 사무실 만들기 – 남는 책상을 활용하여 교사 책상 근처에 비서 사무실을 마련해주면 교사의 도움이 필요한 아이를 가까이에서 살펴볼 수 있습니다.

– 관리자 : 비서팀(교사 업무 보조 등)

2) 자기 자리에 간판을 세워두고 사무실 만들기 – 학급 변리사, 마음 변호사 등의 사무실은 자신의 책상 위에 직업놀이 간판을 세워두고 사무실로 이용합니다.

– 관리자 : 해당 직업 담당자

6. 학급 은행

학급 은행원의 자리를 학급 은행으로 이용하면 월급을 받으러 아이들이 몰릴 때 주변에 있는 아이들이 통행에 불편을 느낄 수 있으므로, 학급 은행은 교실의 여유 장소를 지정해주는 것이 좋습니다.

　– 관리자 : 학급 은행원(학급 금고, 학급 화폐 관리)

7. 학급 카페

교사 근처에서 운영할 수 있도록 공간을 마련해줍니다. 아이들이 음료를 쏟는 등 돌발 상황이 많이 발생하므로, 아이들이 도움을 요청할 때 교사가 가까이서 도와줄 수 있는 장소가 좋습니다.

　– 관리자 : 바리스타(카페 음료 및 용품 등을 관리하고 정리)

8. 플레이 스테이션

아이들이 모여 보드게임 등을 할 수 있는 놀이 공간으로 놀이 매트를 이용해 장소를 구분하고, 아이들이 사용하는 보드게임은 놀이 공간 한쪽에 정리해 둡니다.

　– 관리자 : 공정 심판(보드게임 관리 및 대여)

9. 연주 공간

연주가들이 언제든 자유롭게 연주를 할 수 있는 공간으로 다른 아이들의 이목을 신경쓰지 않도록 교실 뒤편 코너에 배치하는 것이 좋습니다.

　– 관리자 : 연주가(악기 관리 및 보관. 악기는 해당하는 연주가 이외에는 만질 수 없음)

10. 학급 문고

학급 도서를 비치하고 대여하는 공간으로 주기적으로 학급 문고를 교체하여 운영하는 것이 좋습니다.

– 관리자 : 사서 선생님(도서 분류, 진열, 정리 담당)

학급 공간 배치 시 주의사항

—

직업놀이에서는 소외되는 아이 없이 모두가 행복한 교실을 만드는 것이 무엇보다 중요합니다. 만약 현재 학급에서 수업 태도가 좋거나 자기 할 일을 다하면 한 칸씩 올려주는 경쟁 방식의 개인별 보상판을 사용하고 있다면, 교실 공간 안에 공개적으로 배치하지 않는 것이 좋습니다. 현재 누가 스티커가 제일 많은지를 공개적으로 표시하는 것은 아이들 간의 보이지 않는 경쟁을 유발합니다. 그러면 직업놀이에서도 놀이 자체에 집중하며 즐기기보다는 월급을 더 많이 받기 위해 경쟁하게 되겠지요. 그런 경쟁은 아이들 마음속에 서로에

대한 시기, 질투심을 일으키게 될 뿐입니다. 이는 직업놀이의 교육 목적과 취지에도 반하는 것입니다. 이번 기회에 친구들 간의 경쟁을 통한 보상에서 아이 한 명 한 명을 격려하는 직업놀이로 학급 운영 시스템을 바꿔보시기를 권합니다.

2
가정과 연계하여
직업놀이 운영하기

가정에서의 지지와 격려가 필요한 아이들

—

직업놀이는 가정과 연계하는 교육 활동입니다. 직업놀이의 교육 목적은 아이들이 즐겁게 학교생활을 하면서 행복한 사람으로 성장하도록 돕는 것이므로 학기 초에 학부모님께 직업놀이의 의미와 교육적 효과 그리고 직업놀이 방법에 관한 안내문을 보내는 것이 좋습니다.

가정에 직업놀이 안내문을 보내면 몇몇 학부모님께서는 직업놀이 목록을 보고 자녀에게 의사나 변호사를 해보라고 권유하거나, 직업놀이표에 별표나 빨간 펜으로 표시를 해서 보내시기도 합니다. 그만큼 가정에서도 직업놀이에 관심을 갖고, 자녀가 어떤 직업놀이를 하고 있는지 궁금해하신다는 거죠. 1년 동안 가정과 연계하여 직업놀이를 운영하게 되면 아이들의 성장 과정을 학부모님과 함께 의논하면서 아이들의 변화를 자세히 들여다볼 수 있다는 장점이 있습니다.

직업놀이에서 가장 중요한 것은 바로 '격려'입니다. 격려는 교사와 학부모,

친구들이 함께하는 상호작용의 과정입니다. 학부모님이 아이들의 학교생활과 아이가 활동하는 직업놀이에 대해 관심을 갖고 대화를 나누는 것도 격려라고 할 수 있습니다. 따라서 직업놀이를 시작한 이후에는 현재 참여하고 있는 직업놀이의 종류 및 활동 내용, 함께 참여하는 친구들에 대한 이야기 등을 적어서 가정에 편지를 보내주는 것이 좋습니다.

저의 경우에는 학년 초에 직업놀이 안내문을 보내고, 학기 말과 학년 말에 학급 행사나 학예회 등을 준비하기 위해 노력한 아이들에게 가정에서 관심을 갖고 충분히 격려해줄 것을 당부하는 내용의 편지를 보내곤 합니다. 아이들이 학교와 가정에서 격려라는 긍정의 에너지를 충분히 받으면 세상을 살아가는 큰 힘인 자신감과 용기를 얻게 된다는 것을 기억해주세요.

가정으로 보내는 직업놀이 안내문

—

직업놀이 안내문에는 올 한 해 우리 반의 교육 목표와 현재 우리 반에서 운영하는 여러 교육 방법들을 소개하고, 직업놀이에 대한 안내(교육 효과, 가치 등), 직업놀이의 교육 목적, 가정에 보내는 당부의 말 등의 내용이 들어가야 합니다. 직업놀이 안내문의 예시는 아래와 같습니다.

학년 초에 가정으로 보내는 직업놀이 안내문

5학년 3반 학부모님께.

안녕하십니까?

5학년이 되어 만난 게 엊그제 같은데 벌써 한 달이라는 시간이 훌쩍 지났네요. 학부모님들의 적극적인 참여와 관심으로 공개 수업을 무사히 마치게 되어 감사의 인사를 드립니다.

5학년 3반 학급 경영의 1년 목표는 성취감과 자신감을 키우고, 자신에 대해 긍정적으로 바라보는 마음을 바탕으로 친구와 함께 협력하는 방법을 배워나가는 것입니다. 이러한 교육 목표를 이루기 위하여 교과 학습뿐만 아니라 다양한 경험 및 체험 중심의 진로 및 인성교육 활동을 학교생활 속에서 매일매일 실천해가려고 합니다.

먼저 다양한 교과목 수업을 통해 여러 친구들과 상호작용할 수 있는 협동학습, 의사소통 능력을 키워주는 토의 및 토론 학습, 융합적 사고력을 위한 STEAM 교육 방법 등을 학습에 적용해 나갈 것입니다.

또한 아이들의 흥미와 관심을 토대로 꿈과 끼를 펼칠 수 있는 기회를 열어주는 우리 반의 학급 특색 활동으로 '교실 속 직업놀이'를 운영하려고 합니다. 직업놀이란 교실 속에 아이들의 특성에 맞는 다양한 직업을 만들어 자신감, 자존감을 높여주고, 함께 협력하는 방법을 배워나가는 교육 활동입니다.

아이들은 자신이 하고 싶은 다양한 직업을 선택하고, 직업 활동에 참여하는 과정에서 여러 친구와 자연스럽게 어울리며, 수많은 선택과 결정을 경험하게 됩니다. 노랑과 파랑처럼 색깔을 고르는 사소한 결정은 물론 여러 친구들과 토의하며 학급의 큰 행사를 준비하는 과정에서의 중요한 의사결정까지 두루 경험하게 됩니다. 이러한 과정 속에서 교과서의 글만으로는 배울 수 없는 창의력, 의사소통 능력, 사회성, 자기 주도성 등이 신장될 것이며, 나아가 자신감과 자존감을 키워갈 수 있을 것이라 기대합니다. 무엇보다 아이들이 학교생활에 즐거움과 재미를 느끼며, 여러 친구들과 어울리는 방법을 배워나갈 수 있을 것입니다.

직업놀이의 목적은 모든 아이가 즐겁고 행복하게 학교를 다니며, 많은 친구들과 좋은 관계를 만들어나가는 것임을 기억해주시고, 무엇보다 아이들의 선택을 존중하고 가정에서도 관심을 갖고, 격려해주시기를 부탁드립니다.

이 내용은 하나의 예시로 참고하여 교사의 교육관 및 학급 특성에 맞게 작성하여 활용해주세요. 위의 안내문에 학급에서 운영하는 교실 속 직업놀이 표를 첨부하여 각 가정으로 발송하시면 됩니다.

3
직업놀이를 통한
학급 운영 방법

직업놀이 학급 운영의 원칙

—

　기존의 학급 운영은 규칙과 목표를 잘 따르는 아이들은 계속 보상을 받고, 잘 따르지 못한 아이들은 보상을 받지 못한다는 문제점이 있었습니다. 보상에서 소외되는 아이가 생기게 되는 것이지요. 그 아이들은 박탈감과 좌절감은 물론 심할 경우 의욕과 동기가 사라지는 무기력감까지 느끼게 됩니다. 교실 안의 활동에 무관심해지는 것도 당연한 결과겠지요. 따라서 직업놀이 학급 운영에서는 단 한 명의 아이도 보상에서 소외되지 않도록 하는 것을 가장 중요한 목표로 삼고 있습니다.

　기존의 방식이 목표와 기준을 세워두고 그 기준에 따라 교사가 열심히 공부한 사람을 판단하여 보상을 주는 것이었다면, 직업놀이 학급 운영은 자신이 열심히 공부했다고 생각하는 사람은 스스로 보상을 받는 방식입니다. 교사의 기준에서 평가한다면 항상 모범적인 아이들만이 보상을 받게 됩니다. 그러나 아이들 스스로 보상한다면 자신이 세운 기준에 따라서 누구나 보상을 받을 수 있습니다. 이때 잘한 결과에 대해서가 아니라 노력한 것을 보상받는 것이 중요합니다. 교사의 눈에는 결과가 미흡해 보일지라도 그 아이 나름대로는 최선을 다한 것일 수 있기 때문입니다.

모두가 격려받는 월급 제도

직업놀이에서 월급 제도를 운영하는 주체는 아이들입니다. 일반적으로 학급에서 보상 제도를 운영하는 경우 교사가 학생의 활동 내용을 확인하고 학급에 따라 스티커, 화폐, 마일리지 등을 제공합니다. 그러나 직업놀이에서는 아이들이 교사에게 월급을 받지 않습니다. 학급 은행원에게 자신이 한 활동을 말하고, 스스로 월급을 받아갑니다. 그 이유는 직업놀이의 월급은 외적인 결과에 따른 보상이 아니라 내적인 동기를 이끌어내기 위한 격려의 방법이기 때문입니다.

만약 교사가 직업놀이의 결과를 확인하고, 잘했을 때 월급을 준다면 아이들은 교사에게 칭찬받기 위해서 더 열심히 활동에 참여합니다. 그리고 교사가 있는 곳과 없는 곳에서 다른 행동을 하게 됩니다. 타인으로부터 인정을 받기 위한 노력은 인정받지 못했을 때 실망으로 이어지고, 이런 실패와 좌절을 경험하면서 자존감이 더 낮아지는 문제가 생깁니다. 또한 활동의 결과에 따른 평가는 아이들의 경쟁심을 부추기고, 서로를 지적하고 감시하는 결과를 초래합니다.

직업놀이에서의 월급은 보상이 아닌 스스로 노력한 과정에 대한 지지와 격려의 한 방법입니다. 따라서 아이들이 스스로 노력한 부분에 대해서 보람과 성취감을 느끼면서 자존감이 높아질 수 있도록 월급 제도는 전적으로 아이들이 운영하게 하는 것이 좋습니다.

이때 주의할 점은 기존의 교실 청소 담당처럼 아이들이 모두 하기 싫어하는 직업이 있을 때 아이들에게 월급을 더 많이 주는 방식으로 참여를 이끌어서는 절대 안 된다는 것입니다. 당장 힘든 일을 하는 사람에게 월급(돈)을 더 많이 준다고 하면 아이들은 우르르 그 직업에 몰려갑니다. 그리고 열심히 즐겁게 활동합니다. 그러나 그게 전부입니다. 교사가 아이들에게 봉사심, 배려심, 끈기 등을 장점으로 만들어주고 적극적인 지지와 격려를 해줄 수는 없게 됩니다.

환경 지킴이를 모두 하기 싫어한다고 월급을 더 많이 준다면 교사는 환경 지킴이를 한 아이들에게 봉사심이 있다고 모두에게 공개적으로 격려해줄 수 없습니다. 왜냐면 다른 아이들은 "쟤는 그래서 돈을 더 많이 받잖아요."라고 생각할 테니까요. 물론 아무도 보지 않는 곳에서 사탕 하나를 건네며 어깨를 토닥이고는 "청소하느라 수고했어. 봉사심이 깊구나."라고 조용히 격려해줄 수도 있을 겁니다. 그러나 은밀하고, 티 나지 않는 조용한 격려는 아이의 움츠린 마음을 열어줄 수 없습니다. 아이를 제대로 크게 세워줄 수 없습니다.

만약 우리가 당장 눈에 보이는 재미를 추구하고, 힘든 일을 담당할 청소라는 역할을 운영하는 것이 목적이라면 '돈'을 더 많이 주면 쉽게 운영할 수 있습니다. 그러나 직업놀이 교육의 목적은 아이 한 명 한 명을 온전히 세워주고, 다른 친구들과의 관계 속에서 온전한 지지와 격려를 통해 자존감을 높여주는 것임을 꼭 기억해주세요.

작심칠일이어도 괜찮아! 왕 제도

—

학기 초 아이들에게 친구의 장점을 칭찬해 보라고 하면 "공부를 잘해요.", "운동을 잘해요.", "그림을 잘 그려요."라는 말을 많이 합니다. 하지만 '배려심이 깊다', '뭐든 열심히 한다', '끈기 있다' 같은 말은 듣기가 힘듭니다. 그동안 아이들은 학습의 결과에 따라 평가받고, 상을 받아왔기 때문에 학습적인 능력을 장점으로 쉽게 떠올리는 것입니다.

'왕 제도'의 목적은 기존의 상과는 달리 배려, 용기, 양보, 봉사, 끈기와 같은 인성과 관련된 장점을 찾아 칭찬해주기 위함입니다. 또 오랜 시간 좋은 모습을 유지하기 어려운 아이들에게 일주일만 노력하면 왕이 될 수 있다는 희망을 주기 위해서입니다. 우리 반은 매주 금요일, 교사의 지지와 격려를 담은 우리 반의 왕을 선정해 발표하는 시간을 갖습니다. 그리고 왕으로 선정된 아이들에게는 '배려왕 세정이'라고 크게 적힌 특별한 안내판을 학급 게시판에 일주일 동안 게시해두고, 축하의 의미로 '왕관', '왕 기념 화폐', '왕 쿠폰' 등을 선물합니다. 물론 그런 보상이 없어도 아이들은 왕으로 선정된 것만으로도 충분한 자긍심을 느낍니다.

그럼에도 불구하고 '왕 쿠폰' 등의 보상을 주는 것은 왕으로 선정이 되었다는 것을 오래 기억할 수 있는 하나의 기념품을 선물하는 의미입니다. 직업놀이가 잘 운영되어왔다면 아이들은 왕 쿠폰이 단순한 쿠폰임에도 불구하고 1년이 지날 때까지 잘 사용하지 않습니다. 왕 쿠폰을 기념으로 보관하고 싶어서 사용하지 않는다는 아이가 대부분입니다. 그만큼 아이들에게는 왕으로 선정되는 것이 교사의 격려 이상의 의미라는 것을 알 수 있습니다.

저는 3월부터 학급에 도움이 필요한 아이들의 자존감을 높여주는 교육적 방법으로 왕 제도를 활용합니다. 학급에 자신감이 없는 아이, 교우 관계에 어려움을 겪는 아이, 불안이 높은 아이 등 새 학년이 되어 어려움을 겪는 아이들이 있다면 교사는 아이들의 노력하는 모습, 내면의 장점 등을 찾아서 왕으로 선정해줄 수 있습니다. 이때 아이를 왕으로 선정하는 이유에 대해서 모든 아이가 공감할 수 있는 타당한 근거를 바탕으로 구체적으로 설명해주는 과정은 매우 중요합니다. 그래야 다른 아이들의 긍정적 시선과 공감을 이끌어낼 수 있기 때문입니다.

또한 왕 제도는 평소 부정적인 자아 개념을 갖고 있는 아이들의 자존감을 높여주면서 직업놀이로의 참여를 이끌 수 있습니다. 왕 제도로 운영할 수 있는 왕의 종류에는 성실왕, 끈기왕, 노력왕, 인내왕, 봉사왕, 도전왕, 용기왕, 친절왕, 양보왕, 기부왕 등이 있습니다. 이 중에서도 노력왕은 아이가 작은 것이라도 노력한 부분을 찾아서 왕으로 선정해주기 위해 만든 왕입니다. 단 일주일만 노력해도 누구나 왕이 될 수 있다면 모든 아이가 나도 노력하면 인정받을 수 있다는 희망을 갖고 직업놀이에 적극적으로 참여하게 됩니다.

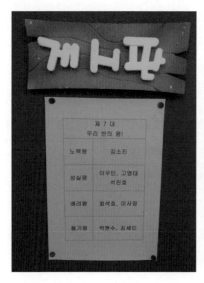

직업놀이 아이템 소비 제도

—

일반적으로 학급에서 사용하는 쿠폰에는 과제 면제권, 청소 면제권, 자리 선택권과 같은 종류가 있습니다. 이러한 쿠폰의 공통된 특징은 자신을 위한 혜택을 준다는 점입니다. 내가 앉고 싶은 자리나 원하는 짝꿍 정하기, 내가 하기 싫은 과제 안 하기 등은 나만을 위한 쿠폰입니다. 이와는 달리 나 이외에 다른 사람에게도 영향을 준다는 의미로 직업놀이에서는 쿠폰이라는 용어 대신 아이템이라는 단어를 사용합니다.

직업놀이 학급 운영에는 2가지 아이템을 사용합니다. 바로 '경험의 기회를 얻는 아이템'과 '용기를 얻는 아이템'입니다. 경험의 기회를 얻는 아이템은 기존의 교사가 제공하는 경험의 기회를 학생이 스스로 선택해서 얻을 수 있는 것입니다. 저학년의 경우 자신이 좋아하는 장난감을 학교에 가지고 와서 친구와 함께 놀아보는 기회, 친구와 간식을 함께 먹으며 이야기 나눌 수 있는 기회 등이 있습니다. 또한 체육 시간에 리더가 되어 자유 체육을 하는 아이템은 모든 학년을 통틀어 가장 인기 있는 아이템입니다.

용기를 얻는 아이템은 체육 시간에 신체 능력의 차이로 인해 체육에서 배제되고, 비난받는 것에 대한 두려움이 있는 아이들을 배려하기 위한 아이템입니다. 소극적이거나, 내성적인 아이들은 체육 시간에 자신이 팀에 피해를 주게 될까봐 움츠려 있는 경우가 많습니다. 때로는 아프다는 핑계로 체육 시간을 회피하기도 합니다. 이런 친구들이 용기를 얻는 아이템을 갖고 있는 경우 모든 팀에서 서로 스카웃하기 위해 노력합니다. 팀원을 모두 살릴 수 있는 '불사조' 아이템을 가진 친구가 팀에 있다면 운동을 잘하는 친구들은 불사조 아이템을 가진 친구를 지키기 위해 자신을 기꺼이 희생하며 보호합니다. 이렇듯 용기를 얻는 아이템은 체육 시간의 주인공이 되어 친구들의 관심을 받고 활동에 적극적으로 참여할 수 있도록 도와주는 역할을 합니다. 이러한 직업놀이 아이템은 모든 아이가 즐겁고 행복한 교실을 만드는 데 도움을 줍니다.

직업놀이 아이템의 예시

우리 반 아이들이 교실 안에서 원하는 다양한 경험을 아이템으로 만들어주는 것이 중요하므로 아래에서 추천하는 아이템은 하나의 예시로 참고해주시고, 교육 과정 및 학급 특성에 맞게 변형하여 운영하시기 바랍니다.

1. 경험의 기회를 얻는 아이템(학생이 원하는 경험의 기회를 얻을 수 있습니다.)

- 토이랜드 : (저학년 추천) 자기가 좋아하는 장난감을 가져와서 교실에서 친구와 놀아보는 기회
- 왕의 보물 상자 : 체육 시간에 리더가 되어 원하는 종목과 팀을 구성하는 기회
- 왕의 수라상 : 친구와 함께하는 간식 시간
- 왕의 투구 : 이동 시 친구와 함께 원하는 순서에 줄서기
- 마법사의 신발 : 친구와 함께 운동장에서 뛰어놀기 10분
- 마법사의 투명 갑옷 : (고학년 추천) 자유 시간 10분
- 마법사의 다이아몬드 : 선생님과 함께 특별한 시간 보내기
- 팀장 놀이 : 직업놀이에서 팀장을 경험하는 기회
- 슈퍼보드 : 자기가 좋아하는 보드게임을 가져와서 교실에서 친구와 놀아보는 기회
- 뽑기 기계 이용 아이템 : 뽑기 기계 이용해서 간식 뽑기

2. 용기를 얻는 아이템(체육 시간에 능력의 기회를 얻을 수 있습니다.)

- 피구

  불사조 : 우리 팀 전원을 다시 살리기

  수호신 : 목숨 2개

  번개슛 : 땅에 바운드된 볼에 맞아도 아웃

  지뢰슛 : 한 명 아웃 시 양옆의 사람도 같이 아웃

  더블슛 : 목숨이 2개인 사람을 한 번에 아웃

  블랙홀 : 블랙홀을 외치면 공을 던질 때까지 상대편 선수 모두 두 발을 움직일 수 없음

  파워슛 : 공격권 2회(공을 두 번 던질 수 있음)

  스위치슛 : 상대편 선수 한 명 데려오기

  장군의 방패 : 공을 막을 수 있는 방패를 사용할 수 있음

  힐러 : 죽은 사람 1명 살리기

- 발야구

  (공격팀) 황금의 뾰쪽구두 : 공을 내 앞에 두고 차기

  (공격팀) 너플너플 머플러 : 공에 발만 닿아도 걸어서 1루까지 진출

  (공격팀) 마음만은 4번 타자 : 투 아웃 상황일 때 내 차례에서 모든 베이스에 주자를 채워서 주자 만루를 만들 수 있음

  (공격팀) 차도녀, 차도남 : 수비팀은 공을 던질 수 없고, 들고 뛰어야 함

  (수비팀) 마구마구 : 발야구 공을 수비팀이 원하는 다른 공으로 변경

  (수비팀) 바운드 바운드 : 한 번 바운드된 공을 잡아도 아웃

직업놀이 아이템의 특징

- 아이들의 관심과 흥미를 높일 수 있는 이름을 붙입니다.
- 팀의 리더가 되는 경험을 제공하는 아이템이 있습니다.(왕의 보물 상자, 팀
   장 놀이)
- 체육 시간에 소외되는 아이가 없도록 배려하기 위한 교육적 장치입니다.
   (불사조, 황금의 뾰족구두, 마음만은 4번 타자 등)
- 남학생과 여학생의 구분 없이 모든 아이가 흥미를 느낄 수 있습니다.

'리더'의 경험을 주는 승진 제도

—

승진 제도는 직업놀이에서 성실하게 노력한 아이에게 승진할 수 있는 기회를 통해 격려해주는 제도입니다. 승진 제도의 목적은 소극적인 아이, 내성적인 아이, 자신감 없는 아이처럼 리더의 경험이 없는 아이들이 주도적인 경험을 할 수 있도록 하기 위함입니다. 또한 산만하거나 공격적인 아이가 친구들 사이에서 긍정적인 이미지를 갖고 더 나은 모습을 보이기 위해 노력하도록 동기를 유발하는 장치이기도 합니다. 기존에는 주도적인 아이들이 리더의 경험을 독차지했다면, 직업놀이에서는 승진 제도를 통해 모든 아이가 주도적인 역할을 경험할 수 있습니다. 팀을 이끌면서 스스로 계획하고 실천하는 과정을 통해 리더의 경험을 할 수 있게 되는 거지요.

따라서 교사는 아이들이 직업놀이를 잘하는지 못하는지의 활동 결과나 능력으로 평가하기보다는 꾸준하고 묵묵하게 노력하는 아이에게 승진의 기회를 줄 수 있도록 아이들의 노력하는 과정을 세심하게 관찰하는 것이 중요합니다. 이러한 승진의 기회를 통해서 자신의 직업에 최선을 다해 열심히 노력한 아이

들은 '팀장', 즉 친구들에게 인정받는 리더가 됩니다.

팀장이 된 아이는 그 직업을 오랫동안 성실하게 활동을 해왔기 때문에 직업에서 어떤 활동을 해야 하는지, 친구들에게 어떤 도움이 필요한지 등을 교사보다 더 자세히 알고 있습니다. 교사의 역할은 팀장으로 선정된 아이를 믿고, 격려해주는 것만으로도 충분합니다. 또한 교사는 팀장이 된 아이들에게 직업놀이에서 특별한 '권한'을 줌으로써 리더로서의 의사결정, 책임감, 주도성, 적극성, 자율성 그리고 다른 친구들을 이해하고, 배려하는 태도를 배울 수 있도록 해줍니다. 자기만의 권한을 가진 아이는 창의적이고 적극적으로, 높은 책임감을 갖고 더욱 열심히 놀이에 참여하는 모습을 볼 수 있습니다.

이때 주의할 점은 팀장이 된 아이에게 '월급'을 더 많이 주는 방식으로 격려해서는 절대 안 된다는 것입니다. 이렇게 '돈'으로 아이를 격려해주는 접근 방식은 아이들에게 서로에 대한 존중을 깨뜨리고, "넌 돈을 더 많이 받으니까 네가 하는 게 당연해."라는 태도를 갖게 할 수 있습니다.

꿈과 자존감을 키우는
행복한 학급 운영

교실 속 직업놀이 Q&A

Q&A

1. 1학년도 직업놀이가 가능한가요?

네, 가능합니다. 1학년 아이들의 수준에 맞게 60가지 직업놀이를 일부 변형하고, 1학년 특성에 맞는 다양한 직업놀이를 추가해서 운영할 수 있습니다. 예를 들어 1학년 아이들이 좋아하는 것을 토대로 '팽이 박사'와 같은 직업을 만들거나, 우유갑 뜯는 것을 잘하는 아이가 다른 친구를 도와줄 수 있는 '우유 뜯기의 달인', 학교를 혼자 다니는 것을 어려워하는 아이들을 돕기 위해 '학교 가이드' 등의 새로운 직업놀이를 고안해서 운영하는 것이 좋습니다. 또 '학급 변리사'의 경우 1학년 아이들은 감정하고 평가하는 활동이 어렵습니다. 따라서 교실에서 하고 싶은 활동이나 놀이를 변리사에게 이야기했을 때 변리사가 그 의견에 대해 친구들보다 조금 더 생각해 볼 수 있도록 놀이 방법을 변형해 주면 1학년 아이들도 변리사 직업놀이에 적극적으로 참여합니다.

월급 제도의 경우 1학년은 학급 화폐 대신 학교 스티커를 활용하고, 통장을 대신해서 종이 지갑을 활용합니다. 또 놀이 시간에 친구와 함께 간식을 먹으며 놀 수 있는 '놀이 맛동산' 아이템을 만들어 활용하는 등의 방법으로 직업 놀이 학급 운영을 한다면 쉽고 재미있게 직업놀이에 참여할 수 있습니다. 이렇게 1학년 아이들의 특성에 맞게 직업놀이를 운영하면 1학년 아이들의 학교 적응을 도울 수 있을 뿐만 아니라, 자신이 소중한 존재임을 느끼게 되면서 친구들과 잘 어울리고 사이좋게 지내는 데 큰 도움이 됩니다.

2. 직업놀이를 3단계까지 꼭 해야 하나요?

직업놀이는 아이들의 발달 과정과 맞물려 운영되는 하나의 교육 시스템입니다. 따라서 아이들 한 명 한 명의 발달과 아이들의 관계에 따라서 1단계의 놀이로 1년을 운영할 수도 있고, 1년 동안 3단계까지 운영할 수도 있습니다. 1학년 아이들과 3단계까지 운영하거나, 5학년 아이들과 1단계까지만 운영하는 것도 가능합니다. 학년에 상관없이 올해 우리 반 아이들의 특성 및 또래 관계 등에 따라 운영하면 됩니다. 3단계 직업놀이는 1년 동안 운영해야 하는 필수 단계가 아니므로 아이들의 발달 과정과 우리 반 아이들의 특성에 따라, 그리고 교사의 교육관 등에 따라서 탄력적으로 운영하시기를 권합니다.

3. 처음에 직업놀이를 시작할 때 주의점이 있나요?

직업놀이는 기존의 역할 활동과 다른 방식으로 운영이 되기 때문에 직업놀이의 목적에 대해서 안내를 해주는 과정이 반드시 필요합니다. 목적에 대한 안내 없이 직업놀이를 시작하게 되면 아이들이 기존의 일인일역과 똑같이 생각할 수 있기 때문입니다. 직업놀이를 우리가 사는 사회에 빗대어서 설명해주면 아이들이 이해하기 쉽습니다. 세상에 수많은 직업이 있고 모두 서로 도움을 주고받으며 살고 있는 것처럼 우리 반에도 각자 자신이 좋아하는 것, 하고 싶은 것을 다양한 직업으로 만들어서 서로 도움을 주고받을 수 있다고 안내해주세요. 그리고 나와 친구들이 함께 어울리며 서로의 다름을 존중하고 이해하면서 모두가 즐겁고 행복한 학교생활을 하기 위한 활동이 직업놀이라는 것도 이야기해주세요.

4. 아이들에게 직업을 안내할 때 주의점이 있을까요?

직업놀이에서 각각의 직업을 안내할 때 직업이 하는 일보다 직업의 가치에 중점을 두고 안내해주는 것이 중요합니다. 그래야 교사가 직업놀이를 통해 아이들의 인성적인 부분을 격려해줄 수 있기 때문입니다.

앞에서 '환경 지킴이'라는 직업은 소극적이거나 내성적인 아이, 자신감 없는 아이들에게 장점을 만들어주면서 자신감도 키워주고, 자존감도 높여주는 직업이라고 소개했는데요. 그렇게 운영하기 위해서는 교사가 환경 지킴이 직업을 안내할 때 직업의 가치를 안내하는 과정이 매우 중요합니다. 청소 안에 담긴 봉사심, 배려심, 인내, 끈기와 환경을 소중하게 생각하는 마음 등을 이야기해주면서 환경 지킴이 직업이 얼마나 가치 있는지를 안내해주어야 합니다. 그래야 교사가 이 아이의 인성적인 부분을 격려해주었을 때 다른 아이들이 동의할 수 있으니까요.

그렇기 때문에 조금 번거롭기는 해도 처음 직업을 소개해줄 때 그 안에 담긴 가치를 하나하나 자세히 안내해주는 것이 좋습니다. 아이들은 선생님이 처음 설명해준 그 직업의 가치를 1년 동안 기억하고 있거든요. 한 번에 많은 직업을 다 소개해주기 어렵다면 시간을 나눠서 천천히 소개해주시기를 권합니다. 이때 각 직업에 관한 명언이나 그 직업군에서 성실하게 활동한 사람들의 이야기를 들려주는 것도 큰 도움이 됩니다.

5. 교사의 도움이 필요한 아이들이 자신에게 맞는 직업놀이에 참여하도록 이끄는 방법이 있을까요?

교실 속 직업놀이는 직업에 대한 안내 후 바로 신청을 받지 않습니다. 그렇게 운영하는 특별한 이유가 있는데요. 바로 교사의 도움이 필요한 아이들이 자신에게 맞는 직업놀이에 참여할 수 있도록 이끌어주는 시간이 필요하기 때문입니다.

새 학년 초에 교육 활동을 시작할 때 머뭇거리고 쉽게 참여하지 못하는 아이들이 있다면 직업놀이 신청을 받기 전 1~2주 동안 '직업놀이 유인작전'의 전략을 세웁니다. 직업놀이 유인작전은 아이 스스로 자신에게 맞는 직업놀이를 선택할 수 있도록 교사가 도와주는 과정을 의미합니다. 교사가 아이에게 "수진아! 다음 주에 직업놀이 신청할 때 환경 지킴이 해볼래?"라고 권유하게 되면 자신감이 부족한 아이들은 교사의 권유를 거절하지 못합니다. 그래서 아이는 "네…. 해볼게요." 하고 신청은 하지만, 교사의 말에 따라야 한다는 생각에 마음속으로는 하고 싶지 않아도 억지로 참여할 수 있습니다. 그래서 교사가 아이에게 "이 직업 해보렴."이라고 직접적으로 권유하는 것이 아니라 자신에게 맞는 직업을 스스로 탐색하고 선택하도록 도와주는 과정이 필요합니다.

그렇다면 교사가 어떻게 아이를 자연스럽게 직업놀이에 참여하도록 도와줄 수 있는지, 유인작전이 무엇인지를 '바리스타' 직업놀이를 예시로 설명해 보겠습니다. 움츠려 있는 아이에게 바리스타 직업을 추천하고 싶다면 우선 교사는 직업과 관련된 상황을 연출합니다. 교사가 바리스타 직업놀이에 참여하면서 주변 아이들이 관심을 갖도록 한 뒤 움츠린 아이에게 도움을 요청합니다. "선생님이 혼자 하려니 너무 바빠서 말이야. 선생님 좀 도와줄 수 있을까?" 아이는 교사를 도와주면서 보람을 느끼며, 바리스타 직업놀이에 관심을 갖기 시작합니다. 교사는 아이에게 고마움을 표현하고, 이 과정을 일주일간 반복합니다. 아이들은 자신에게 어떤 직업이 맞는지 잘 모르기 때문에 직업놀이를 직접 경험해봐야 자신에게 이 직업이 맞는지 스스로 탐색하고 결정할 수 있습니다. 일주일 뒤에 직업놀이를 신청받을 때 자신에게 바리스타 직업이 잘 맞다고 생각한다면 아이가 바리스타 직업을 신청하게 되겠지요.

6. 직업놀이 신청은 어떻게 받으면 될까요?

직업놀이를 신청할 때 가장 중요한 점은 모든 아이가 하고 싶은 것을 자유롭게 신청할 수 있도록 한다는 것입니다. 직업놀이 대원칙 중 하나인 '하고 싶으면 누구나 할 수 있다' 기억하시죠? 그래서 직업놀이를 신청받을 때는 우리 반 아이들의 관계 및 특성을 고려해서 아이들이 편안한 마음으로, 자유롭게 하고 싶은 것을 신청할 수 있도록 합니다.

새 학년 초는 아이들이 불안하고 긴장을 많이 한 상태에, 관계 형성도 안 되어 있는 상황입니다. 그래서 공개적으로 손을 드는 방법으로 신청을 받으면 자존감이 낮은 아이는 주도적인 아이들 틈에서 눈치를 보면서 머뭇거리게 되고, 자신이 원하는 직업놀이를 신청하지 못할 수 있습니다. 그래서 직업놀이를 신청할 때는 우리 반의 직업놀이 목록이 적힌 표를 게시해두고 자신이 하고 싶은 직업에 이름을 언제든 쓰고, 지우면서 자유롭게 신청하도록 해서 아이들의 심리적인 부담을 낮춰줘야 합니다. 직업놀이는 일이 아닌 놀이이므로 아이들이 하고 싶다는 마음을 가지는 것이 가장 우선입니다. 따라서 언제든 마음이 변할 수 있는 아이들의 생각과 감정을 존중해주는 것이 가장 중요합니다.

직업놀이 신청 방법을 정리하면 다음과 같습니다.

① 직업놀이에 대해 자세히 안내해줍니다.

② 1~2주 동안 하고 싶은 직업놀이를 생각해볼 시간을 주면서 도움이 필요한 아이를 파악하고, 직업놀이 유인작전을 진행합니다.

③ 눈에 잘 띄는 게시판에 직업놀이 신청서를 붙여두고, 언제든 자유롭게 신청하도록 합니다.

7. 60가지 직업놀이를 동시에 소개하나요?

교실 속 직업놀이를 아이들에게 안내할 때 처음부터 60가지 직업놀이를 다 안내하지 않아도 괜찮습니다. 아이들은 기존의 일인일역 활동에 익숙해져 있기 때문에 처음에는 한두 개의 직업을 선택합니다. 따라서 많은 직업을 안내한다고 해도 실제 운영되는 직업은 20~30개 남짓입니다. 또한 학급 행사와 관련된 '가수', '댄서' 등은 새 학기부터 운영하기 어렵습니다. 교과와 관련된 직업놀이도 2단계 직업놀이에서 안내하고 시작하는 것이 좋습니다.

그러니 처음 직업놀이를 시작할 경우에는 1단계 직업놀이를 안내해주세요. 교사가 처음에 1단계 직업놀이를 안내해주는 것도 쉽지 않은데요. 창의적 체험활동 시간을 활용하여 직업놀이의 목적부터 차근차근 안내해주는 것이 중요합니다. 무엇이든 첫 단추를 잘 끼워야 그다음 단추를 잘 끼울 수 있잖아요!

8. 일인일역처럼 한 번에 한 가지 직업놀이에 참여하나요?

교사가 아이들에게 직업놀이의 기회를 활짝 열어주면 아이들은 다양한 직업놀이에 적극적으로 참여합니다. 처음에는 아이들이 익숙한 일인일역으로 직업놀이를 시작을 하지만, 점차 참여하는 직업놀이 수가 많아지면서 자연스럽게 일인다역의 활동으로 확장되어 갑니다. '학급 외교관' 놀이 하나만으로도 분주했던 아이도 친구들이 활동하는 '학급 변리사', '탐정', '마음 의사' 등 다른 직업놀이를 보면서 자신도 참여하고 싶어합니다. 이렇듯 처음 3월에는 모든 아이가 한 가지 놀이에 참여하지만 2학기가 끝날 때는 한 사람이 보통은 10가지에서 20가지의 직업놀이에 동시에 참여하는 경우가 많습니다.

직업놀이에서는 한 명의 아이가 다양한 직업에 참여하는 것을 권장합니다. 직업놀이는 아이들이 다양한 직업놀이를 통해서 되도록 많은 친구들과 관계 그물을 만들면서 관계 맺는 방법을 경험을 통해 배우는 활동이기 때문입니다. 한 아이가 여러 가지 활동을 경험하면 다양한 친구들을 만날 기회가 더 많아지게 됩니다. 그래서 직업놀이는 한 사람이 하고 싶은 다양한 직업에 참여할 수 있도록 선택과 참여의 폭을 최대한 넓혀주어 일인다역으로 운영합니다.

9. 새로운 직업을 만들어 운영할 때 주의할 점이 있나요?

직업놀이 중에 친구의 감시나 지적, 평가를 받아야 하는 직업은 지양하는 것이 좋습니다. 직업놀이의 목적은 아이들의 자존감을 높여주고, 친구들이 함께 잘 지내는 방법을 배워가는 것입니다. 친구를 지적하고 서로를 감시하는 활동은 사이를 나쁘게 만들고, 자존감이 낮은 아이들에게는 더 큰 상처가 될 수 있습니다.

예를 들어 학급에 '경찰'을 직업으로 만들어서 복도에서 뛰는 친구들을 잡는다거나 이름을 쓰는 활동, '검사'라는 직업을 만들어서 잘못에 대해 어떤 벌을 주면 좋을지 의견을 내는 활동, '판사'라는 직업으로 친구 간의 갈등에 대해 누구의 잘못이 더 큰지 평가하고 판결하는 활동 등은 교실 속 직업놀이에서는 권장하지 않습니다. 이러한 직업은 사회 속에서는 가치 있고 훌륭한 직업이지만, 교실 속 직업놀이로 운영이 되면 아이들의 마음을 상하게 할 수 있기 때문이지요. 만약 이러한 직업을 교실 속 직업놀이로 운영하려고 한다면 직업의 요소를 변형하여 교육적인 활동으로 운영하시기를 권합니다.

10. 직업놀이를 운영하면서 아이들에게 지도해야 할 규칙이 있을까요?

직업놀이는 놀이이므로 하기 싫으면 안 해도 되는 활동입니다. 그런데 아이들은 지금까지 해오던 습관대로 친구에게 당연한 듯이 시키는 말투로 이야기를 할 수 있습니다. 따라서 다른 직업을 가진 친구에게 부탁할 일이 있을 때는 "야! 네가 디자이너니까 이거 그려줘!"라고 당연히 해줘야 한다는 듯 시키지 않고 "디자이너님! 나 여기에 그림을 그려야 하는데, 도와줄 수 있을까?"라고 부탁하는 표현을 사용하도록 지도합니다.

그리고 활동 이후에는 반드시 친구에게 고마움을 표현하도록 합니다. 친구가 당연히 해줘야 하는 의무가 있는 것이 아니라 나에게 도움을 주기 위해서 기꺼이 시간과 노력을 담아서 해준 것이라는 것을 기억하게 해주세요. 그리고 혹시 친구가 못해주더라도 '친구가 사정이 있으면 못할 수도 있지.'라고 생각하고, 친구의 입장을 이해할 수 있도록 지도해주세요.

11. 직업을 변경하는 시기는 언제쯤이 적당한가요?

기존의 역할 활동은 주기적으로 역할을 바꿔가며 운영하기 때문에 그 기준에서 생각하면 직업놀이를 언제 바꿔주어야 하는지 궁금할 수 있는데요. 직업놀이는 하고 싶으면 누구나 할 수 있고, 하기 싫으면 안 해도 되는 놀이입니다. 그래서 기존의 역할 활동처럼 주기적으로 직업을 바꿔주는 방식으로는 운영하지 않습니다.

내가 '학급 은행원'을 했는데 계속하고 싶으면 1년을 할 수도 있는 거고, 은행원을 일주일 해봤는데 하기 싫으면 그만해도 되는 거예요. 기존의 역할 활동 운영 방식과 전혀 다르기 때문에 '이렇게 정말 운영이 가능할까?' 하는 생각이 들 수도 있지만 가능합니다. 대부분의 아이들은 자신이 처음에 맡은 직업을 거의 1년간 끝까지 하더라고요. 거기에 새로 하고 싶은 직업이 계속 추가되는 거죠. 그래서 2학기쯤에는 대부분의 아이들이 10개 이상의 직업놀이에 동시에 참여하고, 많이 참여하는 아이들은 20개 이상씩 참여하기도 합니다. 중요한 것은 직업놀이는 아이들의 자발성이 가장 중요한 놀이기 때문에 교사가 인위적으로 바꾸어주는 방식으로 운영하지 않는다는 것입니다.

12. 월급 제도를 운영할 때 사용하는 통장은 무엇인가요?

직업놀이에서 월급 제도를 운영할 때 사용하는 통장은 '격려 통장'이라고 부릅니다. 격려 통장은 내가 다른 친구에게 도움을 준 일을 기록하고, 나 자신에게 '수고했어. 잘했어.'라고 격려를 보내기 위한 목적으로 활용하는 것입니다. 격려 통장을 운영하는 방법은 다음과 같습니다. 우선 내가 한 일을 기록하고, 나에게 보내는 격려 멘트를 적습니다. 그리고 격려 통장을 은행원에게 보여준 뒤 학급 은행에서 월급을 받습니다. 이렇게 격려 통장을 사용하면 내가 노력한 것을 눈으로 확인하면서, 내가 얼마나 멋지고 우리 반에 꼭 필요한 소중한 사람인지 느끼게 됩니다. 그와 동시에 자신감도 키우고, 자신에 대한 긍정적인 자아 개념을 형성하는 데 도움을 줄 수 있습니다.

13. 아르바이트 제도는 무엇인가요?

직업놀이에서의 아르바이트 제도는 직업놀이를 짧은 시간 경험해보고 앞으로 그 직업에 참여할지 말지를 스스로 결정할 수 있도록 경험의 기회를 열어주기 위한 제도입니다. 아르바이트 제도를 통해 하루 동안 내가 체험해보고 싶은 직업놀이에 부담없이 참여해볼 수 있습니다. 종이접기 선생님이 2명인데 오늘은 종이접기 클래스가 있어서 5명의 종이접기 선생님이 필요할 때, 또는 체험학습이나 결석으로 담당하는 아이가 없을 때 아르바이트를 제도를 통해 딱 그날 하루만 해보고 싶은 아이에게 경험의 기회를 줄 수 있습니다.

14. 직업놀이에서 교사가 가져야 할 자세는 무엇인가요?

직업놀이는 학급에서 소외되는 아이가 없도록 모든 아이의 자존감을 세워주고, 서로가 서로를 존중하는 방법을 배워가는 교육 활동입니다. 직업놀이에서 교사가 가져야 할 자세는 첫째, 직업놀이의 활동 결과가 아닌 아이들이 노력한 과정을 격려해주어야 합니다. 결과를 칭찬하게 되면 아이들은 자신이 잘할 수 있는 활동에만 참여하려고 할 수 있습니다. 아이들이 자신감을 갖고 다양한 활동에 도전하며 성취할 수 있는 경험을 열어주기 위해서는 결과가 아닌 노력한 과정을 격려해주는 것이 중요합니다.

둘째, 아이들의 적극적이고 능동적인 참여를 위해 자신이 맡은 역할에 대한 권한, 즉 결정권을 줘야 합니다. 이때 교사가 아이에게 온전한 믿음과 신뢰를 보여주지 않는다면 아이는 활동을 하면서도 교사의 눈치를 보게 될 것입니다. 아이는 스스로 잘하고 있는지 확인받기 위해서 교사의 마음에 드는지 안 드는지를 먼저 신경 쓰기 때문입니다. 만약 교사가 "어떻게 이런 창의적인 생각을 했니? 이건 선생님도 생각하지 못한 건데. 이제 우리 ○○이가 선생님보다 훨

썬 잘한다."라고 교사를 낮추고 아이를 격려한다면 아이의 마음이 한결 가벼워질 수 있습니다. 이렇듯 자신이 맡은 권한에 대한 실수와 실패에서 심리적으로 자유로워질 때 아이들은 더욱 자발적이고 적극적으로 참여하며, 자신만의 창의력을 발휘할 수 있습니다.

셋째, 교사가 아이들을 바라보는 긍정적인 시선은 곧 아이들이 자신을 바라보는 시선이 됩니다. 교사가 아이의 단점이 아닌 장점을 바라볼 때 아이들도 자신의 단점보다는 장점을 먼저 생각하고, 자신감을 키우며, 자신에 대한 긍정적인 자아 개념을 형성해갈 수 있습니다. 그렇게 될 때 무엇이든 도전하고자 하는 적극적이고 자발적인 태도를 지닐 수 있게 될 것입니다.

마지막으로 우리 반에 도움이 필요한 아이가 누구인지 따뜻한 관심을 갖고 세심하게 살펴봐야 합니다. 소외되고 움츠린 아이가 있다면 이 아이를 적극적으로 도와주고 세워줄 수 있는 사람이 바로 교사니까요.

15. 신규 교사도 직업놀이를 시작할 수 있을까요?

제가 지금까지 여러 해에 걸쳐 동학년 선생님들과 함께 직업놀이를 운영해 본 결과 2년 차의 신규 선생님과 20년 차 이상의 선생님 모두 교실에서 직업놀이를 바로 즐겁게 시작하셨습니다. 신규 선생님은 아이들과 즐겁고 행복한 1년을 보내셨다는 이야기를 전해주셨고, 20년 차 이상의 선생님은 교직 생활 20년 만에 처음으로 '아이가 학교를 행복하게 다닐 수 있어서 감사하다'는 학부모의 인사를 들으셨다는 이야기를 전해주셨지요. 그리고 제가 교사를 위한 블로그인 아이스크림의 쌤블로그, 쿨스쿨의 쌤스토리를 통해 직업놀이와 관련된 글을 연재했을 때 직업놀이를 처음 접한 신규 선생님께서도 바로 그 다음 주에 아이들과 직업놀이를 시작해서 행복한 학급을 만드셨다는 댓글을 남겨주셨어요.

교사라면 누구나 학급에서 일인일역 활동을 운영하고 있잖아요. 역할에 대한 관점을 학급 중심에서 학생 중심으로 바꿔보세요. 그리고 저희 반의 직업놀이 이야기를 참고 삼아주세요. 거기에 선생님만의 훌륭한 교육관이 더해진다면 학급 아이들의 특성에 맞춰 즐겁고 행복하게 교실 속 직업놀이를 운영해보실 수 있을 거라 기대합니다.

이 밖에 언제든 직업놀이에 관해 궁금한 점이나 함께 나누고픈 이야기가 있을 때는 SNS를 통해 함께 소통해요. 저도 선생님과 함께 고민하고, 함께 배우고 나누는, 어제보다 오늘 더 성장하는 교사가 되고 싶습니다. 세상에 하나뿐인 선생님만의 직업놀이를 통해 모든 아이가 반짝반짝 빛나는 따뜻하고 행복한 교실을 만들어가시기를 응원할게요!

직업놀이
연간 운영 계획안

다음의 연간 운영 계획안은 직업놀이의 전체적인 시스템을 이해하기 위한 하나의 참고 자료일 뿐입니다. 직업놀이의 운영에서는 월별 시기보다 우리 반 아이 한 명 한 명의 기질과 특성, 아이들의 관계가 가장 중요한 기준이 된다는 것을 기억해주세요. 교사의 교육관 및 학급 특성에 맞게 유연하게 운영하시기를 추천합니다.

시기	직업놀이 운영하기	직업놀이 학급 운영 및 학급 행사
3월 1주	아이들 파악하기	직업놀이 교실 환경 구성
3월 2주	아이들 파악하기	직업놀이 교실 환경 구성

3월 3주	– 교사의 도움이 필요한 아이들을 위한 직업놀이 고안하기 – 1단계 직업놀이 안내하기	– 학부모 총회 – 직업놀이 학급 운영 소개하기 – 가정에 직업놀이 안내문 보내기
3월 4주	직업놀이 유인작전을 통해 자존감이 낮은 아이들의 장점을 만들어줄 수 있는 직업에 참여를 돕기	– 학급 화폐 및 격려 통장 만들기 – 직업놀이 활동일지, 명찰 등 직업놀이 준비물 및 직업놀이 아이템 준비하기
4월	– 1단계 직업놀이 신청받기 – 1단계 직업놀이 운영하기	– 월급 제도 운영하기 – 왕 제도 운영하기 – 직업놀이 아이템 운영하기 * 추천 학급 행사 – 학급 영화관
5월	우리 반 아이들의 흥미와 관심을 토대로 새로운 직업놀이 추가 안내하기	* 추천 학급 행사 – 친구 박람회, 흥미 오픈 클래스
6월~7월	– 2단계 직업놀이 시작하기 – 새로운 직업놀이 운영하기 : 반 의원, 마음 변호사, 수학 박사 등 – 직업놀이 협력과제 운영하기 : 마음 의사 직업군의 치료 매뉴얼 제작 등	– 승진 제도 운영하기 * 추천 학급 행사 – 고마워 파티, 꼭맞춤 스포츠 리그전
9월~2월	– 3단계 직업놀이 시작하기 – 새로운 직업놀이 운영하기 : 가수, 댄서, 경매사, 파티 플래너 등 – 직업놀이 프로젝트 운영하기 : 스스로 만드는 학예회 등 다양한 학급 행사 운영하기	* 추천 학급 행사 – 학예회, 학급 캠핑, 파자마 파티, 미니 올림픽, 경매 파티 등

교실 속 직업놀이

1쇄 발행 2021년 3월 29일
3쇄 발행 2024년 3월 27일
지은이 이수진

발행인 윤을식
펴낸곳 도서출판 지식프레임
출판등록 2008년 1월 4일 제2023-000024호
전화 (02)521-3172 | **팩스** (02)6007-1835

이메일 editor@jisikframe.com
홈페이지 http://www.jisikframe.com

ISBN 978-89-94655-94-9 (03370)